몸과 마음을 아우르는 특별한 치유의 힘

옥시토신 이야기

전용관

몸과 마음을 아우르는 특별한 치유의 힘

옥시토신
이야기

전용관 지음

파톤치드

추천사

옥시토신은 한마디로 회복탄력성과 마음 근력을 위한 호르몬이다. 회복탄력성과 마음 근력을 이루는 핵심 구성 요소는 자기조절력과 대인관계력인데, 옥시토신은 마음 근력의 요소들과 직접 관련되어 있다. 따라서 옥시토신을 증진하는 건 마음 근력을 높이는 길이기도 하다. 마음 근력을 키우기 위해서는 편도체를 안정화하고 전전두피질을 활성화해야 한다. 이를 위해 존2 트레이닝이 좋다고 나는 기회가 될 때마다 강조해 왔다. 운동을 하면 옥시토신이 증가한다. 옥시토신 수용체가 가장 많이 분포되어 옥시토신의 영향을 직접 받는 뇌 부위가 바로 편도체와 전전두피질이기 때문이다.

저자인 전용관 교수님에 따르면, 옥시토신은 우리가 건강하고 행복하기 위해 반드시 가져야 할 만병통치약이다. 암과 비만, 당뇨, 심혈관질환, 만성통증, 수면장애, 우울증, 트라우마, 스트레스, 염증성 질환치료에 커다란 도움을 줄 뿐만 아니라 면역력 증가, 비만과 당뇨 예방에도 좋다. 게다가 따뜻한 마음과 사랑, 공감, 연민, 친밀감을 길러주어 인간관계를 돈독하게 해준다. 공격성은 낮춰주고 외로움은 없애주어 자폐스펙트럼 치료에 도움을 주고, 인간관계에서 신뢰를 높여주고 기꺼이 이타적인 행동을 하도록 부추긴다. '금쪽이'가 고민인 가정에 좋은 부모를, 얼음장처럼 차가운 관계에 따뜻한 연인을 약속한다.

저자는 옥시토신의 중요성을 강조할 뿐만 아니라 옥시토신 분비를 촉진할 수 있는 구체적인 방법과 쉽게 따라할 수 있는 생활 팁까지 알려준다. 더하여 책 뒷부분에 '코르티솔 라이프스타일 설문지'를 달아놓아 독자가 자신의 편도체 활성화 정도를 가늠해 볼 수 있도록 배려하고 있다. 뿐만 아니다. '옥시토신 라이프스타일 설문지'를 통해서는 즉석에서 전전두피질 활성화 정도를 알아볼 수 있다. 이처럼 저자의 친절한 안내를 따라 체내 옥시토신 수준을 높이는 라이프스타일을 습관화한다면 곧 강력한 마음 근력을 키우게 될 것이다. 일상의 행복과 건강, 관계 회복을 원하는 여러분들의 일독을 자신 있게 권하고 싶다.

김주환(연세대학교 교수, 『내면소통』, 『회복탄력성』 저자)

무수한 생명체 중 인간은 과연 어떤 이유로 지구의 '정복자'가 되었을까? 많은 이들은 인간의 높은 지능을 그 원인으로 생각하겠지만, 사실 인간이 자연의 패자霸者가 된 이유는 그 무엇보다 타인과의 협력 능력이 탁월했기 때문이다. 남에게 믿음직한 협력 파트너로 보이고 싶어서 얼굴도 부드러운 턱선으로 장착했고, 뛰어난 공감 능력과 장기적인 사랑을 공고히 하고자 사회제도도 만들었다. 이렇게 초사회적 존재로 변모하는 과정에서 지대한 역할을 했던 호르몬이 옥시토신이다. 이 책은 친숙하지만, 늘 우리에게 궁금증을 남기는 옥시토신에 대한 지적 호기심을 단박에 해소해준다. 그렇지만 단지 호르몬에 관한 책은 아니다. 사랑하며 질투하는 호모 사피엔스의 인간적인 모습들을 신선한 생물학적 시각으로 조명해 읽는 내내 지적 쾌감과 함께 보는 즐거움이 있다. 단연코 오랜만에 흥미와 재미 모두를 선사하는 가슴 따뜻한 과학 서적이다.

서은국(연세대학교 심리학과 교수, 『행복의 기원』 저자)

.

살면서 한 번쯤 품었을 마음의 상처와 외로움의 근원에 관한 의문, 실타래처럼 엉킨 인간관계에서 생기는 갖가지 어려움에 대한 고민, 아프지 않고 건강하게 살고 싶은 욕구에 관해 이 책은 '옥시토신'으로 답한다. 신체적 건강뿐 아니라 정신적 건강에 이르기까지 '도대체 나는 왜 이럴까?' 도통 해답을 찾을 수 없을 것 같은 물음을 던졌던 우리에게 이 책은 그동안 많은 학자들이 밝혀낸 연구 결과를 들어 조목조목 답해준다. '집대성하다'는 말이 무슨 뜻인지 바로 알게 할 만큼 이 책은 옥시토신에 관한 지금까지의 모든 연구를 모아 꼼꼼히 정리했다. 그렇다고 너무 전문적이어서 어렵거나 읽기에 난해하지 않다. 페이지마다 교훈과 감동이 숨어 있다. 심지어 재밌기까지 하다. 가슴 시리도록 아름다운 책이다. 그래서 책을 읽다 보면 한 학기 동안 다정하고 따스한 훈남 교수님이 신입생도 알아듣기 쉬운 말로 친절하게 설명하는 명품 강의를 아주 흥미롭게 수강한 느낌이 든다. 일상에서의 옥시토신이라는 A⁺ 학점도 받을 수 있을 것 같은 희망과 함께 말이다.

이지선(이화여자대학교 사회복지학과 교수, 『꽤 괜찮은 해피엔딩』 저자)

지난 23년간 개인적으로 내가 만나 온 저자는 끊임없이 노력하고 공부하는 학자이자 아는 것에서 그치지 않고 지식을 삶에서 그대로 행하는 실천가다. 단순한 지식적 차원이 아니라 삶에서의 깨달음을 학구적으로 통합하는 성실한 연구자라고 할까? 이 책은 오늘날 사회적 고립이 초래하는 다양한 병폐와 사회 구조적 문제에 운동학자가 제시한 답안으로, 옥시토신에 관해 배움과 실천의 통합을 제시하고 있다. '우리'의 삶을 파고드는 공동체 심리학자에게 연구와 개입의 함의를 무진장 풀어놓는 놀라운 책이다.

정안숙(미국 시카고 드폴대학교 심리학과 교수)

전용관 교수님은 유명한 사랑 전도사다. 체육이 전공이지만 건강한 신체를 결정하는 것은 마음이고, 마음을 결정하는 것은 관계임을 잘 알기 때문이다. 교수님의 이 책은 마음과 관계에 결정적 영향을 주는 옥시토신 호르몬에 관해 설명하고 있다. 항노화 전공자인 필자조차 그간 잘 몰랐던 많은 부분을 이 책을 읽으며 배웠다. 이 책은 당신에게 관계와 마음 그리고 인생이 회복되는 데 가장 편안한 길라잡이가 될 것이다.

김경철(웰케어클리닉 원장, 『당신이 잘 잤으면 좋겠습니다』 저자)

이 책을 통해 우리 생활과 깊숙이 연관된 옥시토신이라는 호르몬을 이해하게 되면서 마치 내 삶을 풍요롭게 하는 비밀과 행복의 열쇠를 알게 된 것 같았다. 마음가짐 하나, 몸동작 하나가 모두 옥시토신의 작용으로 더 풍성해지고 원만해질 수 있다니 신기하고 재미있다. 특히 출산을 앞둔 나로서는 책을 읽으며, 태어날 아이를 더 많이 안아 주어야겠다고 생각했다. 자세한 학문적 근거들로 알게 된 몸속 옥시토신을 높이는 방법을 실천하며 모두가 행복한 하루하루를 보낼 수 있기를 소망한다.

손연재(전 국가대표 리듬 체조 선수)

고립과 단절을 조장하는 세태 속에서 이 책은 한 번 더 손 내밀고 안아주기를 택하는 옥시토신 라이프스타일을 가르친다. 우리의 몸과 마음은 원래 그렇게 서로를 보듬고 살도록 설계되었다는 사실을 풍부한 학술적 근거와 저자 자신의 솔직담백한 사연들을 통해 전달하고 있다. 나는 이 책을 읽고 옥시토신의 마법에 온통 마음을 빼앗겼다.

조성철(국토연구원, 산업입지연구센터장) & 김사랑 부부

옥시토신 호르몬에 대해 지금까지 잘 몰랐거나 관심조차 없었던 분이라면 반드시 주목해야 할 올해 최고의 책이다. 저자는 옥시토신이 무엇이며 우리의 삶에 얼마나 중요한지를 과학적으로 입증된 탄탄한 근거들과 자기 경험을 바탕으로 상세하게 알려준다. 이 책을 통해 옥

시토신에 관한 놀랍고 흥미로운 사실들을 알고 나면, 저자가 제안하는 옥시토신을 높이는 실제적인 방법들을 당장 삶 속에서 하나씩 실천하게 되리라 자신한다. 왜냐하면 이 책을 읽고 우리 부부의 라이프스타일이 완전히 바뀌었기 때문이다. 코로나19로 인해 점점 더 비대면 활동에 익숙해지고 개인화되어 가는 이때, 몸과 마음의 건강과 행복한 삶을 꿈꾸는 사람이라면 머리맡에 두고 반드시 읽어야 할 필독서다.

백주하(한국보건사회연구원) & 이사야 부부

행복하고 건강하려면, 옥시토신

요즘 뉴스를 틀면 하루가 멀게 들리는 가슴 아픈 소식들이 우리 마음을 힘들게 합니다. 수년간 구직에 실패하고 자기 방에 갇혀 나오지 않다가 생을 포기했다는 청년의 이야기, 오지 않는 자녀를 기다리다 쪽방에서 고독사한 어느 노모를 수개월이 지나서야 발견했다는 이야기, 편의점 삼각김밥으로 끼니를 때우다 영양실조로 죽었다는 어느 결식아동의 이야기, 부족한 사회성으로 외톨이처럼 고립되어 고독사했다는 한 중년 남성의 이야기, 장애를 가진 딸을 먼저 보내고 따라 죽지 못했다는 병든 엄마의 이야기. 이 모든 이야기는 우리를 우울하게 만듭니다.

하지만 세상에는 이런 슬프고 가슴 아픈 이야기만 있는 건 아닙니다. 밥을 굶는 이들을 위해 5년간 '천원밥집'을 운영하다 암으로 세상을 떠난 어머니의 뒤를 이어 오전에는 밥집을 운영하고 오후에는 보험 영업을 한다는 슈퍼우먼 같은 따님의 이야기, 물에 빠져 죽어가는 이들을 자신의 차와 목숨을 담보로 구했다는 슈퍼맨 같은 남성의 이야기, 물 마실 틈도 없이 바쁜 택배기사를 위해 현관 앞에 간식 바구니를 놓아둔 어느 이웃의 이야기, 도시에 나간 자녀 걱정에 자나 깨나 기도로 안녕을 비는 어머니들의 이야기, 치매 노모를 간병하며 자신의 삶을 희생하는 착한 아들딸들의 이야기, 세상에 큰 주목을 받진 못해도 서로 사랑하며 아끼는 뭇 부부들의 애틋한 이야기, 가난해도 서로 의지하며 사랑하는 연인들의 가슴 저린 이야기, 세상 한 편에는 이런 따뜻한 이야기들도 가득합니다.

옥시토신은 우리 마음을 따뜻하게 만드는 호르몬입니다. 우리가 다른 사람을 더욱 신뢰하고 사랑할 수 있도록 만드는 호르몬입니다. 그런데 이렇게 이야기하면, 옥시토신이 마치 비과학적인 화학물질이라고 오해하실 수 있습니다. 1929년 처음 옥시토신 관련 논문이 나온 이후, 2023년 12월까지 옥시토신을 주제로 발표된 논문의 건수는 무려 33,423건이나 됩니다. 그럼, 옥시토신에 대해 좀 더 알아볼까요?

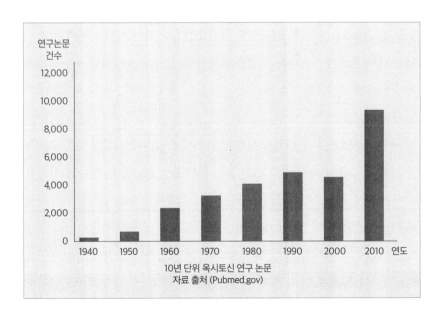

10년 단위 옥시토신 연구 논문
자료 출처 (Pubmed.gov)

옥시토신, 사랑의 호르몬

옥시토신oxytocin이라는 단어를 들어보신 적 있나요? 어떤 독자는 고개를 끄덕이고 또 다른 독자는 전혀 모르겠다고 고개를 가로저을지도 모르겠습니다. 혹시 유도분만을 경험한 산모라면 옥시토신 주사를 맞아보셨을 겁니다. 옥시토신은 자궁을 수축하게 하고, 수축한 자궁은 뇌하수체에서 더 많은 옥시토신을 분비하게 합니다. 옥시토신이 올라가면, 자궁은 더 세게 수축하게 되고, 이런 관계를 반복하면서 출산 시 산모의 옥시토신은 평상시의 20〜30배까지 올라갑니다. 옥시토신은 강한 모성애를 느끼게 하고, 산모가 아기를 껴안고 젖을 먹이고 싶은 마음이 들게 합니다. 엄마의 유방에 젖이 돌면서 자연스레 아기의 입에 젖을 갖다 대는 건 다 옥시토신이라는 체내 호르몬이 만들어 낸 변화라고 할 수 있습니다. 실제 옥시토신은 엄마의 젖꼭지에서 젖이 나오게 하는 역할도 하지요. 옥시토신은 산모가 강한 모성애를 느끼게 하고 아이를 사랑으로 돌보게 합니다. 이런 옥시토신의 역할은 실험으로도 입증되었습니다. 한 연구진은 옥시토신을 제거한 실험용 어미 쥐가 새끼를 전혀 돌보지 않는다는 사실을 밝혀냈습니다. 또한 새끼를 돌보지 않는 처녀 쥐에게 옥시토신을 투여했더니, 자신 앞에 있는 새끼 쥐를 자기 새끼처럼 돌봐주었습니다.

특히 옥시토신은 연애와도 밀접한 관계를 갖습니다. 새로운 만남을 시작한 커플은 싱글인 사람과 비교해 혈중 옥시토신 농도가 더 높다고 합니다. 연애 초기에 옥시토신이 많이 올라간 커플일수록 6개월이 지나도 연애할 확률이 높지만, 반대 경우 6개월 이내 헤어질 확률이 훨씬 높았습니다. 연애 초기 옥시토신 수치가 향후 두 사람의 관계 지속 여부를 예측하는 중요한 변인입니다. 앞으로 더 다루겠지만, 남녀 관계에 정서적 교류와 스킨십이 옥시토신을 높인다는 것을 고려할 때 연애 초기 옥시토신이 높은 커플이 관계를 지속할 확률이 높다는 것은 사실 놀라운 것은 아닙니다. 또한 남녀가 성관계를 가질 때 옥시토신이 분비되는데, 바로 커플이 함께 오르가슴을 느낀 후 서로에 대한 애착이 갑자기 상승하는 것을 설명하기도 합니다.

사회적 지능을 올립니다

옥시토신은 러브 호르몬에 머무르지 않습니다. 최근 옥시토신과 관련하여 여러 연구가 이어지면서 이전에 전혀 생각지도 못했던 효과가 옥시토신에 있다는 사실이 규명되었습니다. 그중 하나가 바로 옥시토신이 아이의 사회성 발달에 지대한 영향을 준다는 것입니다. 코로 옥시토신 흡입제를 마신 자폐아가 전과 달리 상대방의 표정을 보고 감정을 읽어내는 기적 같은 일이 일어난 거죠. 전 세계 과학자들의 가슴을 뛰게 했던 해당 연구는 이중맹검 연구로 진짜 옥시토신 약제를 흡입한 자폐스펙트럼 아동이 위약(플라시보 placebo)을 흡입한 아이와 비교해 상대방의 눈빛과 표정을 훨씬 더 잘 감지한다는 사실을 확인했습니다. 이어 자폐스펙트럼과 무관한 청소년을 대상으로 한 실험에서도 이와 유사한 결과를 얻으며, 이 이론은 오늘날 정설로 받아들여지고 있습니다. 쉽게 말하면 옥시토신은 러브 호르몬을 넘어 관계 호르몬이자 사회성 호르몬으로 인정받고 있는 거죠.

그럼 옥시토신이 선천적으로 낮은 사람도 있을까요? 네, 그렇습니다. 옥시토신은 '사회성 유전자'로 불리는 'GTF21'과 밀접한 연관이 있죠. 'rs53576'이라는 조금 낯선 이름의 옥시토신 수용체oxytocin receptor에 변이를 가진 이들은 일반인과 달리 공감 능력이 떨어진다고 보고합니다. 가만 보면 우리 주변에도 꼭 그런 사람이 있지 않나요? 회식 자리에서 젊은 부하직원들이 "부장님, 좀 더 있다가 가세요!"라고 붙잡을 때 눈치 없이 "그럼, 그럴까?" 하며 다시 눌러앉는 부장 말입니다. 그러면서 다시 술 한 잔 들고 "나 때는 말이야."를 시전합니다. 참 눈치코치 없습니다. 직원들이 원하는 건 '꼰대' 부장이 아니라 '법카'라는 사실은 짧은 사회생활 중에 너나없이 체득하는 진리인데 말이죠. 그럴 때일수록 빨리 카드를 던져놓고 자리를 피해주는 센스가 필요한데, 실제 옥시토신은 눈치를 백단으로 만들어 주는 사회성 호르몬입니다.

이런 실험도 있었습니다. 피실험자에게 옥시토신을 흡입하게 하고 투자게임을 진행했습니다. 그랬더니 옥시토신을 흡입한 집단은 투자 상대를 더 신뢰하고 투자 금액을 27퍼센트나 올렸습니다. 이 실험에서 혹시 상대방을 더 신뢰하는 것이 아니라 위험을 감수하는 경향이 올라갔는지 재차 확인했는데, 다른 실험에서는 옥시토신 집단과 위약 집단 간에 차이가 전혀 나지 않았다고 합니다. 이 흥미로운 연구는 세계적으로 저명한 과학저널 「네이처」 2005년 호에 실렸고 지금까지 총 5,000번 이상 각종 논문에 인용되었습니다.

이와 관련하여 재미난 논문도 있습니다. 연구진은 최소 1년간 함께 생활한 49쌍의 커플을 대상으로 평소 툭하면 싸우게 만드는 주제를 선정하여 서로 논쟁을 벌이게 했습니다. 참 별난 실험도 있죠? 그리고 이들이 말다툼하는 과정을 비디오로 찍어서 싸움의 양상을 분석하였더니, 남녀 모두 옥시토신을 흡입한 집단은 훨씬 긍정적인 자세로 상대방을 이해하고 비폭력대화를 나누는 비율이 높았습니다. 싸움을 붙여보려고 했는데 싸움이 되지 않은 거죠.

옥시토신 이야기

옥시토신은 도덕성 호르몬인가?

심지어 외도에 관한 연구도 있습니다. 초원들쥐는 수컷과 암컷이 서로에게 집중하는 반면, 산악들쥐는 수컷과 암컷 모두 문란하다고 합니다. 쥐라고 다 같은 쥐는 아닌가 봅니다. 초원들쥐 수컷은 암컷 옆에서 새끼를 그루밍(혀로 핥아 털을 다듬어주기)도 해주고 양육에 적극 동참하지만, 산악들쥐 수컷은 전혀 새끼를 돌보지 않습니다. 그런데 이런 산악들쥐 수컷에게 옥시토신 수용체를 조작해 옥시토신이 정상적으로 작용을 하게 하였더니, 산악들쥐 수컷들이 갑자기 새끼들을 돌보기 시작했습니다. 이와 관련한 실험은 매우 중요하기 때문에 뒤에서 더 자세하게 설명하도록 하겠습니다.

옥시토신의 마법은 인간 실험을 통해서도 확인됩니다. 연구팀은 기혼 남성에게 옥시토신을 흡입하게 한 뒤, 젊고 매력적인 여성이 다가가 플러팅을 시도하게 했습니다. 그러고는 해당 남성에게 여성이 자신과의 사이에서 얼마나 가까워졌을 때 불편함을 느끼는지를 물었습니다. 그랬더니 옥시토신을 흡입한 남성군은 여성이 71센티미터쯤 다가왔을 때 불편하다고 대답했지만, 위약을 흡입한 남성군은 56센티미터까지 다가왔을 때라고 답했습니다. 이건 플라시보 남성군이 옥시토신 남성군보다 여성을 훨씬 자신의 영역 안으로 깊이 받아들였다는 뜻입니다. 흥미로운 사실은 이런 효과가 미혼에게는 나타나지 않았다는 겁니다. 결혼하지 않은 남자는 어떤 여자든 가까이 오면 그저 좋아했습니다. 여러분의 예상을 한 치도 벗어나지 않죠?

스킨십 호르몬, 옥시토신

근데 이게 다가 아닙니다. 옥시토신은 몸에도 긍정적인 역할을 합니다. 최근에는 옥시토신이 암이나 심장질환, 비만, 당뇨, 그리고 노화와도 관련이 있다는 연구 결과도 나왔습니다. 체내 옥시토신 농도가 높으면 암이나 심장질환, 비만 및 당뇨병을 예방할 수 있는 확률이 높아진다는 거죠. 심지어 성인병이 완화되는 것뿐만 아니라 노화도 천천히 진행되며, 신경세포 생성이 빨라지고, 뼈의 성장을 도와 골다공증을 예방하며, 근육 손상이나 상처도 더 빨리 아문다고 합니다. 나아가 옥시토신의 혈중 수치를 높이면, 치매 증상까지 호전된다는 연구도 있습니다. 이쯤에서 성미가 급한 독자는 "대체 옥시토신 스프레이는 어디에서 구입할 수 있나요?"라고 물을지 모르겠습니다. 굳이 구매하실 필요까지 없습니다. 스프레이를 코에 뿌리지 않고도 옥시토신을 획기적으로 높이는 방법이 있습니다. 그게 무엇일까요?

바로 스킨십입니다. 어렸을 때 배가 아프면 무조건 엄마에게 달려갔습니다. 그러면 엄마는 언제나 "엄마 손은 약손" 하시며 배를 쓰다듬어 주셨죠. 그리고 정말 희한하게 통증이 사라졌습니다. 이런 스킨십은 체내 옥시토신 분비를 촉진합니다. 그렇게 혈중 옥시토신 농도가 상승하면 우리 몸의 통증역치pain threshold를 높여 줍니다. 우리 몸은 신묘막측해서 모든 감각을 다 대뇌로 전달하지 않습니다. 어느 정도의 자극이나 아픔은 말초신경 단계에서 무시해 버리죠. 실제 아기가 태어났을 때 부모의 스킨십이 높을수록 아이의 뇌에서 옥시토신 레벨을 높여 정서적 건강과 뇌 발달에 긍정적인 역할을 합니다.

우리네 엄마는 코흘리개 아이를 품에 안고 살았습니다. 일 나갈 때도 포대기를 이용해 아이를 업어 키웠죠. 반면 외국의 엄마는 주로 독립심을 키운다고 아이 방을 따로 분리하고 어릴 때부터 아기 혼자 자도록 했죠. 그런데 최근 들어 이런 한국 엄마의 스킨십이 세계의 주목을 받고 있습니다. 바로 한국의 전통 육아 문화 '포대기Podaegi'입니다. 영국에는 아예 포대기 대여점도 있다고 합니다. 저도 알아봤는데, 한 달 포대기를 빌리는 데 16,000원 정도 한다고 합니다. 아기와 스킨십을 늘리려는 서양 엄마들의 노력이 느껴집니다.

옥시토신을 높이는 또 다른 방법은 다른 사람과 함께 밥을 먹는 것입니다. 이는 침팬지 실험으로 입증되었습니다. 침팬지가 서로 그루밍만 나눌 때는 옥시토신 수치가 그리 증가하지 않았지만, 함께 음식을 나누어 먹자 소변에서 다량의 옥시토신이 배출된다는 사실을 발견했습니다. 만약 여러분이 바이어를 설득하거나 담당자를 만나 영업을 이어가야 하는 경우라면, 장황하게 말만 늘어놓지 말고 차라리 상대와 밥을 한 끼 나눠보는 게 어떨까요? 내 앞에 앉아 있는 사람의 옥시토신 수치를 높이는 최고의 방법일 것입니다. 상대가 배우자라면 함께 부둥켜안고 농익은 스킨십과 함께 맛있는 음식을 나누어 먹고, 상대가 비즈니스 혹은 학술 관계로 만난 사람이라면 어느 때보다 뜨겁게 악수하고 멋진 곳에서 음식을 나눈 다음 본론으로 이어가는 거죠. 그러니 앞으로는 친구랑 "언제 밥 한번 먹자."라고 말만 하지 말고 시간을 내서 함께 밥상에 앉아 왁자지껄 수다 떨면서 밥 한 끼 먹는 겁니다.

뒷담화 호르몬, 옥시토신

뒷담화는 옥시토신을 올리는 또 다른 방법입니다. 인생에서 큰 성취를 이뤘을 때 옥시토신이 높아질까요? 대학에 합격했을 때, 아니면 취업에 성공했을 때, 아니면 돈을 벌었을 때 옥시토신 수치가 올라갈까요? 아닙니다. 그때는 세로토닌과 도파민이 올라가고 옥시토신은 그대로 있습니다. 놀랍게 옥시토신은 함께 모여 뒷담화할 때 올라갑니다. 직원들이 모여 꼰대 과장님이나 왕짜증 부장님, 진상 고객을 씹어줄 때 옥시토신은 춤을 춥니다.

이와 관련된 실제 연구도 있습니다. 한 집단은 서로에게 공감이 가는 감성적인 이야기를, 다른 집단은 뒷담화를 하게 했습니다. 그랬더니 첫 번째 집단의 경우, 코르티솔은 감소했지만 옥시토신은 변화가 없었다고 합니다. 반면 뒷담화를 한 집단은 코르티솔이 감소했고 옥시토신 수치는 증가했습니다.

눈맞춤 호르몬, 옥시토신

옥시토신을 올리는 또 하나의 간단한 방법은 바로 반려동물을 키우는 것입니다. 강아지를 쓰다듬고 껴안아 줄 때 견주와 반려견 모두 옥시토신 수치가 치솟는다고 합니다. 반려견을 쓰다듬어 주면서 눈을 맞춰주세요. 눈맞춤과 정서적 교감은 옥시토신 분비를 더 촉진하는 방법의 하나입니다. 제 얘기가 아닙니다. 2015년 「사이언스」에 실린 내용이니 믿어도 됩니다. 반려견에 옥시토신을 투여한 실험도 있습니다. 옥시토신이 올라간 반려견은 주인을 더 잘 따르고 사회성도 좋아지며 주인과 눈도 더 맞추더라는 것입니다. 재미있는 건 이때 견주의 옥시토신도 덩달아 올라간다는 사실입니다. 흥미롭지 않은가요?

최근에는 핵가족, 1인 가구 그리고 혼밥이 자연스러워지면서, 대한민국 국민의 옥시토신이 점점 떨어지고 있습니다. 심지어 핵개인이라는 신조어까지 나왔습니다. 저는 이것이 학교폭력, 우울, 자살, 정신질환, 염증성 장질환 그리고 생활습관병 증가와 깊은 관련이 있다고 생각합니다. 옥시토신은 내 몸을 넘어 내 인생의 비밀병기입니다. 혼밥보다 가까운 사람과 함께 밥 먹고, 수다 떨고 뒷담화하고, 함께 운동하고, 함께 놀고, 부모님도 더 자주 찾아뵙고 하면 어떨까요? 옥시토신이 어떻게 우리의 마음을 위로하는지, 우리를 얼마나 더 나은 사람으로 만드는지, 우리를 어떻게 더 사랑스럽게 하며, 얼마나 더 책임감 있는 사람으로 바꾸어 주는지 제가 지금부터 전하는 이야기를 한 번 들어보시겠습니까? 저는 옥시토신을 만나고 제 인생의 여러 가지 문제가 해결되고 훨씬 더 풍요로워지는 것을 경험했습니다. 옥시토신 이야기를 통해 독자들의 삶이 더 행복해지고 풍요로워지고 아름다워지기를 소망합니다.

신촌 연구실에서
저자 드림

차례

3부
더 나은 사람을 만드는 옥시토신

4부
보다 사랑스럽게 만드는 옥시토신

5부
보다 건강하게 만드는 옥시토신

6부
옥시토신 라이프스타일 1

1부

The Oxytocin Odyssey

옥시토신은 무엇일까?

만약 세상에 묘약이 존재해 이 약만 먹으면 사람이 갑자기 착해지고, 상대방의 부정적인 부분보다 긍정적인 면을 보며, 혹시 상대가 실수하더라도 그 사람의 입장에서 이해하고 용서하며 관대하게 군다면 어떨까요? 심지어 이 약을 먹으면 비만과 당뇨, 심혈관질환, 그리고 암도 예방하며, 만성통증과 수면장애, 불안장애, 우울증과 염증성 장질환까지 모두 치료한다면 어떨까요? 뿐만 아니라 다른 사람의 표정에서 감정을 읽어내기 어려워하는 자폐스펙트럼장애가 있는 청소년이 앞 사람의 표정을 읽기 시작한다면 어떨까요? 과연 이런 기적의 약이 존재한다면 여러분은 이 묘약을 알아보시겠습니까? 이 묘약은 있.습.니.다. 바로 우리 시상하부 뇌하수체 후엽에서 분비되는 옥시토신입니다. 1부에서는 이 기적 같은 묘약에 대해 알려드리겠습니다.

01장

로제토 마을의 비밀

⌣

1882년, 이탈리아 포자 지역 로제토 마을Roseto Valfortore에서는 11명의 로제토 주민이 이탈리아를 떠나 뉴욕으로 향하는 증기선을 탔다. 이들 중 여덟 명은 부푼 꿈을 안고 대서양을 건너 미국 펜실베이니아주 뱅골 지역에 정착했다. 하지만 그들의 기대와 달리 도착한 곳은 앞서 웨일스에서 건너온 이민자와 독일 출신 이민자의 텃세가 심했다. 집단적 텃세를 피하기 위해서였을까? 이들 중 네 명은 미국 내 다른 지역으로 이주했고, 그중 한 명은 배를 타고 다시 이탈리아 로제토로 돌아갔다.

로제토로 돌아간 한 명은 마을 사람들의 환대를 받았다. 아마 그의 파란만장했던 이민 무용담에 마을 사람들이 큰 흥미를 느꼈던 것 같다. 그가 전한 지구 반대편 미국 이야기는 입에서 입을 타고 마을 전체에 퍼졌고, 이 이야기는 신화가 되어 로제토 마을에 살던 순박한 사람들에게 아메리칸드림을 심어주었다. 급기야 유럽에서의 퍽퍽한 삶을 벗어나 모든 게 넉넉한 신세계를 꿈꾸었던 로제타 사람 중에 미국으로 건너가는 이들이 나오기 시작했다. 1894년에는 로제타 마을 사람 중에서 여자와 어린아이를 제외하고 미국 여권을 발급받은 이들이 1,200명에 달할 정도로 거의 마을 전체가 통째로 미국 이민길에 올랐다. 미국이라는 낯선 땅에 도착한 이들은 앞서 정착한 다른 민족 주민들의 텃세를 피해 뱅골 옆에 자신들만의 마을을 세웠는데, 고향을 기억하려는 마음에서 이 마을 이름을 '로제토'라고 지었다. 그리고 로제토는 미국 정부에서 인가한 첫 번째 이탈리아 이민자들의 자치 마을이 되었다.

로제토 마을, 심장질환 의사의 관심을 받다

어찌 보면 평범하기 이를 데 없는 이민자 마을의 정착 사례는 1960년 전 세계를 떠들썩하게 만들며 집중적인 관심을 받는다. 로제토 마을 이야기가 4개국 이상의 나라에서 각기 다큐멘터리로 만들어지면서 마을에 수많은 의사와 사회학자, 심리학자들이 모여들었고, 마을 주민에 관한 각종 연구가 진행되었다. 전체 마을 주민을 대상으로 혈액 분석과 심전도, 설문지, 심층 인터뷰 등이 이루어졌다. 이 결과에 근거하여 '로제토 효과'라는 신조어가 만들어질 만큼, 자그마한 이민자 마을은 전 세계인의 주목을 한 몸에 받았다. 과연 그 이유는 무엇이었을까?

사실 로제토 마을이 이렇게 전 세계의 주목을 받게 된 건 밴자민 팔콘 Benjamin Falcone과 스튜어드 울프 Stewart Wolf라는 두 의사의 만남에서 시작되었다. 당시 오클라호마 병원의 내과 의사였던 울프 박사는 휴가차 우연히 이 지역을 방문했다가 로제토와 뱅골에서 17년간 지역 의사로 봉사하고 있던 팔콘 박사에게서 신기한 이야기를 하나 전해 듣는다. "로제토 주민들은 뱅골 주민들보다 65세 이전에 심장병으로 죽는 비율이 훨씬 낮죠. 웃기지 않아요? 두 지역이 아주 가까운데 기대 수명은 크게 동떨어져 있으니까요." 사실 누군가에게는 "오, 그래요? 흥미롭네요."하고 끝낼 수도 있을 법한 이야기였다. 그런데 울프 박사는 이 이야기를 듣고 흥미를 느껴 직접 연구비를 마련한 뒤 본격적인 연구를 시작한다.

일단 팔콘 박사의 말이 맞는지 면밀하게 조사했다. 지역 사망 자료를 수집해 1955년부터 1961년 사이 로제토 마을에서 사망한 주민의 숫자와 함께, 상수도 시스템이나 의료 시스템이 동일한 옆 마을 뱅골 주민들의 사망 원인을 분석했다. 실제로 그는 해당 기간 로제토 마을에서 심혈관질환으로 죽은 주민의 사망률이 뱅골 주민뿐 아니라 캘리포니아 주를 넘어 미 전역 사망률의 반도 안 된다는 사실을 확인했다. 더욱 놀라운 것은 로제토 주민 중 65세 미만에 심혈관질환으로 사망한 사람이 거의 없었다는 점이다. 게다가 정신질환으로 병원을 찾은 로제토 주민 역시 미국 평균의 반도 안 된다는 점을 확인했다.[1]

독자들 중에는 "로제토 주민들이 대부분 이탈리아에서 건너온 이민자들이니까 지중해식 다이어트를 하고 올리브오일도 많이 먹으면서 체중을 유지했겠죠."라고 생각하는 분들이 있을지 모르겠다. 단순히 식단의 문제였다면 로제토 마을이 그렇게 대중의 관심을 받을 수 있었을까? 사실 울프 박사가 조사한 결과는 그와 정반대였다. 로제토 주민들도 흔히 심혈관질환의 대표적 위험 요인으로 꼽히는 생활 습관을 고스란히 갖고 있었다. 그들은 평소 고기도 많이 먹고 운동은 하지 않으면서 음주와 흡연도 즐기는 등 미국 평균 인구와 비교하여 전혀 건강한 라이프스타일을 갖고 있지 않았다. 심지어 혈압 차이도 없었다. 평소 올리브오일은커녕 돼지기름(라드)을 주로 섭취했고 혈중 콜레스테롤 수치 역시 미국인 전체와 대조해 봐도 별 차이가 없었다.

사실 유전적 요인은 누구라도 생각할 수 있는 가설이다. 로제토 마을 사람들은 다들 고향인 이탈리아의 같은 마을에서 이주한 주민들이고, 대부분 마을 안에서 배우자를 찾아 결혼했기 때문에 우연히 심혈관질환이 걸리지 않는 유전자풀을 공유하고 있을지 모른다는 추측이 가능하다. 그래서 울프는 원래 로제타 마을에서 태어났지만 어렸을 때 다른 지역으로 이주한 사람들을 대상으로 심혈관질환 유병률과 이로 인한 사망률을 조사했으나 미국 성인 평균과 전혀 차이가 나지 않는다는 사실을 확인했다. 그뿐만 아니라 식습관이나 운동 습관, 지방 섭취, 흡연, 혈중 콜레스테롤까지도 로제토 토박이들과 로제타에서 태어났지만 다른 곳으로 이사 간 사람들 사이에 차이가 없었다. 즉 유전적으로는 도저히 설명할 수 없었다. 그러면 대체 로제토 마을 사람들은 왜 일찍 죽지 않았던 걸까?

그 실마리는 얼마 지나지 않아 울프 박사에 의해 풀렸다. "가장 놀라운 점은 로제토 마을 사람들이 자신의 삶을 즐기고 있다는 것이었습니다." 로제토 마을 주민들은 검소하고 담박하며 단순한 삶을 살고 있었다. 범죄도 거의 일어나지 않았다. 부유한 사람은 기꺼이 베풀 줄 알았고, 가난한 사람은 흔쾌히 주변의 도움을 받았다. 무엇보다 2,000명이 사는 마을에 낚시나 사냥, 독서, 스포츠 모임 등이 무려 22개가 있으며, 한지붕 아래 3대가 함께 모여 사는 집이 많고 수시로 마을 잔치를 하는, 일종의 확대가족처럼 살고 있었다. 결국 끈끈한 사회적 연대는 주민들의 심혈관질환 위험을 낮추고 장수할 수 있는 환경을 마련했다는 게 울프 박사의 결론이었다.

로제토 효과가 사라진 이유

오늘날 로제토 마을 사람들은 계속 심장병에 걸리지 않고 건강하게 살고 있을까? 애석하게도 그렇지 않다. 울프 박사가 이후 로제토 사람들을 25

년 동안 추적한 연구 결과를 1989년 다시 발표했는데, 해당 논문의 결론부 첫 부분은 이렇게 시작된다. "가장 놀라운 사회적 변화는 주민들 사이에서 오랫동안 로제토 마을에서 금기시되어 온 '과시'가 나타나기 시작했다는 점이다. 이곳 사람들은 과시가 악마의 주목을 받게 한다고 믿었는데, 젊은이들을 중심으로 이러한 믿음을 뒤로 하고 경쟁적으로 자신의 부를 주변에 과시하기 시작했다. 그들은 보란 듯이 비싼 자동차를 타고 다녔으며, 그로 인해 시시콜콜 서로를 비교하고 경쟁하는 문화가 싹트기 시작했다."

실제 로제토 마을에서 태어난 젊은이들이 일거리를 찾아 다른 곳으로 떠났고, 그 자리를 새로운 사람들이 들어와 채우기 시작했다. 그러면서 과거 끈끈했던 공동체 문화는 실종되고 말았다. 그 결과, 이제 로제토 마을은 옆 마을과 똑같은 동네가 되었다. 독특한 로제토 마을만의 색채가 사라지자 심혈관질환으로 인한 사망률에도 차이가 없게 되었다. 로제토 마을 효과는 그렇게 지구상에서 종적을 감추게 된 것이다.[2]

최근 수십 년간 비만 인구가 증가하면서 당뇨병과 심혈관질환 그리고 무엇보다도 암 발병률이 무서운 속도로 올라가고 있다. 그러면서 폐렴과 같은 감염병으로 죽는 비율은 줄어들고 대신 대사질환과 생활 습관으로 인한 질병으로 죽는 비율은 전체 사망자의 67퍼센트 이상을 차지한다는 보고가 쏟아지고 있다. 이런 상황에서 더 오래 더 건강하게 살기 위해서 무엇에 집중해야 할까? 운동과 다이어트뿐만이 아니라 가족과 친구를 더 자주 만나고 사교활동을 통해 주변 사람과 좋은 관계를 유지하는 게 더 중요하지 않을까?[3]

로제토 마을 이야기를 읽으면서 '어라, 이거 내가 어렸을 때 시골 동네의 모습이잖아.'라는 생각이 들었다. 모두 가난하고 힘들게 살았지만 두레니 품앗이니 때론 가족처럼 때론 형제자매처럼 콩 한 쪽이라도 함께 나눠 먹으려

옥시토신 이야기

는 이웃들이 많았다. 이웃에게 안 좋은 일이 생기면 함께 울어주었고, 좋은 일이 생기면 내 일처럼 기뻐해 주었다. 경조사가 있으면 온 동네 사람들이 함께 모여 돕고 베풀었다. 아버지들은 남의 제사도 우리 가족 일인 것처럼 제사상에 올릴 과줄 한쪽까지 살폈고, 우리네 어머니들은 마당에 솥단지를 걸어 한 솥 가득 국수를 삶아냈다. 그러다 보니 서로의 집에 숟가락이 몇 개인지 젓가락이 몇 개인지 훤히 알 수 있었다.

그런데 언제부턴가 명절에 삼대가 다 모이는 건 드문 일이 되었다. 동네 허리는 곧은 신작로로 잘려 나가고 서로의 집은 높은 담벼락으로 막혔다. 이제 마을 사람들은 문을 꽁꽁 걸어 잠그고는 집 밖으로 나오지 않고 마을의 대소사에 참여하지도 않는다. 성인이 된 자녀는 모두 약속이라도 한 듯 집을 떠나 서울로 가고, 각 가정엔 머리에 서리가 내린 늙은 세대만 대청마루를 지키고 있을 뿐이다. 직장에서도 공동체 문화가 사라져 버렸고, 그나마 대면으로 하던 회의도 대부분 비대면으로 바뀌면서 점점 일상에서 사람을 만날 일이 없어지게 되었다. 회식은커녕 둘이 함께 있는 것도 부담스러운 시대가 되어 혼밥이니 혼술이니 '혼자서도 잘해요'를 경쟁적으로 보여주고 있다. TV를 켜면 예능에서는 '나 혼자 산다'는 게 지극히 정상적인 현대인의 삶인 것처럼 포장한다.

그래서일까? 조현병과 우울증, 양극성 장애 등 현대사회에 정신질환의 비율이 훨씬 높아졌다. 자살률도 무시할 수 없는 수준이다. 우리나라는 OECD 회원국 중 자살률 1위라는 오명을 갖고 있기 때문에 이 사회적 현상은 오늘날 반드시 해결해야 할 시급한 과제이다. 2022년 기준 한국의 자살률은 인구 10만 명당 26명이라고 한다. OECD 회원국의 평균인 11명보다 2.4배나 높은 수치다. 우리나라의 자살률 증가를 통계와 함께 더듬어 보면, 사회 양극화와 분화, 파편화된 관계, 입시 및 취업 지옥과 무관하지 않다. 한국의 자살률은 1990년대 초반부터 꾸준히 증가하여 2011년에는 인구 10만 명당 31.7명으로 최고를 찍었다. 우리나라가 한강의 기적을 발판으로 숨 가쁘게 성장하면서 압축적인 산업 근대화를 겪었고, 그 과정에서 모든 국민이 숨 가쁜 경쟁의 레이스에 내몰렸다. 과연 해결책은 없는 것일까?

이런 관점에서 '사회성 호르몬' 옥시토신이 우리에게 답을 주는 건 아닐까? 독자들은 아마 '옥시토신? 산모가 아이를 출산하거나 남녀가 성관계를 가질 때 급격히 분비된다는 그 옥시토신? 대체 그 옥시토신이 어떻게 우리 건강과 미래에 답을 줄 수 있다는 거지?'라고 생각할지 모르겠다. 나 또한 그랬으니까. 어쩌면 울프 박사가 1960년대 로제토 마을과 현재 로제토 마을, 그리고 미국 일반 사회의 차이를 '경쟁 대 협력'이라고 비교하면서 제시했던 『씨족의 위력The Power of Clan: The influence of human relationship on heart disease』이 빙산의 일각이었을지도 모른다. 자, 이제 옥시토신의 세계로 들어가 보자.

02장

옥시토신 101: 인류를 지켜주는 옥시토신

⌣

옥시토신의 발견

옥시토신은 1906년 영국의 약리학자 헨리 데일Henry Hallett Dale 경에 의해 최초로 입증되었다. 우리가 익히 알고 있는 도파민 호르몬이 1950년대에 와서야 발견된 것을 고려하면 옥시토신은 기술과 지식이 부족했던 상황에도 불구하고 상당히 이른 시기에 발견된 셈이다. 일찍이 데일은 뇌 신경세포가 서로 신호를 주고받는 과정에 관여하는 신경전달물질neurotransmitter이 있지 않을까 관심을 가졌다. 그는 임신한 고양이의 뇌하수체 후엽에서 추출한 물질이 산모의 자궁을 수축시킨다는 사실을 확인했고, 이 물질을 그리스어로 '재빠른 출산'이라는 뜻의 '옥시토신'이라고 명명했다. 이후 데일은 옥시토신의 작용을 더 자세히 연구하기 위해 옥시토신을 실험용 쥐의 자궁에 주입하는 실험을 수행하여 이런 사실을 입증했다. 데일은 옥시토신 입증과 이

후 아세틸콜린과 히스타민 등 신경전달물질을 발견한 공로로 1936년에 노벨 생리학상을 수상했다.[1]

그리고 거의 40여 년이 흘러 미국의 생화학자 빈센트 뒤비뇨Vincent du Vigneaud 박사는 옥시토신의 단백질 구조를 규명한 후 이어서 9개의 아미노산과 황으로 구성된 옥시토신을 인위적으로 합성하는 데 성공한다. 옥시토신은 아미노산으로 구성된 인슐린과 같은 펩타이드 호르몬인데,* 인슐린이 총 51개의 아미노산으로 구성되어 있다면 옥시토신은 9개의 아미노산으로 구성된 펩타이드 호르몬이다. 인슐린보다 상대적으로 크기가 작기 때문에 오늘날 코로 흡입할 수 있는 분사 형태로 많이 제공되고 있다. 옥시토신을 합성한 뒤비뇨 박사는 펩타이드 호르몬을 합성한 공로로 1년 후 노벨 화학상을 수상한다.[1]

옥시토신은 산모의 출산 과정에서 어떻게 분비될까? 산모가 출산이 가까워지면 시상하부 뇌하수체 후엽에서 옥시토신 분비가 증가한다. 증가한 혈중 옥시토신은 수용체에 흡수되어 뇌에다 자궁을 수축하라는 명령을 내린다. 그렇게 자궁이 수축하면, 시상하부 뇌하수체 후엽에서는 옥시토신 분비가 더욱 증가한다. 증가한 옥시토신은 다시 세게 자궁을 수축한다. 이런 피드백/피드포워드 시스템을 통해 점점 자궁 수축 시간이 짧아지고 강해져 산모는 자궁에서 아이를 자연스레 밀어내게 된다. 분만 시 산모의 옥시토신 수치는 평상시의 10배에서 40배까지 증가하는 것으로 알려져 있다.[2]

이렇게 출산 시 증가한 옥시토신은 산통을 줄이는 데에도 관여한다. 옥시토신은 자연 진통제 역할을 하여 출산의 고통을 경감시켜 주는 역할을 하

---

* 호르몬은 펩타이드 호르몬과 스테로이드 호르몬으로 크게 나눌 수 있다. 펩타이드 호르몬은 수용체를 통해서 작용을 하며, 스테로이드 호르몬은 수용체가 필요 없이 세포핵에 직접 작용한다. 자세한 것은 '호르몬 101' 부분을 읽기 바란다.

며, 출산으로 생긴 자궁내막과 질에 생긴 상처가 빨리 아물 수 있도록 돕는다. 옥시토신은 출산한 아기를 향한 모성애를 높여 엄마가 신생아를 자신의 품에 안고 젖을 주도록 한다. 동물 실험을 통해 옥시토신이 부족한 어미는 새끼를 낳고도 전혀 돌보지 않거나 심지어 죽이는 경우도 나타났다.

옥시토신은 산모가 젖이 돌도록 하는 데 관여한다. 아기가 엄마 젖꼭지를 빨면 빨수록 산모의 체내 옥시토신 분비는 증가한다. 옥시토신이 증가하면, 젖이 더 풍부하게 나오고, 그 젖을 태아는 더 강하게 빨게 된다. 이렇게 모유 수유를 통해 산모와 아기 모두 서로의 옥시토신을 올려주는 선순환 구조에서 이득을 본다. 대단하지 않은가? 이렇듯 출산 이후 산모는 옥시토신의 도움을 받아 빠른 회복을 경험한다. 옥시토신은 산모가 아이를 원활하게 낳는 데 중요한 역할을 하고 모유 수유도 돕는다.[2]

옥시토신은 아기의 뇌 발달에도 제 역할을 충실히 한다. 모유를 먹는 아기의 뇌에서 옥시토신이 분비되면 신피질과 대뇌피질에 공급되는 혈류량을 증가시켜 전반적인 뇌의 발달에 영향을 미친다. 특히 두뇌 부피의 80퍼센트를 차지하는 신피질의 발달에 영향을 주는데, 신피질은 추상적인 유추나 추론, 언어나 수학 같은 논리적 사고를 가능하게 하는 중요 부위다. 신생아의 뇌 발달에 엄마와의 스킨십이 얼마나 중요한지 알 수 있는 대목이다. 모유 수유 혹은 분유를 수유할 때, 아기가 엄마나 아빠와 자연스럽게 눈을 마주치며 스킨십하면 옥시토신 수치는 더욱 증가한다. 실제 동물을 대상으로 진행한 연구지만, 하루에 3시간 정도 어미와 떨어져 있도록 분리를 시켜놓은 새끼는 성체로 자란 다음 사회성과 면역력이 떨어진다는 보고가 있다.[3]

우리는 흔히 모유가 전반적으로 아이의 면역력을 향상한다고만 알고 있다. 모유에는 락토바실러스 루테리라는 유산균이 들어 있다. 하지만 최근 모유 속 락토바실러스의 유무를 조사해보니 시골 지역에 사는 산모는 50퍼센트 정도 보유하고 있었지만 도시의 산모는 거의 없었다고 한다. 사실 도시에 사는 사람일수록 장내 미생물의 다양성이 급격히 줄어든다는 점을 고려할 때, 불과 얼마 전만 해도 시골과 도시 관계없이 모유에는 락토바실러스가 많았을 것이라고 유추할 수 있다. 최근 연구에 의하면, 모유에 들어있는 락토바실러스가 자폐아의 증상을 개선하고 몸에서 옥시토신 분비를 촉진하는데 도움을 준다고 한다. 또한 옥시토신이 다양한 상처 치료에 도움을 준다고 하니 모유 수유는 산모 자신뿐 아니라 아기의 뇌 발달과 향후 사회성 발달에도 매우 중요한 요소라고 할 수 있다.[4]

저출산시대 대책위원장 옥시토신

사실 옥시토신은 그보다 앞서 남녀가 만나 진한 사랑을 나누고 서로에게 끌리도록 하는 호르몬이기 때문에 섹스와 임신에도 적지 않은 역할을 한다. 지렁이와 유사하게 생겼지만 몸집이 100배에서 1,000배 정도 작은 예쁜꼬마선충Caenorhabditis elegans이라는 이름의 앙증맞은 동물은 유전적 유사성 때문에 오늘날 다양한 실험에 활용된다. 예쁜꼬마선충에게 옥시토신 유전자나 수용체 유전자를 조작하여 제대로 기능을 하지 못하게 하면, 수컷은 암컷을 잘 찾지 못하고 찾아도 교미할 때 암컷의 성기를 찾지 못하며, 찾고도 자기 정자를 뿌리지 못하여 임신을 제때 시키지 못한다는 연구 결과가 있다.[5]

그럼 인간은 과연 어떨까? 아니 뭐 사람이라고 하면 일단 관계를 맺기 전에 서로를 알아봐야 하고, 알아보면 호감을 느껴야 하지 않을까? 그럼 옥시토신은 서로를 알아보고 호감이 가도록 도움을 준단 말인가? 이 질문에 간단히 답하면 '절대적으로 그렇다'. 사실 동물의 경우에도 옥시토신이 제대로 작용하지 못하면, 집단으로 안면인식 장애에 걸린 것처럼 서로를 잘 알아보지 못하고 교미도 하지 못한다. 쥐들은 시각 신호를 이용하기보다는 후각 신호를 통해 서로를 알아보기 때문에 옥시토신이 작용하지 않으면 짝을 인지하는 데 훨씬 더 긴 시간이 걸린다고 한다. 반면 사람은 냄새로 서로를 알아보거나 기억하는 게 아니라 얼굴을 보고 구분한다.

옥시토신은 안면인식에 도움이 된다는 연구 결과가 있다. 실제 많은 연구가 옥시토신을 흡입하면 안면인식뿐 아니라 한 번 본 사람을 훨씬 더 잘 기억한다는 사실을 규명했다. 또 다른 연구팀은 2013년에 성인 남성 18명의 뇌를 fMRI로 촬영하면서 다양한 여성 사진을 보여줬다. 한 번은 진짜 옥시토신을 흡입하고, 한 번은 위약을 흡입하면서 실험을 진행했는데, 진짜 옥시토신을 흡입했을 때 사진 속 여성에 대한 호감도가 증가했다. 이렇게 호감도가 증가한 이유는 도파민 증가 때문이 아니라 부정적 감성이 줄어서 그렇다는 것이다. 옥시토신과 신뢰 및 이타성에 대한 내용은 책 뒷부분에서 좀 더 심도 있게 다룰 예정이다.[6]

・・・

호르몬 101: 인간이라는 거대한 화학공장

호르몬hormone은 보통 내분비기관에서 생성되는 모든 화학물질을
일컫는다. 호르몬은 그리스어로 '자극하다'라는 뜻을 가진 단어에서
왔는데, 분비된 호르몬은 혈액 속을 타고 흐르며 우리 몸의
신진대사와 발달, 성장과 유지, 생식과 발육, 변화와 반응에 관여한다.
호르몬의 종류로는 흔히 알려진 에스트로겐이나 테스토스테론,
도파민, 엔도르핀, 아드레날린, 인슐린 등 80여 가지가 넘는다.
수시로 우리 감정을 조절하는 것도 호르몬이 벌이는 조화로 볼 수
있고, 남성과 여성의 성차도 호르몬이 빚어낸 차이라고 할 수 있다.
호르몬이 분비되는 부위와 담당하는 기능도 제각각이며 역할에
따라 작용하는 방식도 천차만별이다. 한 마디로 인간의 몸은 거대한
화학공장과 같은 셈이다.

실제 호르몬은 우리 인간의 혈액 속에 돌아다니며 감정과 식욕,

○ ○ ○

체중, 에너지 대사뿐 아니라 당뇨병이나 심혈관질환 그리고 암에
이르기까지 기본적인 신체 유지와 질병 등 영향을 미치지 않는 곳이
없다. 그러면 왜 임신한 여성은 감정 변화가 심해지는 것일까? 여성의
몸에서 나오는 대표적인 호르몬인 에스트로겐과 프로게스테론
때문이다. 에스트로겐은 즐겁고 행복하게 만드는 호르몬으로 감정뿐
아니라 인지기능까지 개선한다. 반면 프로게스테론은 여성을
짜증나게 하고 불안하게 만든다. 임신 중에는 이 두 호르몬의 급격한
변화로 감정 기복이 심해지는 것이다. 남성보다 여성에게서 감정
기복을 더 쉽게 발견하는 이유도 월경 주기에 따른 에스트로겐과
프로게스테론의 변화 때문이다.

　그럼 호르몬에 따른 감정 변화는 여성만 경험하는 것일까? 전혀
그렇지 않다. 갱년기 남성의 경우, 남성 호르몬인 테스토스테론이
체내에서 급격하게 감소하는 반면, 여성 호르몬은 되려 증가한다.
이러한 변화 때문에 젊은 시절 상남자였던 남성이 중년기에
접어들면서 설거지를 즐겨 한다던가, 드라마를 보면서 눈물 콧물을
쏟는다거나, 떨어지는 낙엽을 보면서도 감성적인 경우가 적지 않다.
주변에서 수다 떨기를 좋아하거나 갑자기 흘러간 옛노래를 찾아 듣는

○　○　○

갱년기 남성이 있다면 괜히 말 걸지 말고 '아, 여성 호르몬이 많아진 거로구나.'라며 그냥 가만히 놔두는 게 상책이다.

　지금까지 언급한 호르몬은 모두 성호르몬sex hormone들이다. 이런 성호르몬 말고 다른 호르몬은 어떤 게 있을까? 우리가 흔히 알고 있는 인슐린이나 코르티솔, 성장호르몬 역시 잘 알려진 호르몬이다. 이런 호르몬은 혈중에 분비되어 뇌와 순환기, 기타 장기와 근육 등 전신을 돌기 때문에 우리 몸 전반에 영향을 미친다. 뇌 기능이나 심폐 기능, 소화 및 면역 기능 그리고 근육의 운동 기능 등 몸을 움직이기 위해 반드시 있어야 하는 물질이다. 이런 호르몬은 무엇으로 만들어졌느냐에 따라 크게 단백질로 만들어진 펩타이드 호르몬과 콜레스테롤과 같은 지방으로 만들어진 스테로이드 호르몬으로 나뉜다. 펩타이드 호르몬peptide hormone은 세포면에 위치한 호르몬 수용체를 통해서 작용하는데, 아무리 몸에서 호르몬이 많이 분비되더라도 수용체가 막혀 있거나 시원치 않으면 당장 문제가 발생한다. 이 책에서 소개하는 옥시토신은 펩타이드 호르몬이다.

　반면 스테로이드 호르몬steroid hormone은 세포면에 별도의 수용체가 필요하지 않다. 대표적인 스테로이드 호르몬이 바로 코르티솔이다.

• • •

코르티솔cortisol은 시상하부 뇌하수체에서 스트레스 혹은 낮은 혈당에 반응하여 부신피질 호르몬ACTH이 분비될 때, 신장 위에 위치한 부신피질에서 분비되어 혈당을 올리고 면역 기능을 낮추며 지방과 단백질 대사를 높인다. 만성 스트레스를 받아 코르티솔이 늘 올라가 있으면, 바로 당뇨나 복부 비만, 근육량 감소 그리고 면역력 저하의 원인이 된다고 알려져 있다. 하지만 코르티솔은 우리 몸 안에서 급성 염증 반응을 일으켜 신체를 보호하는 역할도 한다. 상처 치료용 연고 중에는 코르티솔을 흉내 내는 제품들이 있다. 다만 만성적으로 체내 코르티솔 수치가 올라가 있으면, 오히려 면역력을 감소시키고 대사성 질환이나 우울증 등 다양한 정신질환의 원인이 된다.

이러한 호르몬은 뇌와 장기를 포함한 몸 전체에 영향을 미치기 때문에 우리의 감정과 면역력, 근육량, 지방량, 비만도와 다양한 질병과 관련이 있다. 하지만 우리의 생활 습관 역시 호르몬 분비와 작용에 영향을 미칠 수 있기에 호르몬 변화에 우리 몸을 맡기는 게 아니라 우리가 능동적으로 호르몬을 지배하는 삶을 살아야 한다. 규칙적인 운동과 건강한 식습관, 긍정적 생각과 스트레스를 해소하는 다양한 여가활동을 통해 호르몬을 우리 몸의 하인으로 다스려야 한다.

2부

The
Oxytocin
Odyssey

마음을 어루만지는
옥시토신

슬픈 일이 여러분을 짓누르고 있나요? 나만 일이 잘 안 풀리는 것 같고, 나만 뒤쳐진 것 같나요? 우울하다고, 힘들다고, 하는 일이 잘 안된다고 스스로를 격리하여 나만의 동굴 속으로 들어가지는 마세요. 오히려 그럴수록 친구에게 전화를 걸어 만나고, 가족과 더 많은 시간을 보내고, 혹시 만날 친구와 가족이 없다면 노인복지관이나 보육원을 찾아가 봉사활동이라도 하면서 사람들을 만나보세요. 옥시토신이 당신의 마음을 치유하고, 상처를 극복하게 도와주며, 더 행복하고 나은 사람으로 만들어 줄 거예요. 옥시토신은 우리 인생 최고의 상담가랍니다. 우리 마음을 어루만지고 슬픔을 치유하는 옥시토신 작용에 관해 이야기해 볼게요.

03장
행복의 기원

⌣

오래전 연세대학교 서은국 교수의 『행복의 기원』이란 책을 만났다. 첫 페이지에서 마지막 페이지를 덮을 때까지 자리에서 일어나지 않고 읽은 책이다. 그리고 여운이 채 가시지 않아서 바로 다음 날 다시 그 책을 펼쳐 읽었다. 그 후 참고문헌까지 찾아가며 읽었던 기억이 있다.[1]

서 교수의 책 내용 중에서 가장 기억에 남는 부분은 신체적 고통과 사회적 고통을 느끼는 뇌 부위가 동일하다는 것이다. 불의의 사고로 다리가 절단되어 생계를 유지할 수 없는 고통과 집단에서 잘려 나가 혼자 살아가며 느끼는 고통은 매우 유사하다. 외로움이나 배신감, 이별의 아픔, 인간관계의 단절 같은 사회적 고통이 닥치면, 뇌는 실제로 육체적으로 고통을 느끼게 하여 고립을 막아준다. 대학생 62명을 두 집단으로 나누어 한 집단에는 진통제(타이레놀)를 주고 다른 집단은 위약을 먹게 했다. 그랬더니 타이레놀을 복용한 학생들은 사회적 고립과 같은 인간관계의 단절에서 오는 고통을 덜 느

옥시토신 이야기

꼈다고 한다.[2]

이 책에서 가장 충격적인 결론은 성공한 사람이 행복한 것이 아니라 행복한 사람이 성공한다는 말이었다. 사회생물학적인 근거를 제시하며 저자는 우리가 생각하는 것처럼 성공이 행복을 가져다주지 않는다고 힘주어 말한다. 우리는 흔히 '내가 지금은 이렇게 찌질하지만, 두고 봐라. 난 반드시 성공해서 행복해질 거야.'라고 다짐한다. 그리고 이러한 모티브는 흔히 드라마나 영화에서 그대로 차용되어 고구마 같은 현실에 사이다 같은 결말을 여과 없이 보여준다. 그런데 이게 사실이 아니란다.

외향적인 사람이 더 행복하다

최근 옥시토신을 연구하면서 이 책을 다시 읽어보니 전에 보지 못했던 전혀 다른 부분이 눈에 들어왔다. 바로 인간의 행복을 결정하는 게 외향성과 관련된 유전자라는 사실이다. 내향적인 사람들보다 외향적인 사람이 훨씬 더 행복하다는 것, 심지어 내향적인 사람도 혼자일 때보다 누군가와 함께 있을 때 더 높은 행복감을 느낀다고 한다. 이는 여러 연구로도 입증되었다. 미국과 한국에서 공동으로 진행한 연구 결과에 따르면, 행복한 사람일수록 혼자 있는 시간보다 다른 사람과 함께 있는 시간이 훨씬 더 많았다고 한다. 반대로 불행한 사람은 다른 사람과 함께 있는 시간보다는 혼자 있는 시간이 훨씬 많았다. 결국 행복하기 위해서는 다른 사람과 더 많은 시간을 보내야 한다는 말이다.[3]

독자 중에서는 '난 혼자 있는 게 더 행복한데?'라며 이 연구 결과에 동의하지 않는 사람도 있을 것이다. 하지만 자발적으로 혼자 있을 때와 어쩔 수 없이 혼자 있는 건 전혀 다른 문제다. 의지와 선택에 의해 혼자 있는 상황과 다른 사람을 만나고 싶어도 만나기 어려운 상황, 혹은 만날 수 없거나, 상처나 열등감, 우울감 등으로 만나기 싫은 상황은 같을 수 없다. 미혼과 비혼이 다르듯이 자발적 고독과 수동적 고립은 전혀 다르다.

2021년 한 통계에 따르면, 인생에서 가장 중요한 게 무엇인지 전 세계 사람에게 물었는데, 한국 사람만 '물질적 풍요'를 첫 번째로 꼽았다고 한다. 미국과 영국, 독일, 프랑스, 이탈리아, 호주, 일본 등 거의 모든 선진국이 '가족'을 인생의 우선순위에서 첫 번째로 꼽았던 것과는 큰 대조를 보였다. '부자 되세요.'가 덕담이고 인사말인 나라는 아마 모르긴 몰라도 우리나라밖에 없을 것이다. 오늘날 한국의 자살률이 왜 이렇게 높고, 출산율은 왜 이렇게 낮은지 매우 명쾌하게 답해주는 대목이다. 인생의 우선순위가 그 나라 국민의 의식 수준과 행복도를 보여주는 지표라면, 지금 우리나라 국민은 행복을 엉뚱한 곳에서 찾고 있는 건 아닐까?

옥시토신은 관계의 아교

외향성이 높은 사람이 더 행복하다면, 옥시토신이 높은 사람도 더 행복한 게 아닐까? 일단 외향성이 높은 사람이 더 행복하다는 연구 결과는 이미 많이 나와 있다. 문제는 옥시토신과 외향성과의 관계다. 옥시토신은 펩타이드 호르몬이기 때문에 수용체가 반드시 필요하다. 그래서 수용체에 변이가 생기면 혈중 옥시토신 수치와 상관없이 옥시토신의 기능이 떨어진다. 그럼 앞서 말한 옥시토신 수용체 rs53576에 변이가 있는 사람은 공감능력이 떨어지고 사회성도 떨어지는 걸까?

그렇다! 옥시토신 수용체에 변이가 있는 사람은 정서적 안정감이 떨어지고, 일반적인 사회성도 떨어진다는 게 규명되었다. 또한 상대방의 입장을 고려하는 기능도 떨어졌다. 이 말은 옥시토신 수용체에 이상이 있으면 전반적으로 상대방을 이해하거나 상대의 비언어적 암시를 이해하지 못한다는 뜻이다. 그 결과 당연히 사회성이 떨어지고 내향적인 성격이 될 수밖에 없다. "그걸 꼭 말로 해야 알아?"라며 토라지는 여친을 바라보며 어쩔 줄 몰라 하는 남자의 상황을 옥시토신은 설명할 수 있을지 모른다. 남자보다 4~5배 이상 옥시토신이 높은 여자는 자신의 비언어적 표현을 이해하지 못하는 남자가 그저 답답할 수밖에 없다.

체내 옥시토신은 우리로 하여금 상대방의 아픔과 기쁨에 공감할 수 있도록 만든다. 옥시토신 수치가 높은 사람은 주변 사람을 더 많이 배려하고, 아껴주고, 격려하고, 신뢰하고, 남의 잘못을 쉽게 용서하고 잊는다. 진짜 재미있는 건 남에게 친절을 베풀어서 그가 행복해하는 모습을 보면 우리도 옥시토신 수치가 더 올라간다는 사실이다. 옥시토신의 공식은 선순환이다. 옥시토신 수치가 높은 사람은 자신도 모르는 사이 주변 사람의 옥시토신 수치도 함께 올려준다.

체내 옥시토신 수치가 떨어지는 사람은 그렇다면 어떻게 해야 할까? 애초에 외향성이 떨어지니 행복하지 말라는 말일까? 걱정하지 않아도 된다. 옥시토신 분비를 촉진하는 방법은 너무 많다.

생활 속
옥시토신
올리기

지금 수첩이나 다이어리, 플래너를 꺼내 여러분을 행복하게 하는 단어 열 가지를 적어보세요.

04장

트라우마를 극복하게 하는 힘, 옥시토신

2001년 9월, 캐나다에서 박사과정에 있었던 나는 여느 때와 다름없이 대학 내에 위치한 장애인 체육센터인 스테드워드센터에 출근하던 중이었다. 센터에 들어서자마자 모든 이들이 벽에 달린 대형 TV 모니터를 심각하게 바라보고 있었다. 왠지 평소와는 다른 싸늘한 공기가 경내를 감싸고 있었다. '무슨 일이지?' 궁금함에 같이 모니터를 응시했다. 모니터 속에서는 미국 월드트레이드센터 중 한 건물에서 시커먼 연기가 모락모락 오르고 있었다. '건물에 불이 났나?' 대수롭지 않게 생각하고 TV를 지나쳐 방으로 들어가려고 돌아섰다. 그리고 방문을 열려는 순간 등 뒤에서 한 여성의 날카로운 비명이 들렸다.

나는 깜짝 놀라 뒤로 돌아보았다. TV에 모인 사람들이 "어, 어, 어!" 하는데 비행기 한 대가 바로 옆 건물 상층부를 쾅 들이박는 장면이 눈에 선연히 들어왔다. 여기저기서 "오 마이 갓!"이라는 탄성이 터져 나왔다. 두 눈으로

옥시토신 이야기

그 충격적인 장면을 본 나는 그만 그 자리에 얼어붙은 것처럼 아무 말 없이 우두커니 서 있었다. 모두 멍하니 모니터만 바라봤다. 개중에는 기도를 드리는 이들도 있었다. 곧이어 두 건물은 마치 모래성처럼 와르르 무너져 내렸다. 그렇게 세상은 9/11 테러 전과 후로 나뉘었다.

참사를 대하는 우리의 자세

연일 TV에서 9/11 테러 소식을 전하는 뉴스를 보면서 나는 큰 공포감과 무력감에 허우적거렸다. 한 명이라도 더 구하려는 구조대원들의 노력은 많은 사람의 목숨을 구했다. 그 과정에서 343명의 뉴욕 소방국 대원은 목숨을 잃어야 했고, 이후 생존한 대부분의 소방대원 역시 자신만 살아남았다는 자괴감과 죄책감, 그리고 외상후스트레스장애PTSD에 시달려야 했다. 개중에는 동료를 잃고 스스로 목숨을 끊은 이들도 있었다. 이 밖에도 당시 뉴욕 항만 경찰관 37명과 뉴욕시 경찰국 경찰관 23명, 응급구조대원 8명, 순찰대원 1명도 목숨을 잃었다. 본인과 동료뿐 아니라 이들을 가족으로 둔 모두가 집단 트라우마를 겪어야 했다. 2017년 미국의 한 자료에 따르면, 현장에서 순직한 소방대원의 수보다 자살한 대원의 숫자가 2배가 넘는다는 통계도 있다. 2015년 한 저널에 실린 조사에서는 조사 대상인 4,000명의 구급대원 중에서 무려 37퍼센트가 자살을 생각해 봤으며, 실제로 자살을 시도한 구급대원도 7퍼센트 가량이나 됐다고 한다.[1]

최근 이와 관련한 연구 결과가 발표되었다. 테러가 일어난 지 20년이 지나 사고를 경험한 4,815명의 정신건강을 분석한 결과, 대상자의 13.44퍼센트는 지금도 PTSD를 경험하고 있으며, 트라우마를 갖고 있는 사람들은 그렇지 않은 이들과 비교해 무려 세 배 이상의 인지적, 신체적 장애를 경험하고 있는 것으로 나타났다. 특히 하지 근력과 악력이 크게 감소했다. 이처럼 우리가 겪는 트라우마는 상상 속의 증상이 아닌 실제 몸의 증상으로 나타난다. 실제로 PTSD는 정서적 장애와 근력에만 영향을 미치는 게 아니라 전신의 염증 수치를 올리고 대사증후군과 동맥경화, 심혈관질환, 2형 당뇨병 및 암의 발병률도 높인다고 한다. 최근 하버드대학교 보건대학원에서 발표한 간호사 대상의 연구에 의하면, PTSD 증상과 우울을 경험한 여성은 그렇지 않은 여성에 비해 사망 위험이 거의 4배 이상 증가한다고 한다.[2]

옥시토신, 트라우마에 대한 새로운 치료제

어렸을 때 겪은 정서적, 신체적 학대는 평생 한 개인에게 큰 상처로 남는다. 그리고 이런 트라우마는 이후 청소년기와 성인기 우울과 여러 가지 정신질환 및 신체질환의 위험을 증가시키고 조기 사망의 위험도 높인다. 사실 '트라우마'라는 말의 어원은 '상처'라는 단어에서 유래했다. 상처라는 게 꼭 신체 기관에만 생기는 게 아니기 때문에 마음의 상처 역시 트라우마라고 부르게 되었다. 몸과 마음은 데카르트가 말한 것처럼 두 개로 나뉜 게 아니라 매우 밀접하게 상호 연결되어 있다. 그래서 몸의 상처가 마음에도 생채기를 내고, 마음의 상처 역시 실제 몸의 질병을 유발하기도 한다. 정신질환 진단 및 통계 메뉴인 DSM-5에서는 트라우마를 '일반적 상태를 뛰어넘는 매우 두렵고 위험하며 충격적인 일을 직접 경험하거나 목격하여 건강에 위협을 주거나 장애를 유발할 수 있는 경험'이라고 정의한다.[3]

그런데 최근에 이와 관련하여 새로운 학설이 제기되었다. PTSD를 일으킬 만한 상황이나 난제를 잘 극복하면, 오히려 더욱 성장한다는 '외상후성장 Post-traumatic Growth', 즉 PTG라는 개념이 새롭게 대두된 것이다. 1980년대 말,

리처드 테데스키Richard Tedeschi는 장애인과 그 가족을 도우면서 심리적 완화에 관한 연구를 진행하고 있었다. 그런데 이 과정에서 어떤 이들은 암 투병과 같은 극단적인 스트레스 상황에서도 성장과 긍정적인 변화를 경험하고 있는 것이 관찰되었다. 그리고 1990년대 초반 테데스키는 재난과 손실에 관해 별도의 연구를 진행하던 로렌스 칼훈Lawrence Calhoun과 만나 외상후성장에 대한 개념을 정리한다. 기존 심리학에서 회복탄력성을 강조하며 트라우마 이전의 상태로 환자를 회복시키는 것에 주안점을 두었다면, 이 둘은 심한 트라우마를 유발하는 강간이나 근친상간과 같은 경험, 암 발병, 심장마비, 에이즈 같은 건강 문제, 그리고 가까운 사람의 죽음, 전쟁, 홀로코스트 같은 상황 속에서도 개인이 긍정적 경험을 한다는 사실을 발견했다. 심지어 그들은 트라우마를 경험하기 이전보다 인간적으로 더욱 성장할 수 있다는 것을 깨달았다.[4]

테데스키와 칼훈은 이런 경험을 세 가지로 분류했다. 첫째, 자신의 변화에 대한 평가다. 인생에 중대한 변화를 경험한 사람들은 자신이 성장했다고 표현했다. 둘째, 다른 사람과의 관계다. 일부 사람들은 투병이나 힘든 과정을 함께 해준 가족과 친구에게 감사를 표했다. 더불어 주변의 사람들이 자신에게 얼마나 소중한지 다시금 깨달았다. 심지어 성폭행을 경험한 이들 중에도 더욱 자신을 돌보고 다른 사람과의 관계에서 주도적으로 임했다. 셋째, 삶에 대한 철학이다. 암 투병과 뜻밖의 재난을 극복한 사람은 자신의 삶을 더욱 가치 있게 판단하기 시작했으며, 삶의 우선순위를 알게 되었다고 고백한다. 예를 들어, 암 투병 이전까지 재물과 성공이 삶의 우선순위였다면, 이후 사랑하는 사람과 함께 시간을 보내는 것, 가족과 세계 여행을 떠나는 것을 제일 먼저 꼽았다. 위 논문은 발표되자마자 세계적으로 폭발적인 관심을 끌었으며 현재까지 8천 회 이상 논문에 인용되었다.

그렇다면 외상후성장이 옥시토신과도 관련이 있을까? 어렸을 때 학대를 경험한 사람은 나중에 성인이 되어서도 사회성 저하나 발병률 증가, 자살 시도, 심지어 심혈관질환이나 암으로 사망할 확률이 증가한다. 실제 옥시토신 수용체에 변이가 있는 사람의 경우, 어린 시절의 학대가 우울증이나 PTSD의 위험도를 증가시켰다. 또한 사회적 불안을 경험하는 63명의 성인을 대상으로 연구한 결과, 옥시토신 수용체에 변이가 있는 사람은 정서적 트라우마 경험이 해마의 크기와 연관이 있다는 사실을 밝혀냈다. 하지만 이들 중에 주변에서 충분한 사회적 지지를 받았던 사람은 해마의 크기가 줄지 않았다는 점이다. 이런 결과는 실제 옥시토신이 PTSD의 위험도와 관련 있으며, 옥시토신 수용체에 변이가 있다고 해도 주위에서 적극 도와주면 충분히 위험을 줄일 수 있다는 것을 시사한다.

실제 PTSD 환자에게 옥시토신을 흡입하게 하면, 이런 증상이 좋아질 수 있을까? 그렇다. PTSD를 경험한 환자에게 8일간 옥시토신을 마시게 했더니, PTSD가 심했던 사람에게서 증상이 개선되는 것을 발견했다. 또 다른 연구에서는 한 번의 옥시토신 흡입이 PTSD의 증상과 더불어 행복감을 증가시킨다고 보고하였다. 이 외에도 여러 연구가 옥시토신이 실제 PTSD의 증상을 개선한다는 결과를 내놓았다. 나는 실제 암 환자를 대상으로 다양한 연구를 진행하고 있다. 특히 운동을 통한 여러 가지 증상 완화를 확인하고 있다. 유방암 환자가 일반적으로 1년은 족히 걸려야 회복하는 상지 기능이 운동을 통해 불과 한 달 만에 정상으로 회복한 사례, 하루 30번 이상 화장실에 앉아 있어야 했던 직장암 환자가 운동을 시작한 지 6주 만에 정상으로 회복한 사례가 있다. 물론 환자의 정신건강과 삶의 질이 운동을 통해 획기적으로 개선되는 건 덤이다.[5]

난 지금까지 이렇게 환자들의 증상이 개선되는 게 100퍼센트 운동이 주는 효과라고만 생각했는데, 증상이 개선되고 삶의 질이 올라가는 것이 옥시토신의 효과일 수도 있겠다는 생각을 최근에 하게 되었다. 만약 그렇다면 혼자서 하는 운동보다 다른 사람과 함께 운동하는 것이 운동 효과를 높이지 않을까? 충분히 연구해 볼 만한 주제다.

생활 속 옥시토신 올리기

함께 달리기 해보실래요? 운동은 옥시토신을 올리는데, 다른 사람과 함께 서로 격려하며 달리다 보면, 고민과 걱정거리가 어느 순간 사라집니다. 달리기가 어렵다면, 동네 배드민턴 혹은 스포츠 클럽에 참여해 보세요.

05장

회복탄력성을 올리는 옥시토신

‘역사는 도전과 응전의 다이내믹이다.’ 내가 20여 년 전 캐나다 청년들에게 1년 이상 강의하던 주제다. 한 나라의 역사는 그 나라가 맞닥뜨리게 된 도전적 상황에서 어떻게 반응하는가에 따라 결정된다. 예를 들어, 명나라의 국력이 쇠퇴하고 북방 여진족이 힘을 얻어가는 상황에서 조선은 정세의 변화를 읽지 못하고 고집스럽게 숭명배청의 의리론을 붙잡았다. 광해군의 중립외교가 인조반정에 의해 실패로 돌아간 뒤, 조선 조정은 명나라를 더욱 견고히 지지했다. 그 결과 정묘호란이 한반도를 휩쓸었고, 그러고도 정신을 차리지 못한 조선은 결국 명나라를 멸망시킨 청나라 홍타이지의 침공을 속수무책으로 받아야 했다. 그 결과 삼전도의 굴욕과 함께 30만 명의 무고한 백성들이 청나라의 포로로 잡혀가는 끔찍한 역사를 목도했다. 당시 동북아 정세와 후금의 성장이라는 도전에 무지했던 우리가 내세운 응전은 철저히 실패로 돌아갔다.

실패가 우리 인생을 노크할 때

개인의 역사도 마찬가지다. 입시라는 도전, 실직이라는 도전, 결혼과 이혼이라는 도전, 창업이라는 도전, 진학이라는 도전, 질병과 노화라는 도전에 우리가 어떻게 반응하는가에 따라 우리 삶의 역사는 결정된다. 2011년, 나는 연세대학교에서 교수로서 첫 6년의 기간을 무사히 마치고 평창동계올림픽 유치에 성공한 후, 큰 뜻을 품고 미국 하버드대학교에 교환교수로 가게 되었다. 일전에 하버드대학교 당뇨병센터에서 2년간 박사후과정(포닥)을 수행했던 안정감과 바로 옆 다나파버암센터에서 1년간 교환교수로 근무한다는 설렘이 가득했다. 암 분야 세계 최고의 교수들과 공동연구가 계획되었기 때문에 스스로 만족할 만한 학술연구를 수행할 자신도 있었다. 해당 연구 결과를 세계 최고 학술지에 게재하리라는 다짐도 했다.

그렇게 하버드대학에서의 첫 학기가 시작되었다. 마침 첫 출근길에 예전 당뇨병센터에서 알던 한 교수를 만나 이야기를 나누던 중 그는 대뜸 나보고 당뇨병센터에서 열리는 수요세미나에 특강을 해달라고 부탁했다. 당뇨병센터 수요세미나는 내가 2003년 근무하던 때에도 빠지지 않고 참여했던 역사 깊은 세미나인데, 그런 훌륭한 자리에서 단독 강의를 해달라고 하니 나는 너무 흥분되었다. '역시 꿈은 이루어지는구나.'라고 속으로 쾌재를 부르며 흔쾌히 수락했다. 그리고 강의를 할 때까지 내 자신감은 하늘을 찔렀다. 지금 생각하면 낯 뜨겁지만, 혹시 내가 세계적인 업적으로 이름이 나서 방송국에서 인터뷰라도 요청이 들어온다면 "이 모든 영광을 하나님께 드립니다. 저는 한 게 아무것도 없습니다."로 시작하는 인터뷰도 미리 생각할 정도였다.

그런데 그때부터 내 고난은 시작되었다. 여러 일이 있었지만 결론적으로 말하면, 그곳에서 교환교수로 일하던 1년 동안 나는 13편의 논문을 투고했지만, 그중 단 한 편도 저널에 게재되지 못했다. 1년간 내가 한 것이라곤 세 명이 함께 사용하는 사무실 구석에 쭈그리고 앉아 열심히 새로운 통계를 배우고, 논문을 써서 투고하고, 바로 거절당하고, 또 쓰고, 또 거절당하기를 13번이나 반복했다. 지금도 그렇지만 당시 보스턴의 생활비는 너무 비싸서 아들 학원비 내고, 집 군데군데 수리하고 나면 수중에 100불도 남지 않았다. 돌이켜보면 정말 거지같이 살았던 하루하루였다. 참고로 여기 그때 써 놓은 글 하나를 첨부한다.

약 1년 전 미국에 와서 가진 돈 털어 차 사고, 집수리하고, 애들 학원비 내고 남은 잔고 60불. 아직 월급날은 일주일이나 남았다. 매일 같이 도시락 싸가는 것도 지칠 때쯤 점심시간 빵 주는 세미나에 가서 점심값이나 아껴보자고 투덜투덜 걸어가던 무렵. 배가 너무 고파서 주머니에 있는 동전을 탈탈 털어 보스턴 크림이라는 도넛을 하나 사서 손에 들고 너무 흡족해했던 시간. 도넛을 먹으려던 순간, 그만 바보처럼 도넛을 땅에 떨어뜨리고 말았다.

'아뿔싸.'

난 누가 볼까 땅에 떨어진 도넛을 잽싸게 주워 입에 쑤셔 넣었다. 그러고 나서 들었던 두 가지 생각.

맛. 있. 다.

거. 지. 같. 다.

난 지금도 기분이 우울할 때면, 보스턴 크림을 하나 사들고 내가 일하는 병원을 바라보며 한 입 베어 먹는다. 세상이 달라 보인다. 일상을 탈피하기 위해 꼭 미친 짓을 해야 하는 건 아니다. 도넛 한 개를 살 수 있는 돈이 있음에 감사하고, 학원비를 내줄 수 있는 자녀가 있음에 감사하고, 이렇게 안식년을 해외로 나올 수 있었음에 감사하고, 또다시 돌아갈 일상이 있음에 감사한다.

회복탄력성과 옥시토신의 상관관계

지금 읽어도 가슴이 먹먹해진다. 연속으로 논문이 잘 안될 때 스스로 생각했다. '나는 연구 체질이 아닌가 보다.' '그냥 교수를 그만둘까?' '여기 병원에서 함께 근무하는 동료들은 이런 날 어떻게 볼까?' '동양에서 온 루저?' 여기까지 생각이 미치다 보니 거의 우울증에 빠질 뻔했다. 바로 그때 '역사는 도전과 응전의 다이내믹이다.'라고 신나게 떠들던 내 모습이 생각났다. 그리고 『쿠션』이라는 책에서 읽었던 말, '책임감responsibility'이라는 단어는 '반응+능력response+ability'의 합성어라는 말이 떠올랐다.

정말 그렇다. 우리는 자신에게 일어나는 일에 그저 반작용reaction할 수 있다. 짜증이 나는 일에 짜증을 내고, 우울해지면 우울해하고, 힘들면 힘들어하고, 속상한 일이 있으면 속상해하고, 포기하고 싶으면 그냥 포기할 수 있다. 반면 우리는 적절하게 반응할 수도 있다. 짜증이 나는 일, 우울한 일, 힘든 일, 포기하고 싶은 상황에서 '난 역시 별 볼 일 없는 인간이야.'라고 자책하기보다 '내게 이런 일이 일어난 건 더 겸손하라는 하늘의 뜻이야!'라고 되받아치는 것이다. 힘든 일이 닥칠 때 긍정적인 부분을 찾아 다시 일어나는 힘이 바로 책임감 아닐까?[1]

이런 깨달음을 얻은 뒤에 난 김주환 교수의 『회복탄력성』을 읽고 무릎을 딱 치고 쳤다. 바로 '반응+능력'이 회복탄력성일 수 있다는 걸 깨달았기 때문이다. 힘들 때, 좌절할 때, 넘어질 때, 다시 일어나 도전하는 힘, 인생의 걸림돌을 디딤돌로 생각하고 더 높이 올라가는 힘, 바로 이 힘이 회복탄력성일지 모른다. 그런데 더 재미있는 것은 회복탄력성이란 단어를 심리학적으로 정의한 에이미 워너Emmy E. Werner 교수는 40년 동안 하와이 카우아이섬에서 수행한 일련의 연구를 다음과 같이 요약한다는 점이다. "사람마다 역경을 극복하는 능력이 있는데, 그 능력이 바로 회복탄력성이다. 그러나 사람마다 회복탄력성에는 차이가 있다. 어린 시절 부모나 가족으로부터 헌신적인 사랑과 신뢰를 받고 자란 사람은 회복탄력성이 높았다."

최근 워너의 『어떤 어려움도 극복하며Overcoming the Odds』를 다시 읽으면서 난 흥분되어 가만히 있을 수 없었다. 어린 시절 부모나 가족으로부터 헌신적인 사랑과 신뢰를 받으면, 체내 옥시토신 수치가 올라갈 수밖에 없고, 그렇게 올라간 옥시토신은 아이의 회복탄력성에 지대한 영향을 미칠 수밖에 없을 것이다. 결론적으로 옥시토신이 회복탄력성과 매우 높은 관계가 있다는 사실은 최근 여러 연구로 입증되기도 했다. 실제 세계적인 의학 분야 논문검색사이트에서 '옥시토신'과 '회복탄력성'을 키워드로 입력하면 100여 편의 논문들이 검색된다. 또한 회복탄력성의 생물학적 기전을 옥시토신에서 찾는 연구도 있다.[2]

진화 생물학자인 폴 맥클린 교수는 인간의 뇌를 크게 파충류의 뇌, 포유류의 뇌, 그리고 신인류의 뇌로 나누어 설명했다. 소위 '삼위일체뇌Triune Brain'라는 이론이다. 파충류의 뇌는 생존을 관할하는 부위로 호흡과 심장박동, 식욕, 혈압 등을 조절한다. 반면 포유류의 뇌는 감정의 뇌라고도 하며 위험이 닥쳤을 때 소위 투쟁-도피 반응, 즉 싸울 것인가 도망칠 것인가fight or flight를 선택하는 것에서부터 성욕, 식욕 등을 관할한다. 예를 들어, 밤늦게 화장실에 가다가 검은 물체를 하나 봤다고 해보자. 검은 옷을 입은 남동생일 수도 있고 복면을 쓴 도둑일 수도 있다. 이때 뇌의 편도체는 일단 정보를 전두엽에 보내 각성을 위해 심박수를 올려 몸을 한 걸음 뒤로 물러나게 한다. 반면 신인류의 뇌, 즉 전두엽은 편도체에서 보낸 정보를 종합하여 남동생이 어제 무슨 옷을 입었는지, 남동생의 체격과 검은 물체의 크기를 비교 종합하여 남동생이라고 판단한다. 이처럼 편도체는 우리가 상황에 반응react하게 만

들고, 전두엽은 적절하게 반응하게 한다.[3]

옥시토신의 수용체가 가장 많은 곳이 바로 편도체다. 옥시토신은 편도체에 작용하여 부정적 감성을 긍정적으로 바꾸어 주는 역할을 한다. 또한 우리 뇌에서 옥시토신 수용체가 편도체 다음으로 많은 곳이 전측대상회피질과 측좌핵, 전전두엽인데, 이곳은 모두 보상과 동기부여, 의사결정과 도덕성 등에 관여한다. 어찌 보면 옥시토신이 회복탄력성의 근간이 되는 반응+능력에 관여하는 기전 중에는 우리가 단순히 반응하게 하는 편도체를 안정화하고, 적절한 반응을 하게 만드는 전측대상회피질과 측좌핵을 활성화하는 게 아닐지 생각해 본다. 김주한 교수는 회복탄력성을 높이는 방법으로 자기조절력(감정조절력+충동통제력+원인분석력)과 대인관계능력(소통능력+공감능력+자기확장력)을 꼽는다. 바로 옥시토신이 직접 관여하는 기능이기도 하다.

회복탄력성이 높은 사람에게 일반적으로 나타나는 모습은 자신에게 일어난 일을 무한히 긍정적으로 해석하려는 긍정적 태도다. 이는 뒤에 내러티브를 주제로 한 글에서도 자세히 다루겠지만, 자신에게 일어난 일에 의미를 부여하는 능력은 뇌의 전두엽에서 주로 하는 일이고, 이렇게 긍정적으로 바뀐 자신의 내러티브는 옥시토신의 분비를 더 활성화할 수 있다. 결국 회복탄력성과 옥시토신은 서로 선순환의 구조를 가지게 되어 우리가 더 나은 사람이 될 수 있도록 도와준다.

생활 속 옥시토신 올리기　　잠시 눈을 감고 소중한 사람들의 얼굴을 떠올려 보세요.

06장

외로우면 아프다

⌣

유학생 시절, 주변에서 누군가 아프면, "객지에서 혼자인 것도 서러운데 아프면 어떡해?"라며 아픈 학생 집을 돌아다니며 밥을 해먹이고 기도해 주곤 했다. 그럴 때면 몸져누워 끙끙 앓던 학생도 없던 활력을 얻는지 금세 자리를 털고 일어나곤 했다. 사실 최근 몇 년간 코로나바이러스로 병문안 자체가 금지되면서 어쩔 수 없이 사회적 거리두기를 해야 했지만, 누군가 아프다는 소식이 들리면 없는 시간을 내서라도 꼭 병문안을 다녀오는 게 우리네 문화였다.

외로움의 파괴적인 영향력

'히키코모리'라는 말이 있다. 이웃 나라 일본에서 시작된 이 말은 오랫동안 집에만 틀어박혀 사회와 아무런 접촉을 하지 않는 사람을 일컫는다. 우리나라에서는 '은둔형 외톨이'라는 표현을 쓰고 있다. 2023년 정부가 발간한 한 보고서에 따르면, 우리나라 만 19~34세의 청년 가구를 포함해 1만5천 가구 중에서 임신이나 출산 등 특별한 이유 없이 집에만 머무는 은둔형 외톨이의 비율을 2.4퍼센트로 파악했다. 청년 인구에 적용하면 약 24만4천 명 규모니까 엄청난 수치다. 2021년에는 심각성을 느낀 여성가족부가 은둔형 외톨이에게 월 최대 65만 원의 생활비와 치료비, 학업 비용 등을 제공해 사회로 다시 진입하도록 돕겠다는 지원책을 발표하기도 했다.

고립과 고독은 무엇이 다를까? 고립이 자기 의사와 상관없이 혼자 남게 되어 쓸쓸함을 느끼는 상태라면, 고독은 스스로 선택하여 자신에게 충실한 상태를 말한다. 고립이 부정적 감정을 낳는다면, 고독은 긍정적 감정을 잉태한다. 다른 말로 하면, 타인과 관계를 추구하지만 관계의 밀도와 빈도가 낮을 때 우리는 종종 외로움을 느낀다. 고립은 될 수 있는 대로 피하는 게 좋지만, 고독은 즐길 수 있으면 스스로 즐길수록 좋다. 실제로 외로움은 다양한 질환을 유발한다. 사회적 고립으로 인한 외로움은 하루 15개비의 담배나 하루 6잔의 소주를 마시는 것과 같다고 한다. 고립은 신체활동 부족이나 비만보다 성인의 사망위험을 높인다.[1]

사실 외로움과 심혈관질환과의 관계를 조사한 초기 연구에서 미혼 남녀는 기혼 남녀보다 심혈관질환 발병이 50퍼센트가 높고, 사망률 역시 18퍼센트가 더 높다는 결과를 발표할 때만 해도 외로움과 질병 간의 상관관계에 대해 논쟁이 일었다. 그러나 최근에는 외로움이 면역력을 떨어뜨리고 심혈관질환을 높이며 암 발병과 사망률을 높인다는 연구가 속속 발표되면서 고독과 심혈관질환 사이의 상관성을 정설로 받아들이고 있다. 실제 해당 연구는 셀 수 없이 많다. 유방암 환자 200명을 대상으로 고독할 때 느끼는 통증의 정도와 피로감을 조사했더니 외롭다고 느끼는 환자가 그렇지 않은 환자보다 훨씬 더 통증을 많이 느끼고, 우울감을 더 많이 호소하며, 피로도 역시 높다고 보고했다. 뿐만 아니라 우울감은 기억력과 집중력도 떨어뜨린다고 한다.[2]

이렇듯 외로움을 느끼는 사람들이 다양한 질환에 걸릴 위험이 더 크며 사망률도 크게 높아진다. 한때 전문가들은 그 원인으로 스트레스 호르몬의 증가와 전신 염증 반응의 증가 그리고 고립된 사람들의 안 좋은 생활 습관 등을 들었다. 하지만 최근에는 이렇게 외로움을 느끼는 사람들의 사회성이 떨어지면서 부족한 사회성이 이들을 사회적으로 더욱 고립시키는 악순환으로 해당 질환의 발병률과 사망률을 높인다는 학설이 점차 힘을 얻고 있다.[3]

옥시토신이라는 벗

그렇다면 옥시토신은 고립감에 대해 어떤 역할을 할까? 전문가들은 체내 낮은 수치의 옥시토신이야말로 외로움이 여러 질환을 유발하는 '트리거(방아쇠)' 역할을 할 수 있다고 입을 모은다. 외롭고 사회적으로 격리된 사람일수록 옥시토신 수치가 낮고, 낮은 옥시토신은 더욱 사회성을 떨어뜨리며 부정적 정서를 강화하여 새로운 관계의 시작이나 의미 있는 좋은 관계를 저해한다. 선순환이 아닌 악순환 구조다.

혹시 옥시토신 수용체에 유전적 변이가 있는 사람들은 더 많은 외로움을 느낄까? 2009년 독일에서 발표한 한 연구에 따르면 '그렇다'. 옥시토신 수용체에 변이가 있는 경우 사회적 외로움과 고립감을 더 많이 느꼈다. 그리고 공감 능력이 떨어지는 사람의 배우자 역시 외로움을 더 많이 느낄 확률이 높다는 점을 고려할 때, 옥시토신이 바른 관계 성립과 유지에 영향을 주고, 이는 각종 질환의 유병률과 사망률에 적지 않은 영향을 주는 것으로 예측할 수 있다. 반면 더 많은 사람을 만나고, 그들과 의미 있는 관계를 맺으며, 서로를 지지하는 활동을 많이 할수록, 체내 옥시토신 수치가 크게 증가할 것이 틀림없고, 이는 우리를 외로움으로부터 그리고 다양한 건강상의 문제로부터 구원할 것이다.[4]

이스라엘의 연구팀은 63명의 노인을 대상으로 거울 게임을 하도록 권유했다. 거울 게임이란 우리 뇌의 거울 뉴런mirror neuron을 자극하여 상대방 동작을 따라 하면서 서로 공감 능력을 향상하는 게임이다. 흥미로운 점은 거울 게임에 참가한 노인들이 하나같이 외로움을 잊을 정도로 즐거워했고, 그러한 감정 변화는 그들의 타액에서 검출한 옥시토신 농도 변화와 일치했다는 것이다. 게다가 거울 게임의 효과는 게임에 참여한 상대방을 얼마나 가깝고 친근하게 느끼는가에 따라 노인마다 다르게 나타났다고 한다. 옥시토신 농도가 상승하는 것에 반비례하여 외로움은 감소했는데, 상대를 더 가깝게 느낄수록 그 효과가 훨씬 배가되었다는 것이다.[5]

이런 특성을 고려할 때, 오늘날 외로움과 질병 간 악순환의 사슬을 끊는 가장 좋은 대안은 우리 몸속 옥시토신을 늘리는 것이라고 자신 있게 말할 수 있다. "나는 원래 내향적이야. 아마 옥시토신 수용체에 변이가 있나 봐. 행복하긴 글렀어. 난 그냥 외롭게 살다가 갈래."라고 말하는 사람도 걱정하지 않았으면 좋겠다. 원래 소극적이고 내향적인 사람도 다른 사람과 함께 즐거운 활동을 할 때 더 즐겁고 행복해진다는 연구 결과도 있으니 말이다.[6]

07장
통증 잡는 옥시토신

"오롯이 좌절하고 싶습니다. 좌절해야 한다면 저 혼자서 오롯이 좌절하고 싶습니다. 저는 어른이잖아요. 아버지가 매번 이렇게 제 삶에 끼어들어서 좌절까지도 대신 막아주는 거 싫습니다. 하지 마세요." 2년 전 감동적으로 봤던 드라마 「이상한 변호사 우영우」의 한 장면이다. 한국 부모님들은 자녀들을 흔히 "금이야, 옥이야" 너무 애지중지하는 것 같다. 정도의 차이가 있을 뿐 부모라면 누구나 자녀가 아파하면 함께 아프고, 괴로워하면 덩달아 마음이 아린다. 그래서 때로는 아이의 몫까지 대신 아파하려고 하는 건 아닌지 모르겠다.

그런데 통증은 자녀가 크는 데 꼭 필요한 감각이다. 아플 건 아파야 크는 법이다. 흔들리지 않고 자라는 꽃이 없듯이 성장통이 없이 크는 새끼는 없다. 아파야 어른이 되고 아픈 만큼 성숙해진다. 그럼에도 최근 사람들 사이에서 통증과 고통에 대한 새로운 시각이 유행하는 것 같다. '고통 없는 행복

추구'라는 실현 불가능한 바람이 새로운 트렌드로 자리 잡으면서 고통 없이 쾌락만을 추구하는 이들이 늘고 있다. 부모는 자칫 아이가 상처받을까 늘 칭찬만 하고, 선생님은 학생에게 훈계했다가 자칫 신고나 민원이 올까봐 언제나 잘한다고만 말한다. 잘못된 것을 바로잡지 않고 학교와 가정에서 훈육이 사라지면, 아이들이 당장 상처는 덜 받겠지만, 상처를 극복하는 힘 역시 약해질 것이 뻔하다.

쾌락과 불쾌는 종이 한 장 차이

『도파민네이션』의 저자 애나 램키Anna Lembke는 우리가 아이들을 역경으로부터 과보호한 탓에 아이들이 단순한 어려움도 두려워하게 되었고, 우리가 거짓으로 칭찬하고 헌신을 감추는 방식으로 아이들의 자존감을 높인 탓에 아이들이 모든 일에 참을성 없이 권리만 내세우며 자신의 성격적 결함은 모르는 새로운 쾌락주의 시대를 조장하게 되었다고 주장한다. 결국 힘들고 아픈 것을 더 이상 견딜 수 없는 오늘날의 세대는 점점 고통을 느낄 때마다 손쉽고 빠르게 자신의 기분을 좋게 만들어 주는 드라마나 진통제, 각종 중독 물질에 의존하게 된다고 비판한다.

실제로 미국에서는 진통제 오남용이 기하급수적으로 늘어 2000년대에 들어 총기 사고보다 더 많은 100만 명 이상이 마약성 진통제의 오남용으로 사망했다고 한다. 그런데 흥미로운 사실은 우리의 뇌에서 고통과 쾌락을 느끼는 부위가 같은 곳이라는 사실이다. 놀랍지 않은가? 쾌락과 불쾌는 종이 한 장 차이다. 우리가 삶에서 느끼는 고통을 피하려고 줄기차게 쾌락을 추구하는 행위, 혹은 마약성 진통제에 의존하는 삶은 우리가 느끼는 일상에서의 정상적인 행복까지도 사라지게 만든다.

이 시대를 살아가는 사람들은 점점 외로워지고 있다. 특히 최근 코로나 바이러스는 사회적 고립을 장려하는 세상을 만들면서 사람들은 더욱 외로워졌다. 외로우면 아프고, 아프면 사람을 더 만나지 않고, 그러면 스스로 고립되는 악순환을 반복하게 된다. 최근 호주에서는 사회관계와 통증 그리고 신체활동 사이의 관계를 규명하는 연구가 12,517명의 응답자를 대상으로 이뤄졌다. 이들 중에서 927명은 만성통증에 시달리는 환자들이었다. 먼저 대상자에게 "내가 도움이 필요할 때 나를 도와줄 사람을 찾을 수 있는가?" 혹은 "나는 친구가 많은가?"라는 질문을 한 뒤, 통증 정도와 신체활동량과의 관계를 조사했더니 사회적 지지가 높을수록 신체활동이 높게 나왔다. 흥미로운 것은 이 둘 간의 관계를 통증 정도가 매개했다는 사실이다. 좀 더 쉽게 말하면, 친구가 많을수록 통증을 적게 느꼈고, 그래서 신체활동이 많아졌다는 것이다.[1]

사실 다른 사람과 함께 활동하는 것이 통증역치*를 높인다는 사실은 이미 많이 알려져 있다. 운동 중에 가장 힘든 운동은 조정인데, 조정은 혼자 할 때 보다 함께 할 때 훨씬 덜 힘들다고 한다. 그리고 동료나 친구와 함께 운동을 한 사람은 운동이 끝난 후 통증을 두 배 더 잘 참았다. 사람들은 혼자 노래를 부를 때보다 함께 노래할 때 통증을 적게 느끼고, 재미있는 영상을 혼자 볼 때 보다 함께 볼 때 훨씬 잘 웃고 통증도 덜 느꼈다. 백지장도 맞들면 낫고, 함께 고통을 나눈다는 옛말이 하나도 틀린 게 없다.[2]

---

* 통증역치가 높을수록 통증을 느끼는 시점이 높다. 예를 들어, 통증역치가 5라면, 4정도 강도의 통증은 느끼지 못하지만, 통증역치가 3이라면, 4정도 강도의 통증을 지속적으로 느끼고 만성통증이 될 수도 있다.

옥시토신은 천연 진통제다

그렇다면 옥시토신을 올릴만한 행동을 하면 통증도 완화될까? 이미 앞서 옥시토신이 출산 중 산모에게 미치는 영향에 대해 이야기 했다. 옥시토신은 뇌와 척수에서 통증 자체를 적게 느끼게 하는 효과와 동시에 통증을 금방 잊게 하는 효과가 있다. 동물을 대상으로 진행한 연구를 보면, 33개의 연구 중 29개의 연구에서 옥시토신이 통증역치를 올린다는 사실을 과학적으로 규명했다.[3]

사람을 대상으로 진행한 연구도 있다. 흥미로운 연구 중 하나는 2020년 독일에서 진행된 연구다. 최소 1년 이상 함께 살고 있는 80쌍의 커플이 해당 연구에 참여했는데, 연구진은 이들을 총 네 개의 집단으로 나누어 실험을 진행했다. 한 집단은 옥시토신만 흡입하게 하고, 다른 집단은 위약을 흡입하며 동시에 부부관계를 개선하는 대화법을 알려주고 이를 하루에 두 번씩 하게 했다. 또 다른 집단은 진짜 옥시토신을 흡입하고 긍정적 대화법 훈련도 하게 했고, 나머지 한 집단은 둘 다 하지 않도록 놔뒀다. 흥미롭게도 네 집단 모두 상처 치유 효과와 통증 정도를 조사했는데, 남자는 옥시토신이, 여자는 긍정적 대화가 통증 완화에 더 효과적이었음이 밝혀졌다.

실제 옥시토신이 물집 완화에 효과가 있는지 실험하는 장면, 『Molecular Pain』 16권에서 인용

사실 남자가 여자보다 옥시토신 수치가 4~5배 더 높은 것을 고려할 때,

옥시토신이 적은 남자가 옥시토신을 흡입하여 통증을 낮출 수 있었지만, 여자는 그렇지 않았다는 점은 크게 놀랍지 않다. 하지만 여자가 남자와 긍정적인 대화를 나눌 때 통증이 낮아졌다는 점은 매우 흥미롭다. 또 다른 대상을 놓고 진행한 연구에서 옥시토신을 흡입하게 한 뒤, 바늘로 찌르거나 레이저를 쏴서 일부러 통증을 유발하여 그 정도를 측정했다. 그 결과 옥시토신은 참가자가 느끼는 통증을 많이 감소시켰다. 이미 학계에서 옥시토신이 통증 완화 효과가 있다는 건 정설에 가까우며, 현재는 옥시토신이 어떻게 통증을 완화하는지 그와 관련한 기전 연구가 활발하게 이루어지고 있다.[4]

특별히 병원에서 이런저런 검사를 해도 정확한 이유를 모를 때 흔히 의사는 환자에게 '만성통증증후군chronic pain syndrome'이라는 진단을 내린다. 말이 좋아 증후군이지 그냥 이유를 모르겠다고 의료진이 백기를 든 꼴이다. 이런 환자는 대부분 신경과로 보낸다. 몸에는 문제가 없으니, 정신에 문제가 있을 거라는 지극히 당연한 절차를 밟는 셈이다. 만약 자녀나 배우자 혹은 부모님 중에 이런 만성통증증후군을 호소하는 사람이 있다면, 꾀병 취급을 하거나 게으르고 못났다고 윽박지르면 도리어 증상이 악화한다는 사실을 기억하기를 바란다. 어쩌면 당장에 따뜻한 말 한마디, 아니면 그냥 손이라도 한 번 더 잡아주고 마사지해 주는 것, 함께 근교로 드라이브를 떠나 맛있는 음식을 함께 먹는 것이 웬만한 치료제보다 훨씬 나을 수 있다.

91세의 어머니가 머리가 아프다고 하면 나는 득달같이 달려가서 어깨와 목을 주물러 드린다. 그러면 바로 좋다고 웃으신다. 그 모습을 보고 누나들은 웃으며 엄마가 아들 보고 싶어 꾀병을 부렸다고 농담한다. 그런데 어쩌면 어머니의 통증이 좋아진 건 아들이 와서 함께 밥 먹고, 손도 잡아드리고, 목도 주물러 드리며 옥시토신 분비를 올려서 그런 건 아니었을까?

이처럼 만성통증으로 고생하는 분들이 있다면, 아파도 밖에서 사람들을 만나고, 맛있는 것 많이 먹고, 영화도 보면서 깔깔 웃고, 함께 가벼운 운동이라도 하는 것이 가장 좋은 진통제일 수 있다는 사실을 알려주기 바란다. 인간이 사회적 동물이라는 명제가 사실이라면, 우리는 다른 사람을 만나서 감정을 교류하고 정서를 나눌 때 비로소 진정한 행복을 느낄 수 있다. 하지만 우리는 다른 사람과의 관계 속에서 상처도 받고 고통을 느끼는 것도 사실이다. 만약 우리가 인간관계에서 오는 고통을 피하려고 스스로를 유폐한다면, 어쩌면 우리는 더 많은 고통을 느끼게 될지도 모른다. 우리 모두 용기를 내서 가까운 사람을 더욱 존중하고, 조금 낯선 사람들에게 천천히 다가가 보는 건 어떨까? 옥시토신이 분명 여러분의 그러한 걸음에 도움을 줄 것이다.

3부

The Oxytocin Odyssey

더 나은 사람을 만드는
옥시토신

혹시 누군가와 사랑을 나누고 있나요? 상대방이 나에게 잘해주면 나의 뇌는 옥시토신을 만들고, 내가 도로 상대방에게 친절을 베풀게 만듭니다. 사랑은 '주고 또 주어도 혹시 상대방에게 부족한 것이 없나 돌아보는 마음'이라고 합니다. 이런 사랑은 부모-자식 간에도, 동료와 친구 간에도 성립될 수 있습니다. 이런 살맛 나는 사랑이 가능하게 하는 호르몬이 있다면 그건 바로 옥시토신입니다. 옥시토신이 '황금률 호르몬'이라고 불리는 이유이기도 하죠. 다음에서는 우리의 관계를 회복하고 사랑의 관계를 만들며 이타적인 마음을 북돋우는 옥시토신의 효과에 관해 이야기합니다.

08장
애착 호르몬, 옥시토신

내가 아내를 처음 만난 것은 캐나다에 어학연수를 갔을 때다. 교회에서 그저 아는 오빠 동생으로 지내다가 연애를 시작한 건 다시 캐나다 앨버타대학으로 돌아가 교환학생으로 공부하던 시절이었다. 원래 계획보다 한 학기를 더 연장하기로 하면서 내 인생은 여러 가지로 달라졌다. 아내와의 연애는 내 인생에서 엄청난 나비효과를 가져왔다. 1994년 10월부터 결혼을 전제로 사귀면서 서로를 알아갔고, 이듬해 3월, 한국으로 귀국하기 전까지 참 많은 시간을 꼭 붙어 지냈다. 그리고 난 아내를 캐나다에 두고 한국으로 돌아와 4학년으로 복학했다. 그렇게 캐나다에 있는 아내에게 매일 아침 한 통씩 편지를 쓰는 절절한 장거리 연애가 시작되었다. 하루의 마무리는 항상 비싼 국제전화로 아내 목소리를 듣는 것이었다. 엄청난 액수의 전화요금을 내기 위해 세 가지 다른 알바를 해야 했다.

너무 아내가 보고 싶어 이러다 죽겠구나 싶었다. 지금 생각해 보면, 아내 생각에 분리불안과 공허함으로 몸과 마음이 다 아플 지경이었다. 그나마 다행인 건 이렇게 힘들게 떨어져 있던 시간이 갑작스러운 나의 유학 결정으로 불과 3개월 만에 막을 내렸다는 것이다. 그해 4월 유학을 결정하고, 5월에 입학 허가를 받고 덩달아 양가의 결혼 승낙도 받았다. 번갯불에 콩 구워 먹는다는 말이 바로 이를 두고 하는 말이 아닐까 싶었다. 그렇게 6월 아내가 결혼식을 위해 한국에 입국했고, 7월에 결혼식, 8월에는 다시 캐나다로 나갔다. 들어올 때는 한 사람이었는데, 나갈 때는 두 사람이 가정을 이뤘다. 9월, 석사과정에 들어가며 향후 8년간 캐나다 유학 생활이 시작되었다.

이렇듯 사랑하는 사람과 함께 있고 싶은 마음, 함께 있을 때 안정을 찾게 되는 상태는 사실 심리 이론이 아니라 생물학적으로 증명된 이론이라 할 수 있다. 이 이론을 애착이론attachment theory이라고 부른다. 애착에는 부모와 자식 간의 애착, 형제와 자매 간의 애착, 친구 간의 애착, 그리고 연인 간의 애착이 있다. 그리고 이런 애착은 한 사람의 성격과 기질에 지속적인 영향을 주며, 나아가 심리적, 육체적 건강에 모두 영향을 미칠 정도로 중요한 전제가 된다.

애착의 중요성

애착이론의 창시자인 영국의 존 볼비John Bowlby는 어렸을 때의 경험과 정신과 의사로서 성격장애가 있는 많은 청소년을 상담하고 치료한 경험을 토대로 애착이론을 구상했다. 볼비가 태어났을 때만 해도 영국 상류층은 스킨십과 애정 표현이 자녀를 버릇없게 만든다고 여겼다. 그래서 대부분의 집에서는 부모가 아닌 보모가 대신 아이를 키웠다. 볼비의 부모는 서로 떨어져 살아야 했고, 어머니는 자녀를 버려두고 일 년의 반은 남편과 함께 지내곤

했다. 그렇게 어머니의 빈 자리는 어린 볼비의 마음에 큰 상처로 남았다. 네 살 때까지 볼비를 돌보았던 마음씨 착한 보모가 떠나고 훨씬 차갑고 엄격한 보모 밑에서 자라야 했다. 볼비는 이때의 경험이 마치 친엄마를 잃은 것과 같은 경험이었다고 서술하였다. 그리고 볼비가 다섯 살이 되던 해에 자주 보지도 못했던 아버지가 2차 아편전쟁에서 사망했다는 청천벽력 같은 소식을 듣게 된다. 이렇게 볼비는 부모를 잃는 충격을 통해 아이에게 애착이 얼마나 중요한지 깨달았다고 한다.

이후 성인이 된 볼비는 런던에서 정신과 의사로 개업했는데, 2차 세계대전 당시 독일군의 폭격을 피해 부모와 떨어져 생활한 아이들이 이후 성격장애가 왔다는 것을 알게 되었다. 이러한 경험을 토대로 그는 『44명의 어린 도둑들』이라는 책을 출판한다. 이 책에서 볼비는 아이들을 정상, 우울형, 순환형, 조증형, 무감동형, 분열형으로 여섯 가지 유형을 나누었다. 그가 관찰한 44명의 아이들 중 17명이 5세 이전에 부모와 6개월 이상 떨어져 살았다는 것을 알게 되었고, 특히 무감동형으로 분류된 14명 중 12명이 5살 이전에 부모와 6개월 이상 떨어져 있었다는 것도 알게 되었다. 이런 관찰은 어렸을 때의 양육 방법, 환경, 그리고 부모와의 애착 형성 과정이 아이의 성격 형성에 매우 큰 영향을 미친다는 애착이론을 세우는 데 크게 기여했다.

볼비의 애착이론은 미국 심리학자 해리 할로우Harry Harlow에게 지대한 영향을 미쳤다. 할로우는 붉은털원숭이를 주로 실험 대상으로 연구를 진행했지만, 원래부터 원숭이를 대상으로 연구하던 학자는 아니었다. 사실 조교수로 임용된 위스콘신대학에 동물실험실이 없어져 실험을 할 수 없었던 할로우는 동네 동물원에 있는 원숭이를 관찰하다가 이후 원숭이 연구를 시작하게 되었다. 그런데 동물원에서 들여온 원숭이들이 전염병으로 자꾸 죽자, 새끼가 태어난 직후 어미와 분리한 채 키울 수밖에 없었다.

옥시토신 이야기

그렇게 어미와 분리된 새끼 원숭이들은 사회성이 떨어질 뿐만 아니라 헝겊 기저귀에 집착하는 것을 발견했다. 이런 관찰로 시작된 연구가 바로 그 유명한 철사와 헝겊 대리모 연구다. 아이가 엄마를 사랑하는 것이 자신에게 생존을 위해 음식을 제공해서인지, 아니면 다른 이유가 있는 것은 아닌지를 규명하려는 게 연구의 목적이었다. 이를 위해 철사로 만든 대리모와 헝겊으로 만든 대리모를 새끼 원숭이와 함께 살게 했다. 철사로 만든 대리모에는 젖병이 달려있어서 원숭이가 젖을 먹으려면 철사 대리모에게 가야 하는 상황을 만들었다. 반면 부드러운 헝겊은 새끼 원숭이에게 어미 품이 주는 안락함을 선사했다. 할로우는 원숭이가 두 대리모 중에서 누구와 더 많은 시간을 보내는지 관찰했다.

결과는 놀라웠다. 새끼 원숭이는 압도적으로 많은 시간을 헝겊 대리모에게 붙어 있었고, 젖을 먹을 때만 어쩔 수 없이 철사 대리모에게 가서 젖을 빨았다. 헝겊 대리모의 승리였다. 할로우는 실험을 좀 더 극단으로 몰아갔다. 괴물같이 생긴 로봇 원숭이를 넣고 새끼 원숭이가 안전을 위해 철사 대리모에게 달려가는지 아니면 헝겊 대리모에게 달려가는지 살펴보았다. 결과는 헝겊 대리모의 압승이었다. 역시 새끼 원숭이는 득달같이 헝겊 대리모의 품에 달려가 꼭 안겼다. (실은 자신이 꼭 껴안는 거겠지만.) 그런데 이어 할로우가 미처 예상치 못했던 놀라운 상황이 펼쳐졌다. 헝겊 대리모를 껴안은 새끼 원숭이가 마치 든든한 뒷배라도 있는 듯 로봇을 향해 소리를 질렀다. 자기보다 힘센 친구에게 늘 기죽어 있던 아이도 엄마가 와서 손을 잡아주면 그 친구에게 대드는 것처럼 말이다. 볼비와 할로우는 서로의 연구 결과를 보고 자신의 이론을 완성하는데 연구 결과를 인용했을 뿐 아니라 1958년 두 사람은 실제로 만나기도 했다. 그날 두 사람 모두 서로의 든든한 지원군으로 자처한 건 당연한 일이다.[1]

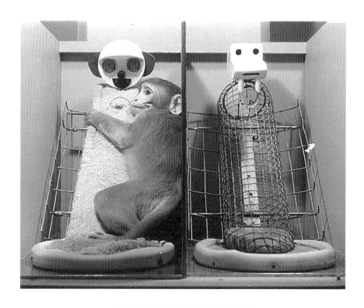

해리 할로우의 원숭이 애착 실험

애착은 옥시토신으로

두 사람이 애착이론과 스킨십의 중요성에 대한 연구를 발표할 때만 해도 옥시토신이 자궁 수축에 영향을 미치는 것만 알려졌지, 인간 사이 애착 형성에 직접 영향을 주는 호르몬이라는 사실은 전혀 알려지지 않았다. 사실 옥시토신이야말로 애착 형성과 매우 밀접한 관계가 있는데 말이다. 옥시토신 수용체가 없는 쥐는 자기 새끼를 돌보지 않지만, 출산하지 않은 쥐에게 옥시토신을 투여하면 갑자기 처녀 쥐가 갓 태어난 새끼 쥐를 엄마처럼 돌보기 시작한다. 또한 출산해서 새끼를 잘 돌보고 있던 어미 쥐에게 옥시토신 길항제를 투여하면 어미 쥐가 새끼 쥐를 내팽개친다는 사실은 옥시토신이 산모와 태아 간의 애착 형성에 중요한 역할을 한다는 사실을 알려준다.[2]

이런 연구 결과는 사람에게서도 유사하게 나타난다. 옥시토신 수치가 높은 산모는 태아와 더 잘 교감하며 출산 후에도 아기에게 더 깊은 애정과 사랑을 준다. 자다가도 아이의 소리에 훨씬 더 민감하게 반응하고, 아이와 눈을 마주치며 교감하는 능력도 더 뛰어난 편이다. 엄마와 자녀의 스킨십은 태아의 뇌가 정상적으로 발달하는 데 지대한 영향을 미친다는 사실은 동물과 사람을 대상으로 한 여러 연구로 증명되었다. 옥시토신은 엄마와 자녀 간에만 중요한 것이 아니라 아빠와 자녀 간 관계에도 마찬가지로 중요하다. 33명의 아빠와 4~8개월 된 아이가 함께 참여한 실험에서 옥시토신을 흡입한 아빠는 자녀와의 스킨십과 사회적 상호작용을 많이 할 뿐 아니라 자녀의 옥시토신 수치 역시 증가했다. 자녀는 아빠를 더 많이 바라보고, 더 많이 웃고, 더 많이 터치하고, 나아가 다른 물건을 더 많이 만지는 모험적 행동을 보였다. 아빠의 옥시토신이 증가했는데 아빠와 자녀의 관계가 훨씬 더 의미 있게 변한 셈이다.[3]

옥시토신이 애착에 영향을 미친다는 사실은 부모와 자녀의 관계에서만 나타나는 게 아니다. 이미 수많은 연구가 옥시토신이 긍정적 정서와 감사하는 성향 그리고 대인관계에도 긍정적인 영향을 미친다는 것을 증명했다. 여기서 굳이 어려운 논문을 예로 들지 않는다 하더라도 『칭찬은 고래도 춤추게 한다』는 대중적인 책에서도 동물이나 사람에게 칭찬을 해주면 동물이나 사람 모두 관계가 좋아진다는, 어떻게 보면 너무나 직관적인 결과가 제시되었다.

이런 칭찬과 감사를 연인끼리 해보라. 그 관계가 얼마나 행복하고 긍정적으로 바뀔까? 실제 커플의 옥시토신 농도가 높을수록 상호 교감과 상호 관심, 긍정적 정서, 스킨십이 더 올라간다. 그뿐만 아니라 혈중 옥시토신 수치가 높을수록 연인 사이 허그 빈도와 높은 상관관계가 있었고, 허그 횟수가 많을수록 연구에 참여한 여성 참가자들의 혈압이 더 안정화된다는 연구도 있다. 옥시토신이 단순한 남녀의 로맨틱한 관계에만 영향을 미치는 게 아니라 서로의 건강까지 챙겨준다는 뜻이다.[4]

생활 속 옥시토신 올리기

당신에게 어린 자녀가 있다면, 꼬옥 안아주세요. 주변에 사랑하는 사람이 있다면, 꼬옥 안아주세요. 혼자라면 반려견이나 쿠션, 인형도 좋아요.

옥시토신 이야기

9장

나를 믿어주는 호르몬, 옥시토신

신뢰는 인간관계에서 매우 중요한 덕목이다. 굳건한 신뢰와 믿음이 있는 관계는 삶의 기초이자 생존의 보루다. 인간사회는 신뢰와 믿음을 기반으로 세워졌다. 우리는 살기 위해 반드시 누군가를 믿어야 한다. 내 연금 계좌를 담당하는 은행원이 몰래 돈을 빼돌리지 않을 거라는 믿음, 의사가 내 대장에 난 종양을 능숙하게 떼어낼 거라는 믿음, 공무원이 내 인적사항을 임의로 열람하지 않을 거라는 믿음, 내가 타고 있는 지하철의 차장이 한강 다리를 무사히 건너게 해줄 거라는 믿음이 없다면 나는 한순간도 마음 편히 내 일에 집중할 수 없을 것이다.

신뢰를 라틴어로는 '피데스fides'라고 한다. 피데스에서 믿음이라는 영단어 '페이스faith'가 파생했다. 이 단어는 모두 어떤 사물을 끈으로 단단하게 묶는다는 의미를 지니고 있다. 일례로 피데스라는 단어에서 '피들fiddle'(중세에 사용된 바이올린의 별명)이 나왔다. 현악기가 제소리를 완벽히 내기 위해서는 각 줄이 단단히 묶여서 일정한 장력을 일으켜야 한다. 이를 튜닝, 즉 조율이라고 한다. 제아무리 수십억을 호가하는 스트라디바리우스의 바이올린이라고 해도 줄이 풀려있다면 그저 고가의 장식물에 지나지 않을 것이다.

옥시토신, 신뢰의 조율사

사람과 사람 사이에서도 일정한 긴장의 끈이 필요하다. 부부간 신뢰의 관계를 정절, 즉 피델리티fidelity라고 부르는 이유도 여기에 있다. 지극한 사랑을 드러냈던 관계가 일순간에 깨진 것은 아내에 대한 오셀로의 불신 때문이었다. 파국의 시작은 자신의 부관 이아고가 던진 아주 작은 불신의 씨앗이었다. 결국 오셀로는 아내 데스데모나의 정절을 의심한다. 급기야 그렇게 팽팽하던 줄은 하나둘 투두둑 끊어졌다. 질투심에 눈먼 오셀로는 아내를 살해한다. 데스데모나가 죽고 나서야 오셀로는 아내가 정절을 지켰다는 사실을 알고 자책하지만 이미 신뢰가 무너진 관계는 돌이킬 수도, 죽은 아내를 불러올 수도 없었다. 끊어진 현은 다시 묶어서 악기에 연결할 수 없다. 새로운 줄이 필요하다. 반면 느슨해진 현이라면 조율사를 불러야 한다. 그렇게 우리집 거실에 있는 오래된 피아노는 전문 조율사의 적절한 조임과 당김을 통해 새로운 악기로 거듭난다.

직장에서 함께 근무하는 동료가 다른 동료를 대하는 방식을 눈여겨본 적 있는가? 매사에 긍정적이고, 단점은 무시하고 장점은 침이 마르도록 칭찬하며, 힘든 일에 솔선수범하고, 나의 편의가 혹여 동료에게 방해가 될까 늘 조심하고, 동료가 실수할 때는 "뭐, 그럴 수도 있지."하며 토닥여 주는 사람들로만 구성된 회사라면, 그 직장은 아마 천국이 따로 없을 것이다. 옥시토신과 인간관계를 연구한 대가 중 한 명인 클라아몬트 대학원 폴 잭Paul Zak

교수는 옥시토신을 '황금률 호르몬'*이라고 부르며 이렇게 이야기했다. 상대방이 나에게 잘해주면 나의 뇌는 옥시토신을 만들고, 옥시토신은 내가 도로 그에게 친절을 베풀게 한다. 내 생각에는 로크보다는 루소의 사회계약론에 좀 더 가까운 인간사회는 구성원들의 상호 신뢰에 기반하고 있다. '내가 저 사람을 도와주면, 저 사람도 나를 도와주겠지.' 실제로 내가 어려울 때 나를 도와준 사람을 내가 돕는 것은 인지상정이다. 그리고 이건 옥시토신이 우리에게 가르쳐준 법칙이기도 하다.

폴 잭 교수는 2004년 옥시토신이 다른 사람을 더욱 신뢰하게 만든다는 사실을 처음으로 증명했다. 그는 피실험자들을 돈을 주는 사람과 돈을 받고 돌려주는 사람 등 두 집단으로 나누고 돈을 주는 사람에게 10불을 주고 소위 신뢰게임을 시작하게 했다. 돈을 주는 사람이 상대에게 10불을 주면, 돈을 받는 사람의 계좌에는 총 3배인 30불이 자동 지급된다. 이번에는 돈을 받은 사람이 처음 자신에게 돈을 준 사람에게 자기가 원하는 만큼 돌려줄 수 있다. 둘 다 만족할 만한 결정은 돈을 주는 사람이 자기가 받은 10불을 다 주면, 그 보답으로 돈을 받은 사람이 자신의 계좌에 입금된 30불에서 15불을 꺼내 돌려주는 것이다. 둘 다 15불씩 갖게 되어 가장 행복하고 만족스러운 결과가 될 것이기 때문이다. 그런데 문제는 연구에 참여한 두 사람이 상대가 자신에게 얼마를 주는지 모른다는 사실이다. 다만 두 가지 조건에서 실험을 따로 진행했는데, 한 번은 돈을 받는 사람에게 상대방이 당신을 신뢰하고 있으며, 당신에게 많은 돈을 줄 것이라고 미리 알 수 있도록 했고, 한 번은 아무 말도 하지 않았다.[1]

---

* "남에게 대접을 받고자 하는 대로 너희도 남을 대접하라."는 황금률은 본래 성경에 등장하는 성구다. 이 문장을 정초 삼아 서구의 사회윤리가 구축되었다고 말해도 과언이 아니다.

어떤 결과가 나왔을까? 상대방이 자신을 신뢰하고 있고, 따라서 더 많은 돈을 투자할 것이라는 이야기를 들은 사람의 혈중 옥시토신 농도는 그렇지 않은 그룹에 비해 50퍼센트 이상 증가했고, 실제 돈을 돌려주는 비율도 자신이 받은 돈의 53퍼센트를 돌려주었다. 하지만 아무 이야기도 듣지 않은 사람은 자기 계좌에서 고작 18퍼센트만을 돌려주었다. 이처럼 우리는 누군가 나를 신뢰한다는 사실을 아는 것만으로도 뇌에서 옥시토신 분비가 증가한다. 반면 상대방이 나를 의심하고 있다는 걸 깨닫게 되면, 괜히 감정(소위 '빈정'이라고 하는 감정?)이 상하고 반사회적인 행동도 서슴지 않게 되는 것이다.[1]

이제 게임을 그만하고 공부를 시작하려는 아들이 "공부 좀 해!"라는 엄마의 잔소리에 갑자기 공부하기가 싫어지는 게 다 이런 이유이다. 내가 공을 잘 던지지 못해서 설령 타자에게 두들겨 맞더라도 내 뒤의 동료 야수들이 모두 받아줄 거라고 믿는 투수는 마운드 위에서 힘차게 자신의 공을 던질 수 있을 것이다. 반대로 내가 아무리 공을 잘 던져도 타자가 무심코 휘두른 방망이에 빗맞은 볼을 동료 야수들이 놓칠 거라고 믿는 투수라면 제아무리 천문학적인 연봉을 받는 선수라 해도 마운드 위에서 다리가 후들거릴 것이다.

신뢰를 신뢰로 키우는 옥시토신

신뢰는 또 다른 신뢰를 부른다. 이는 옥시토신이 부리는 마법이다. 실제 옥시토신을 흡입하면 누구든 상대방을 더 신뢰하고 관대해질까? 이를 테스트한 실험이 있다. 이 실험은 스위스 취리히대학에서 수행한 실험인데, 투자게임에 참여한 이들을 대상으로 옥시토신을 흡입하게 한 뒤 실험을 이어갔다. 게임 규칙은 간단하다. 투자자 역할을 하는 사람에게 일정한 돈을 나눠 주고, 네 명에게 그 돈으로 투자하게 종용한다. 투자 액수는 자신이 정할 수 있다. 예를 들어, 자신이 받은 100유로 중에 한 푼도 투자하지 않으면, 게임이 바로 끝나고 100유로는 고스란히 자기 돈이 된다. 다만 100유로를 다른 사람에게 투자하면, 투자를 받은 사람의 통장에는 투자 액수의 3배가 입금된다. 그리고 투자받은 사람은 자신이 원하는 만큼의 액수를 돌려줄 수 있다. 그 말은 자신이 받은 300유로를 자신이 모두 꿀꺽할 수도 있고, 받은 돈의 50퍼센트인 150유로만 돌려줄 수도 있다. 혹은 원한다면 300유로 전액을 돌려줄 수도 있다. 자, 이런 게임에 여러분이 임한다면 어떤 선택을 할 것인가? 참고로 현재 환율로 100유로는 14만 3,000원쯤 된다.

취리히대학의 연구팀이 얻은 결과는 어떠했을까? 과연 옥시토신을 흡입한 집단은 그렇지 않은 집단에 비해 투자 액수가 늘어났을까? 여러분이 예상했던 대로다. 실험 결과에 따르면, 옥시토신을 흡입한 집단의 투자 금액은 비교 집단보다 17퍼센트 높았고, 자신이 할 수 있는 최고 액수를 투자한 사람의 비율 역시 옥시토신을 흡입하지 않은 집단보다 두 배 더 높았다. 만약 내가 기업가라면, 투자자의 옥시토신을 높이고 싶을 것 같다. 이 실험 같은 경우, 사실 투자를 받은 기업가가 배신해도 어떻게 할 수 없는 상황에서 실험이 종료되는 단점이 있었다. 그래서 스위스 취리히대학 연구팀은 후속 연구를 진행했다. 심지어 몇 번 배신을 당해도 옥시토신을 흡입한다면 계속 기업가를 신뢰하고 투자할 수 있을지 조사했다. 그랬더니 투자 금액을 충분히 돌려받지 못했음에도 불구하고, 옥시토신을 흡입한 집단은 지속적으로 투자한 것으로 나타났다. 결국 옥시토신은 신뢰를 신뢰로 키우는 마법 같은 호르몬이었다. 그런데 더 재미있는 것은 누군가에게 친절을 베푸는 행위 자체가 우리의 옥시토신을 올리고, 옥시토신이 올라가면 우리는 더욱 친절해지

고 자비로워지는 놀라운 선순환이 존재한다는 것이다.[2]

실제 이러한 결과는 경제학적으로 매우 중요한 결과로써 오늘날 많은 마케터들이 이를 응용하고 있다. 인지경제학이 인기를 누리면서 뉴로마케팅neuromarketing이라는 새로운 연구 분야가 개척될 정도다. 뉴로마케팅은 고객의 동기와 선호도, 구매 결정에 대한 통찰력을 얻기 위해 인간의 생리적이고 신경학적인 신호를 마케팅적으로 측정하는 분야다. 창의적인 광고나 제품 개발, 가격 책정 및 기타 마케팅 영역에서 활발하게 활용되고 있으며, 신경 활동을 측정하는 뇌 스캔과 눈의 움직임 등을 과학적으로 분석하여 체계적인 마케팅 툴을 만들고 있다. 만약 당신이 기업인으로서 바이어와 미팅을 해야 한다면, 바이어의 옥시토신을 높이는 다양한 방법을 생각해 보는 것도 좋을 것이다. 이에 관해서는 6부와 7부에 있는 옥시토신을 높이는 라이프스타일을 참고하기 바란다.[3]

**생활 속
옥시토신
올리기**
오늘 당신에게 도움을 준 사람에게 피드백을 줘야 한다면 이렇게 해보세요. "와우 너무 잘 만들었어요, 최고예요. (눈을 바라보며) 정말 고마워요". "역시, 너무 훌륭하네요. 나를 정성껏 도와줘서 정말 고마워요!"

10장

이타적 호르몬, 옥시토신

⌣

오 헨리의 단편소설 「크리스마스 선물」은 우리에게 이타심을 가르쳐준다. 너무나 가난했지만 누구보다 서로를 사랑했던 부부 제임스와 델라는 아무런 준비 없이 크리스마스를 맞는다. 둘은 서로에게 잊지 못할 선물을 사주고 싶어 동분서주하지만 마땅히 돈을 구할 데가 없다. 결국 남편 제임스는 대대로 물려받은 가보와 같은 금시계를 팔아 빗 세트를 사고, 아내 델라는 동화 속 공주도 울고 갈 만큼 길고 탐스러운 금발의 머리카락을 잘라 시곗줄을 산다. 그들은 상대를 위해 현재 자신에게 가장 소중한 것을 기꺼이 판 것이다. 운명의 장난처럼 서로의 크리스마스 선물은 가장 소중한 사람에게 더 이상 필요 없는 선물이 되었지만 말이다.

서로의 선물이 엉킨 것을 알게 된 제임스는 흐느끼는 아내에게 이렇게 말한다. "여보, 우리 선물을 잠시 옆으로 치워 둡시다, 그건 우리가 지금present 사용하기에는 너무나 소중한 선물present이기 때문이오." 이 단편소설을 쓴

오 헨리는 이렇게 이야기했다고 전해진다. "나는 여기 가난한 두 젊은이가 가장 어리석은 선물, 서로에게 이제는 필요 없어져 버린 선물을 주기 위해 자신에게 가장 소중한 것을 희생한 이야기를 했습니다. 그러나 지금 이 세상에 살고 있는 가장 지혜로운 사람들이 생각해 낼 수 있는 선물 중에 가장 소중한 선물은 바로 이 두 사람이 서로에게 한 선물이 아닐까요?"

우리는 얼마나 이타적인가

우리는 얼마나 이타적일 수 있을까? 내가 가진 것을 일부 희생해서라도 타인이 잘되기를 바라는 마음을 우리는 흔히 이타심이라고 부른다. 부부가, 사제가, 노사가 이타심으로 서로를 대한다면 그 가정은, 그 학교는, 그 회사는 어떻게 될까? 성경 속 모세처럼 멸망을 눈앞에 둔 이스라엘 백성을 위해 차라리 자기 이름을 생명책에서 지워달라고 말할 수 있는 사람이 몇 명이나 될까? 영국의 남극 탐험대를 이끌었던 스콧Robert F. Scott 대령처럼 "나는 이미 틀렸으니 죽은 내 시체를 뜯어 먹고 이 눈보라를 벗어나라."고 동료들에게 자기의 몸을 희생할 수 있는 사람이 몇이나 될까?

이타심과 관련된 매우 흥미로운 실험이 있다. 바로 죄수의 딜레마가 낳은 게임이론이다. 죄수의 딜레마prisoners' dilemma는 최근 TV 방송에서도 소개되었는데, 요약하면 다음과 같다. 두 명의 동료 죄수가 잡혔지만, 경찰은 별다른 증거를 찾지 못해서 두 사람의 자백에 근거하여 기소해야 했다. 경찰은 둘을 각기 독방에 놓고 죄를 자백하면 형량을 2년으로 깎아주겠다고 제안한다. 단 동료가 침묵하고 괜히 나만 자백하면 죄를 내가 전부 뒤집어쓸 위험을 고려해야 한다. 물론 지금 옆방에 감금되어 취조받고 있는 동료 역시 똑같은 생각을 하고 있을 것이다. 어디서 많이 본 것 같은 구도 아닌가? 맞다. 전 국민이 사랑하는 TV 예능 프로그램 「런닝맨」에 자주 등장하는 게임이기도 하다. 이 죄수의 딜레마에서 소위 게임이론game theory이 나왔다. 영화 「뷰티풀 마인드」의 주인공 존 내시John Nash가 게임이론을 제시했다. 일정한 단계로 거듭하다 보면 결국 모든 참가자는 최선을 선택하기보다는 최악을 피하는 쪽으로 나아가게 되고 이렇게 맞춰진 선택은 일정한 균형을 이루게 되는데 이를 내시균형Nash equilibrium이라고 한다.

암스테르담대학교의 심리학자 디드루De Dreu CK는 2010년 게임이론에 근거한 세 개의 흥미로운 실험 결과를 「사이언스」에 발표했다. 첫 번째 실험은 "과연 옥시토신이 자신의 그룹 내 사람들을 향해 이타심을 발휘하는가?"였고, 두 번째는 "이타적 행동이 원래 협력심이 강한 사람들에게서만 나타나는가 아니면 원래 비협력적인 사람들에게서도 나타나는가?", 세 번째는 "자신을 보호하기 위한 행동의 하나로 상대방을 공격하는 행동에는 이타심이 어떤 영향을 미치는가?"였다. 실험 결과는 매우 흥미로웠다. 옥시토신을 흡입한 경우, 자신의 집단 내의 구성원을 위해 자신이 가진 것을 나누는 결과를 보였으며, 이런 결과는 원래 협력 성향과 관계없이 보편적으로 나타났다. 반면 옥시토신은 자신을 보호하기 위해 상대방을 공격하는 행동, 즉 편협한 이타주의parochial altruism는 높이지 않는다는 결과를 보였다. 사실 이타주의의 근본정신은 다른 사람을 위해 자신을 희생하는 행동에 있다. 그렇다면 내가 믿는 신념과 조국을 위해 자신을 희생하는 사람 중에 가장 대표적인 이들이 어쩌면 테러리스트일 것이다. 내 조국을 위해 다른 국민을 죽이는 식이다. 다행스럽게도 옥시토신은 이런 편협한 이타주의가 아닌 순수한 이타성만 높였다.[1]

옥시토신으로 이타적 행복감을 높여라

우리가 이기적 행동을 할 때와 이타적 행동을 할 때 과연 언제 더 행복하다고 느낄까? 사실 특정 연구 결과를 제시하지 않더라도 내가 사랑하는 사람에게 필요한 것을 제공해 주고, 상대가 나로 인해 행복해하는 모습을 볼 때 우리는 행복해지는 게 인지상정이다. 자녀의 생일이 다가오면, 패밀리 레스토랑에서 생일파티를 열어주면서 괜히 엉뚱한 데 돈만 썼다고 불평하는 부모는 아마 없을 것이다. 내가 사준 음식을 맛있게 먹으며 행복해하는 자녀의 모습을 보는 것만으로도 부모는 행복해할 것이다. 그래서 '자식 입에 음식 들어가는 것만 봐도 부모는 배가 부르다.'는 말이 있지 않은가?

나 역시 교수를 하면서 제일 행복한 순간은 연구비를 받아 제자들에게 장학금을 줄 때다. 다음으로는 학생이 논문의 제1저자로 게재되었다는 소식을 알려주는 것, 그래서 학생이 기뻐하는 것을 볼 때다. 이처럼 이타적 행동은 우리를 더 극한의 행복감으로 밀어 넣는다. 우리에게 끊임없는 선행과 기부로 잘 알려진 가수 션이 아무 조건 없이 남을 도울 때 느끼는 행복감이 마치 마약과 같다는 말을 남긴 이유도 아마 여기에 있지 않을까? 그 마약이 사실 옥시토신인 셈이다.

행복은 돈으로 살 수 없다. 생계에 필요한 것 이상의 돈은 행복이 아니라 불행의 시작이다. 아이러니하게 사람이 돈에 대해 더 많이 생각할수록 더 불행해졌고, 돈이 많을수록 기부보다는 혼자 보내는 시간이 더 많아졌다. 결국 돈이 사람을 주변에서 밀어낸 것처럼 말이다. 캐나다 브리티시컬럼비아대학의 엘리자베스 던Elizabeth Dunn 교수와 하버드비즈니스스쿨의 마이클 노튼Michael Norton 교수는 632명의 행복도와 연간 수입 및 지출 항목을 꼼꼼히 조사했다. 특히 지출 항목 중에 생계에 필요한 액수와 다른 사람과 함께 사교하는 데 지불한 금액prosocial spending 그리고 행복도와의 관계를 조사해 봤더니, 자신에게 지불한 액수와 행복감 사이에는 그 어떤 상관관계도 찾을 수 없었으나, 사교에 지불한 금액은 행복도와 매우 높은 상관관계를 보였다.

이 결과는 이후 『해피 머니』라는 책으로 소개되었다. 이들은 해당 가설을 검증하기 위해 다시금 회사에서 약 600만 원의 보너스를 받기 전과 받은 지 6~8주가 지난 시점에 어떻게 그 돈을 썼는지를 행복도의 관점에서 조사했다. 역시 결과는 같았다. 다른 사람을 위해 자신의 주머니를 털었던 액수와 행복감 사이에는 매우 밀접한 상관관계가 나타났다. 우리는 다른 사람을 위해 내 몫을 나누거나 다른 사람이 내 관대함으로 행복해하는 모습을 볼 때 진정 행복감을 느낀다. 인간은 그렇게 프로그래밍된 존재다.[2]

이렇게 다른 사람에게 베푸는 데 옥시토신이 관여할까? 폴 잭 교수 연구팀은 96명의 학생을 세 집단으로 나누어 연구를 수행했다. 첫 번째 집단은 마사지를 받으며 신뢰게임을 하는 이들로 구성되었으며, 두 번째 집단은 마사지만 받는 이들, 세 번째 집단은 신뢰게임만 하는 이들로 구성되었다. 첫 번째와 두 번째 집단에 속한 학생들은 15분 동안 전문 마사지사에게 마사지를 받았다. 연구 결과에 따르면, 마사지는 학생들의 체내 옥시토신 수치를 올리는 데 큰 역할을 하지 않았지만, 마사지와 신뢰게임을 함께 한 집단에서는 옥시토신 분비가 활성화된 것을 확인했다. 옥시토신 수치는 예상한 대로 게임 파트너를 신뢰하고 투자한 액수와 정비례했다.

연구가 끝난 다음 자발적 기부금을 모았는데, 마사지와 신뢰게임을 함께 한 학생은 17.36불, 마사지만 받은 학생은 6.85불, 신뢰게임만 한 학생은 2불만 기부했다. 마사지와 신뢰를 둘 다 받은 집단은 마사지만 받은 집단에 비해 거의 3배에 가까운 금액을 기부했는데 옥시토신 수치가 올라갈수록 기부하는 경향은 남자보다 여자에게서 높게 나타났다. 결론적으로 우리는 체내 옥시토신 농도가 클수록 다른 사람을 더 신뢰하고 친절을 베풀게 되었다. 그래서 더 행복하게 된다. 이것이 옥시토신이 우리에게 가르쳐주는 이타적 행복감이다.[3]

생활 속 옥시토신 올리기

당신의 지출 항목 중 다른 사람과 함께 하는데 지출한 금액과 기부금의 비율을 확인해 보세요. 이 항목의 지출 비용이 적다면, 친구와 이웃들과 함께하는 경험에 돈을 지출하는 것은 어떨까요?

옥시토신 이야기

11장
사이코지만 괜찮아

몇 년 전 「사이코지만 괜찮아」라는 드라마가 큰 히트를 쳤다. '버거운 삶의 무게로 사랑을 거부하는 정신 병동 보호사 강태와 태생적 결함으로 사랑을 모르는 동화 작가 문영이 서로의 상처를 보듬고 치유해 가는 한 편의 판타지 동화 같은 사랑에 관한 로맨틱 코미디'라는 캐치프레이즈를 달고 있는 드라마다. 사실 드라마에서처럼 사이코지만 내 연인으로 괜찮다고 말할 수 있는 사람이 얼마나 될까? 이런 사이코패스에 대한 부정적 시각은 최근 언론에 각종 범죄와 연루된 사이코패스 범죄자가 등장하면서 악화되었다.

그래서일까? 최근 흉악 범죄를 일으킨 범죄자에게는 빠짐없이 사이코패스 검사를 시행하는 것 같다. 2022년, 길에서 만난 생면부지의 여성을 구타하고 머리를 여러 차례 발로 타격한 '부산 돌려차기 남자'와 20대 또래 여성을 살해하고 시신을 훼손하고 유기한 정유정이 각각 사이코패스 검사에서 27점과 28점을 받았다는 뉴스가 지면을 장식했다. 일반인은 보통 15점 안팎의 점수를 받지만 25점이 넘어가면 사이코패스 성향이 높다는 설명까지 뉴스 밑에 달렸다.

사이코패스의 뇌, 무엇이 다른 걸까

사이코패스와 관련해 제임스 팰런James Fallon의 스토리는 상당히 재미있다. 미국 캘리포니아의대 교수이자 뇌신경과학자인 팰런 박사는 사이코패스와 연쇄살인범의 뇌를 비교 연구하는 과정 중에 자신의 뇌가 사이코패스의 뇌와 유사하다는 사실을 알게 된다. 그는 fMRI로 각종 범죄자의 뇌 사진을 비교했고, 이들의 뇌 부위 중 특히 공감 능력과 도덕성을 관장하는 부위 뇌신경에 활성화가 저하된 것을 발견했다. 그리고 이를 알츠하이머(치매) 환자의 뇌와 비교하다 가족 중 한 명의 뇌가 사이코패스의 뇌 성향과 매우 흡사하다는 충격적인 사실을 알아버렸다. 그때부터 팰런 박사는 호기심에 가족 중 누가 사이코패스 성향의 뇌를 가졌는지 추적하기 시작하고, 결국 해당 뇌 사진이 바로 '자신의 뇌' 사진인 것을 발견하고는 이 연구 결과를 『사이코패스 뇌과학자』라는 책으로 출간한다.[1]

책에서 그는 대부분 사이코패스의 뇌에서 변연계 부분에 이상이 있으며, 이 부분은 주로 우리의 감정과 관련이 있기에 사이코패스 성향의 사람이 다른 사람의 감정이나 상황에 공감하지 못하는 이유를 알 수 있다고 주장한다. 특히 사이코패스는 편도체와 전측대상피질에 문제가 있는데, 편도체가 본능적으로 느끼는 불안과 두려움으로 반응하는 폭력 행동을 억제하는 곳이 전두엽 중에서 궤도피질orbital cortex이다. 결국 궤도피질이 정상적으로 작용하지 않으면 매우 폭력적이고 위험한 사람이 된다는 뜻이다. 편도체와 궤도피질에 함께 문제가 있으면 사이코패스가 되고, 편도체는 정상인데 궤도피질에 문제가 있으면 평소 화를 잘 참지 못하고 즉흥적이고 돌발적인 사고를 많이 치는 좌충우돌형 인간이 된다. 팰런 박사는 말한다. "사이코패스는 상대의 마음을 읽지 못하는 게 아닙니다. 그들은 때로는 독심술을 부리는 사람 같이 상대방의 마음을 읽습니다. 다만 상대방의 감정을 공감하지 못하는 것이지요." 섬뜩한 말이다.

옥시토신은 궤도피질에 어떤 작용을 할까? 이와 관련하여 매우 흥미로운 연구가 있다. 40명의 남성 참가자에게 한 번은 진짜 옥시토신을 흡입하게 하고, 또 한 번은 위약을 흡입하게 한 다음 플라스틱 붓과 삼베 천으로 만든 브러시, 염소털로 만든 브러시로 참가자의 피부를 문질렀다. 이후 참가자들에게 각기 브러시가 어떤 느낌이 들었는지 물었다. 그랬더니 어떤 종류의 브러시로 터치했든지 옥시토신을 흡입한 참가자는 보통 더 기분이 좋았다고 답했다. 또한 그들의 뇌 부위 중 궤도피질이 더욱 활성화되었다. 과연 옥시토신이 사이코패스처럼 반사회성 장애를 가진 사람에게 도움이 될까? 실제 옥시토신 흡입과 반사회성 장애의 관계를 조사한 메타분석 연구가 있지만, 어떤 연구는 효과가 있다고 말하고, 어떤 연구는 확실하지 않다며 조심스러운 반응을 보이고 있다.[2]

공감이 중요해

옥시토신이 공감 능력과 어느 정도 관련이 있느냐에 관한 다채로운 연구는 매우 흥미로운 결과를 내놓았다. 그중 하나가 초원들쥐를 이용한 연구다. 일부일처를 유지하며 번식하는 초원들쥐의 암컷을 따로 분리한 다음 전기 충격을 주고 사이렌 소리를 가해 스트레스와 트라우마를 유발했다 이후 암컷 들쥐를 수컷이 있는 케이지로 돌려보냈다. 그랬더니 수컷은 트라우마에 빠진 암컷에게 다가가 자신의 몸을 비비고 핥아주며 지극 정성으로 위로해 주었다. 반면 초원들쥐에게 옥시토신 길항제를 투여하여 옥시토신이 체내에서 제대로 작용하지 않게 만들었더니 물고 빨고 갖은 애정을 보여주던 수컷이 케이지에 들어온 암컷을 보고도 아무런 미동도 하지 않았다. 위로는 커녕 거들떠보지도 않고 자기 먹이를 먹는 데 바빴다. 애교쟁이 들쥐가 하루 아침에 사이코패스로 돌변한 것 같았다. 알고 봤더니 수컷 쥐를 이 시대 최고의 로맨티스트로 만들어 주었던 건 다름 아닌 옥시토신이었다. 세계 최고의 학술지에 발표된 해당 연구는 옥시토신이 타인과의 공감뿐만 아니라 상처받은 타인을 위로하는 데에도 엄청난 위력을 발휘한다는 사실을 과학적으로 규명해 낸 첫 연구로 꼽힌다.[3]

정말 주변을 둘러보면 타인의 아픔을 잘 공감하는 이들이 있는 반면, 어떤 사람은 타인의 아픔을 전혀 공감하지 못하는 이들도 있다. 이처럼 옥시토신이 제대로 작용하지 않을 때 다른 사람의 아픔을 공감하지 못한다는 게 사실이라면, 혹시 옥시토신이 사이코패스 같은 사람을 바꿔놓을 수 있진 않을까? 연구 방법은 간단하다. 일단 혈중 옥시토신 수치와 옥시토신 수용체에 이상 여부를 파악하고 각 사람의 공감 능력이 어떠한지 조사하는 것이다. 실제 옥시토신 수용체에 변이가 있는 사람은 타인의 고통을 공감하는 데 정상인보다 훨씬 어려워했고, 고통을 머릿속으로 상상하는 데에도 어려움을 토로했다. 또 다른 연구에서도 옥시토신 수용체에 문제가 있는 사람이 배우자에게 이혼을 빌미로 협박하는 부부싸움의 횟수가 더 빈번했고, 실제 결혼 생활에서도 위기를 경험한 사례가 비교군보다 더 많았다. 그리고 옥시토신 수용체 변이 정도가 높을수록 자폐스펙트럼 평가에서 훨씬 더 높은 점수가 나왔으며, 사회적 상호작용 점수와 소통 부분에 많은 문제를 드러냈다. 이를 통해 볼 때, 옥시토신은 공감의 호르몬임이 틀림없다. 그러면 옥시토신이 낮은 사람은 어떻게 하란 말이냐? 잠시만 기다려라. 이 책의 뒷부분에 옥시토신을 올리는 방법이 자세하게 소개되어 있다.[4]

 상대방의 이야기를 들을 때에는 눈과 입을 번갈아 보면서 경청하되, 가끔 고개를 끄떡여 보세요. 이야기하는 상대방과 듣는 당신 사이에 공감대가 형성되며, 옥시토신이 올라갈 거예요.

생활 속
옥시토신
올리기

옥시토신 화해법

사람이 인간관계가 항상 좋을 수만은 없다. 잘 지내다가도 사소한 일로 투덕투덕할 수도 있다. 그런데 옥시토신이 높아지면, 상대방의 상황에 더욱 공감하고, 상대방 입장에서 이해하려고 하는 성향이 높아져 두 사람 간에 싸움이 잘 일어나지 않는다. 그럼에도 불구하고, 이미 상대방과 틀어진 상황이라면, 어떻게 해야 하나? 그리고 그 책임이 당신에게 있다면 무엇을 어떻게 해야 할까?

첫째, 무조건적으로, 좀 지나칠 정도로 사과하는 게 중요하다. 예전에 스타벅스에서 오랫동안 줄을 서서 음료를 시켰는데, 그나마 음료도 잘못 나와 화가 난 경우가 있었다. 점원에게 불평했더니 내가 민망할 정도로 허리를 굽히며 사과를 하였고 화는 바로 누그러들었다. 그런데 내 음료를 다시 만들면서 그 점원은 옆에 있던 신입 점원에게 이렇게 말했다. "사과할 때는 이렇게 지나칠 정도로 바로 사과하세요. 알겠어요?" 때마침 신입 점원을 교육하고 있었던 것이다. 그 광경을 보며 실소를 했지만, 덕분에 좋은 교훈을 얻었다.

둘째, 맛있는 음식을 대접하며 화해하자. 물론 상대방이 화가 너무 나서 함께 밥을 먹을 상황이 아닐 수도 있다. 가능하다면 맛있는 음식을 대접하면서 대화하면, 상대방의 옥시토신 수치가 올라가고, 당신을 이해하고 용서할 가능성은 더 높아질 것이다.

셋째, 내가 상대방을 신뢰하고 있다는 것을 확신시켜 주라. 누군가 나를 신뢰한다고 생각할 때 내 옥시토신 분비는 촉진된다. 내가 상대방을 신뢰한다는 것을 직접 이야기할 수도 있겠지만, 제3자에게 부탁하거나 편지와 선물을 이용해 마음을 전달할 수도 있다. 명심하라. 관계를 트는 것도 중요하지만 틀어진 관계를 회복하는 것도 중요하다.

12장
더 좋은 부모가 되게 하는 옥시토신

요새 일정 연령 이하의 아이를 받지 않겠다는 노키즈존이 사회적으로 큰 이슈이다. 아이를 키우는 입장에서는 좀 야속하게 느껴질 수도 있겠지만, 한편으로는 주인이 오죽했으면 그랬겠는가 하는 공감도 된다. 아이가 데굴데굴 구르며 소란을 피우는데도 어떤 조치도 취하지 않아 주변에 피해를 주는 무책임한 부모를 좋아할 사람은 없을 것이다. 나는 원래 애들이 떠드는 소리가 거슬렸었다. 그런데 어느 순간부터인지 아이들이 천진난만하게 떠들고 노는 소리가 좋아졌다. 놀이터에서 아이들이 뛰어놀면서 까르르 웃는 소리가 창문 너머로 들리면 나도 모르게 마음이 따뜻하고 편안해졌다.

쥐의 경우, 새끼를 낳지 않은 암컷 쥐는 남의 새끼 쥐들의 찍찍거리는 소리를 싫어하며 때론 새끼를 물어 죽이기도 한다. 반면 새끼를 낳은 경험이 있는 어미 쥐는 새끼에 대해 무한한 사랑을 느끼고 남의 새끼라도 돌본다. 한 실험에서 어미 쥐가 버튼을 누를 때마다 새끼 쥐를 넣어주었더니 어미는 한 시간에 100번씩 버튼을 누를 정도로 강한 애정을 보이기도 했다. 임신과 출산 과정에서 일어난 호르몬 변화가 이렇게 새끼에 대한 모성애를 갖도록 만든 셈이다.

엄마의 자격, 옥시토신

사람도 유사하다. 산모에게 아이의 사진을 보여주며 뇌를 fMRI로 촬영했더니 산모의 뇌에서 특이한 변화가 감지되었다. 바로 그 부위는 산모가 아기에게 무한한 모성애를 느끼고 아이를 돌볼 수 있는 감정 상태를 갖도록 만드는 곳이기 때문이다.[1]

아이는 부모의 도움이 필요할 때 그냥 운다. 배고프면 배고프다고, 아프면 아프다고, 기저귀가 축축하면 기분 나쁘다고 운다. 울음이 아이의 언어인 셈이다. 그리고 이 언어에 엄마는 본능적으로 반응한다. 보통 아기의 울음소리는 엄마의 뇌를 자극해 아이에게 달려가게 만드는데, 산후우울증이 심한 산모의 뇌는 아기의 울음소리로 이 부위가 활성화되지 않는다고 한다. 아이의 울음소리는 엄마의 전뇌섬엽과 전전두엽을 자극하는데, 다름 아닌 섬엽insula은 다른 사람의 고통을 자신의 고통으로 느끼게 하는 부위다. 학자들이 흔히 감정의 공감센터라고 부르는 부위이고, 우리 몸에서 올라오는 시그널을 통합해서, 전두엽을 조절하는 우리의 감정과 몸의 지휘자와 같은 역할을 하는 곳이다. 심한 우울증에 빠졌거나 마약에 중독된 경우, 엄마는 아기의 울음소리를 들어도 공감하지 못한다. 이렇게 아기의 울음소리에 전전두엽이 반응하지 않는 엄마는 아기를 아동학대로 몰아갈 위험이 크다는 연구결과도 있다. 실제로 오늘날 아동 유기가 심심찮게 일어나고 있는데, 아마도 산모의 옥시토신이 매우 낮았을 것으로 예상된다.[2]

자녀 양육의 비결, 옥시토신

아동을 학대하고 영아를 유기하는 부모는 어렸을 때 사랑을 받지 못하는 역기능 가정에서 자랐을까? 그랬다면 그들 역시 피해자일 것이다. 실제로 어미에게 돌봄을 받지 못한 새끼 쥐는 체내 옥시토신 수치가 낮고 성체가 되어 새끼를 낳아도 돌보지 않고 방치하거나 물어 죽인다. 동물원에서 사람 손에서 자란 원숭이 역시 체내 옥시토신 수치가 낮다는 연구도 있다. 부모 손에서 자라지 못하고 보육원에 버려진 아이의 경우는 어떨까? 보육원 출신 아이들은 비교군에 비해 뇌의 편도체 크기가 크며, 성격도 훨씬 불안하다.* 내재한 문제도 많이 갖고 있어 무섭게 생긴 얼굴 사진을 보여주면 편도체가 크게 활성화된다. 편도체와 전두엽의 신경 연결성도 떨어진다. 그래서 부정적 감정을 느끼더라도 그런 감정을 전두엽에서 조절하는 능력이 떨어진다.[3] 옥시토신 수치가 높은 부모는 아이의 울음에 즉각 반응하고 아이와 훨씬 더 눈을 잘 마주친다. 옥시토신을 흡입한 부모는 아이와 상호작용을 원활히 하고, 아이에게 위협이 될 만한 낯선 사람이 주변에 있으면 아이를 위험에서 더 적극적으로 보호하려 한다. 혈액 속의 옥시토신이 부모의 뇌에 흘러들어 아이에 대한 애정과 관심이 커지도록 유도하는 것이다. 결론적으로 말해, 임신기간에 산모의 체내 옥시토신이 아이의 사회성에 영향을 준다는 점, 관계가 친밀한 부부일수록 옥시토신이 높다는 점, 그리고 무엇보다 부모의 체내 옥시토신이 아이의 옥시토신과 깊은 관계가 있다는 점, 아이가 커서 자기의 자녀에 대한 양육 태도와 사회성에 영향을 준다는 점을 전체적으로 고려할 때, 행복한 부모 밑에서 자란 아이가 더 행복하고 사회성이 높으며 회복탄력성이 높을 수밖에 없다.[4]

* 위 연구는 한국에서 진행된 연구는 아니다. 또한, 보육원 출신이라고 다 편도체가 큰 것은 아니다.

4부

The
Oxytocin
Odyssey

보다 사랑스럽게 만드는
옥시토신

우리가 누군가와 대화할 때 상대방의 눈을 지그시 쳐다보는 건 매우 중요한 사교 기술입니다. 상대에게 어떤 내용을 설명하고 있는데 상대방이 나를 바라보지 않고 핸드폰만 바라보거나 딴청을 피우고 있다면, 비록 검색 내용이 내 이야기와 관련된 내용이라 하더라도 기분이 나쁠 것입니다. 이럴 때 여러분이라면 대번 '내 이야기는 듣지 않는구나.'라고 생각하지 않을까요? 결국 옥시토신은 우리가 상대방의 눈을 바라보고 서로에 대해 더 긍정적인 감정을 갖게 합니다. 그렇게 서로의 눈을 마주 보는 사람은 또 체내에서 옥시토신이 분비된다고 하니 이는 가히 옥시토신과 눈맞춤의 선순환이라 할 수 있습니다. 이번에는 사랑을 가져오는 옥시토신 효과를 이야기해 보겠습니다.

13장

눈맞춤 호르몬, 옥시토신

남녀는 첫 만남에서 상대방의 신체 중 어느 부위를 먼저 볼까? 점안제를 만드는 한 영국계 회사는 2018년 1,000명의 영국 남녀를 대상으로 이성의 신체 부위 중에서 가장 먼저 보는 곳은 어디인지 조사했다. 남자와 여자 모두 눈을 제일 먼저 본다는 답변을 내놓았다. 남자는 가장 먼저 보는 여자의 신체 부위를 눈, 미소, 가슴, 머리카락, 체중, 다리, 옷, 엉덩이, 키, 피부 순으로 꼽았고, 여자는 눈, 미소, 키, 머리카락, 옷, 체중, 피부, 얼굴형, 엉덩이, 코 순으로 답했다. 편견과 달리 여자의 가슴을 본다고 답한 남자는 3위에 머물렀다. 회사 대변인은 영국의 한 신문과 인터뷰에서 "이번 연구는 남자가 여성을 볼 때, 가장 먼저 보는 게 여자의 가슴이라는 고정관념을 여지없이 깨뜨렸다."라고 밝혔다. 어쩌면 인공눈물을 제조하는 회사답게 연구 결과를 조작하지 않았을까? 합리적인 의심이 들었다.

옥시토신 이야기

눈맞춤의 마법

우리는 흔히 두 사람이 서로 사랑에 빠진다거나 호감을 느끼는 상황을 두고 '눈이 맞았다.'라고 표현한다. 길을 걷다 모르는 사람과 눈이 마주치면 우리는 일반적으로 눈을 돌린다. 내가 대학을 다닐 때만 해도 길거리를 지나가던 두 남자가 눈이 마주쳤는데, 어느 쪽도 눈을 돌리지 않았다가 "뭘 쳐다봐?" 하며 주먹다짐을 하는 경우를 종종 목격했다. 괜한 신경전인데, 부끄럽지만 사실 나도 경험했다. 방위로 복무할 때인데, 주점에서 지나가는 사람과 눈이 마주쳤고 바로 눈을 돌리지 않은 나에게 한마디 던지더니 다짜고짜 주먹을 날리는 게 아닌가. 나 역시 본능적으로 타격했고 그 결과 그 사람에게 치료비를 물어줘야 했다.

하지만 그 눈맞춤의 상대가 이성이라면 이야기가 완전히 다를 수 있다. 위 사건이 있고 얼마 지나지 않아 캐나다에 어학연수를 간 나는 심한 문화충격을 받았다. 그동안 한국에서는 지나가는 사람과 눈이 마주치면, 눈을 부릅뜨고 위협을 하던지, 바로 눈을 돌리던지, 아니면 눈을 밑으로 깔아야 했다. 그런데 캐나다 사람들은 길에서 눈이 마주치면 웃으며 "하이!"라고 인사하는 게 아닌가? 캐나다에 도착한 지 두 주 정도 지났을 때인데, 지나가던 금발의 여성이 나의 눈을 바라보며 "하이!"라고 인사를 건넸고, 그런 상황을 처음 만난 나는 '혹시 날 좋아하나.'라는 착각에 그 여성을 20미터 정도 뒤따라갔던 우스운 기억도 있다. 눈을 마주친 두 이성이 시선을 돌리지 않고 서로를 의식하며 지긋이 바라보는 것은 자기 참조self-referential의 과정이 시작되는 걸 의미한다. 눈이 마주치면 서로의 감정이 자극되어 상대방에게 더욱 집중하고 더 나아가 호감을 느끼게 한다, 눈을 마주친다는 거 자체가 비어어절 커뮤니케이션이며, 눈맞춤을 통해 많은 감정 정보를 서로 교류한다는 것이다.[1]

옥시토신으로 시선 조율하기

그럼 혹시 옥시토신은 이성을 바라볼 때 첫인상에 어떤 영향을 줄까? 독일 본대학의 앤드류 바우어Andrew Bauer 박사는 연구팀과 함께 20대 남성 18명에게 옥시토신을 흡입하게 하고 302명의 전혀 모르는 여성 사진을 3초간 보게 했다. 그리고 이 과정에 MRI와 PET 스캔을 통해 뇌를 분석했다. 남성들에게 각 여성의 매력도를 1점에서 9점까지 평가하게 하며, 뇌의 도파민 분비 패턴을 관찰하였다. 그 결과 옥시토신을 흡입한 집단은 여성을 훨씬 더 매력적으로 평가했다. 아니 옥시토신 수치가 올라가면 여성을 더 매력적으로 본단 말인가?

52명의 남성을 대상으로 진행한 또 다른 연구는 옥시토신을 흡입하면 이성을 볼 때 특히 눈을 더 오래 쳐다본다는 사실을 밝혀냈다. 사실 우리는 눈빛과 눈동자의 움직임, 눈의 깜박임 등을 통해 상대방의 마음을 읽는데, 옥시토신 수치를 인위적으로 높이면, 이성의 눈동자를 더 오랫동안 바라보면서 상대의 마음을 읽으려고 한다는 뜻이다. 사회성이 떨어지는 자폐스펙트럼 진단을 받은 사람의 대표적인 특징은 상대방의 눈을 잘 마주치지 못한다는 것이다. 눈을 마주치지 못하기 때문에 상대의 마음도 읽어내기 힘들다. 반면에 옥시토신이 증가하면, 상대방의 표정과 감정을 읽는 능력이 올라가는데, 심지어 자폐스펙트럼장애를 가진 경우에도 상대방의 표정을 읽기 시작한다. 다른 말로 눈치가 빨라진다는 말이고, 좀 더 좋게 표현하면 센스 만점이 된다는 이야기다.[2]

그런데 여기서 재미있는 사실은 눈맞춤 역시 옥시토신을 올린다는 것이다. 첫인상에 외모가 중요하긴 하지만, 외모만으로 첫인상이 호감이 되는 건 아니다. 상대방의 이야기에 경청하고, 공감해 주고, 적절히 반응해 줄 때 상대방의 옥시토신이 올라간다는 사실을 기억해야 한다. 그런데 이런 첫인 상은 남녀 관계에서만 중요한 건 아니다. 취업을 위한 구직이나 면접 시, 지원자는 면접관과 얼마나 눈을 마주치는지 조사해 봤더니, 전체 면접 시간에 45~60퍼센트 동안 면접관과 눈을 마주친다고 한다. 그래서 이번에는 지원자에게 면접관과 눈을 조금만 마주치거나(45퍼센트 미만), 아주 많이 마주치거나(80퍼센트 이상) 혹은 적당히 마주치게 했더니(45~60퍼센트), 눈을 조금만 마주친 경우 면접관은 지원자에 대해 더 부정적인 평가를 하는 경향이 있었고, 지나치게 눈을 오래 마주쳐도 적당히 마주친 지원자에 비해 부정적 평가를 내렸다고 한다.[3]

우리는 언어로 대화하고 소통한다. 그러나 톨스토이는 '언어는 소통의 적절한 도구가 아니다.'라고 지적했다. 심지어 언어는 많은 경우 거짓이라고 말한다. 그는 많은 작품을 썼지만, 언어의 한계점을 알고 있었다. 톨스토이는 비언어적 대화, 특히 눈맞춤의 의미를 그의 작품에서 이야기한다. "적군 장군 다부는 눈을 들고, 피에르를 찬찬히 쳐다보았다. 몇 초 동안인가 두 사람은 서로를 쳐다보았고, 응시를 하는 동안 전쟁이라든가 재판이라든가 하는 일체의 조건을 초월한 인간으로서 관계가 두 사람 사이에 맺어졌다. 이 순간 그들은 다 어렴풋이 무수한 사물을 느꼈다. 그리고 자기들은 둘 다 인류의 아들이자 동포라는 것을 깨달았다." 『전쟁과 평화』에 나오는 대목이다. 언어가 달라 소통에 어려움이 있었지만, 그 어떤 소통보다 위력을 발휘한 응시, 눈맞춤이었던 것이다.

또 다른 톨스토이의 작품 『안나 카레리나』에 보면 다음과 같은 대목이 나온다. "레빈은 키티의 시선과 마주쳤다. 그러자 그는 그 눈빛을 통해 그녀도 자기와 같은 생각을 하고 있다는 것을 알아챘다." "그녀의 감정은 어느 틈에 그에게로 옮아갔다. 그도 그녀와 마찬가지로 밝고 즐거운 기분이 되었다." "키티의 얼굴에서 타오르고 있던 기쁨의 불꽃은 회당 안의 모든 사람에게 옮은 것 같았다."

우리의 소통에 비언어적 대화, 특히 눈빛이 중요하다면, 옥시토신의 중요성은 더욱 두드러진다. 이 책을 읽는 여러분, 이성에게서 호감을 사고 싶은가? 그렇다면 상대의 눈을 지그시 바라보며 옥시토신 수치를 높여보라. 금세 사랑의 배터리가 충전될 것이다.

14장

관계를 지속하게 하는 힘, 옥시토신

내가 아내를 처음 만난 건 캐나다 어학연수 시절 한인교회의 어느 장로님 댁에서였다. 나보다 두세 살 어린 교포 학생들이 한 방에 모여 영어로 웃고 떠드는데, 당시 난 영어도 거의 못 했고 모두 여학생인지라 혼자 끼기도 뻘쭘해 그냥 인사만 꾸벅하고는 꿔다 놓은 보릿자루처럼 구석에 가만히 앉아 있었다. 당시 아내는 고등학교를 갓 졸업하고 현지 간호대학에서 한 학기를 끝낸 풋풋한 새내기 대학생이었다. 우린 서로 인사를 나누긴 했지만, 개인적으로 관심이 가는 스타일은 아니었다. 캐나다에서 1년간 어학연수를 하는 동안 따뜻한 한국의 정이 그리워서 한인교회를 꾸준히 다녔는데, 교회에서 자연스레 아내와도 친해졌지만, 이성적인 관심이나 호기심은 생기지 않았다.

그렇게 1년이 지나고 다시 모교로 돌아와 서로 아무 일 없었다는 듯 3학년을 보냈다. 다시 4학년이 되었을 때 공교롭게 어학연수를 했던 캐나다로 다시 갈 기회가 생겼다. 이번에는 교환 학생의 신분이었다. 그렇게 캐나다 같은 도시로 갔고, 아내를 다시 만났다. 하지만 여전히 우리는 서로에게 아무런 끌림이나 매력을 느끼지 못했다. 교환 학생으로 한 학기를 마치며 프로그램에 만족했던 나는 좀 더 있으면 좋겠다는 생각이 들어 교환 학생 신분을 한 학기 더 연장했다. 그리고 그것은 내 일생일대의 결정이었다.

아내가 내 마음속으로 들어온 날

그 해 여름방학 어느 날, 난 한가한 도서관 창가에 앉아 나의 10년 후의 모습을 상상하며 미래 계획을 세우고 있었다. '10년 후에는 교수가 되어 선교지에 있겠지?' 꿈을 이루기 위해서는 교수가 되어야 했고, 교수가 되기 위해서는 박사학위가, 아니 먼저 석사학위가 있어야 했다. 석사와 박사는 이곳에서 하면 좋겠다고 생각하는 순간, 불현듯 낯선 타지에서 싱글로 늙어가는 많은 유학생 형과 누나들의 얼굴이 하나둘 떠오르면서 좀 일찍 결혼해야겠다는, 지금 생각하면 조금은 당돌한 포부를 가졌다. 왜 당돌하냐면, 그때 내 나이가 고작 23살에 불과했기 때문이다. 월터 트로비쉬Walter Trobisch의 『나는 너와 결혼하였다』를 읽어보면, 남녀가 연애하면서 최소한 사계절은 함께 지내봐야 한다고 했으니, 지금 당장 누군가를 만나야 그 1년을 채울 수 있겠다 싶었다.

이런 발칙한 상상을 하며 잠시 기도를 했다. "나의 배우자가 될 사람을 만나게 해주세요. 혹시 그 사람이 주변에 있다면, 그 사람을 알아보게 해주세요!" 기도를 마치자마자 거짓말처럼 지금 아내 얼굴이 추석날 달덩이처럼 두둥실 떠올랐다. 어린 나이였지만, 난 언제나 나름의 배우자상을 머릿속에 그려왔다. 첫째, 내가 음악을 못하기 때문에 음악을 잘해야 한다고 생각했고, 당연한 이야기지만 외모는 예뻐야 한다고 생각했으며, 나와 함께 같은 꿈을 꾸고 해외에 선교 봉사를 다닐 수 있는 사람이면 좋겠다고 생각했다. 그런데 생각해 보니 아내는 아버지가 목사님으로 어려서부터 교회 피아노 반주를 도맡아 했고, 간호학 공부를 끝낸 다음 음악대학에 진학하여 피아노를 전공할 계획이었다. 게다가 다시 보니 얼굴도 수려하고 단아하지 않은가? 내가 평소 생각하던 배우자상에 딱 맞는 여자였는데, 내가 왜 그동안 몰라봤을까? 그날 그렇게 아내는 내 마음에 들어왔다.

그런 생각을 하고서도 정작 아내와의 첫 데이트는 무려 석 달이 지난 10월에 이뤄졌다. 어느 날, 교회 성가대에서 베이스를 했던 나를 아내가 옆에 앉아 악보를 보며 한 줄씩 연습시켜 줬다. 어느 정도 연습이 끝나고 난 용기를 내서 아내에게 물었다. "지난주 생일에 뭐 했어?" 아내는 기다렸다는 듯 답했다. "왜? 아무것도 안 했으면 영화라도 보여주게?" 그린라이트였다! 난 주먹을 꽉 쥐며 속으로 '예스!'라고 외쳤다.

며칠 뒤 우리는 시내에서 니콜라스 케이지 주연의 「당신에게도 이 일이 일어날 수 있습니다It could happen to you」영화를 보고, 함께 밥도 먹으며 이런저런 이야기를 나눴다. 취미는 뭔지, 좋아하는 음악은 뭔지, 감명 깊었던 책은 뭔지…. 여러 가지 이야기를 나누며 졸업 후 무엇을 하고 싶은지, 혹시 해외에 나가 봉사하는 삶을 살고 싶지는 않은지도 은근슬쩍 물었다. 그녀의 대답에서 마음속 배우자 조건 중 마지막인 '나를 사랑해 줄 뿐 아니라 내 일도 좋아해 줄 수 있는 사람'이라는 확신이 들었다. 당시 아내의 옥시토신 레벨은 모르겠지만, 내 옥시토신 수치는 아마 머리를 뚫고 하늘 위로 솟아올랐을 것이다. 그러고 나서 한국에 돌아오게 된 2월까지 약 4개월간 나는 아마 옥시토신에 취해 있었을 것이다. 세상이 전부 아름다워 보였고 주변 모든 사람이 사랑스러웠다.

사랑하고 싶은 사람이 알아야 할 사실

하루는 미국 예일대학교 경내와 주변에 이런 괴상한 광고가 붙었다. "연애를 시작하고 아직 석 달이 안 된 사람 모집. 수고비 지급." 이 뜬금없는 연구에 총 60쌍의 커플이 참여했고, 이들과 연령대가 엇비슷한 43명의 싱글도 비교 대상으로 연구에 동참했다. 연구팀은 커플을 각각 분리한 뒤 로맨틱한 관계에 대한 인터뷰를 30분 동안 진행했다. 이어 싱글과 새롭게 관계를 시작한 커플의 혈중 옥시토신 수치를 조사했다. 결과는 놀라웠다. 연구에 참여한 커플의 옥시토신 수치는 싱글의 옥시토신 수치보다 무려 두 배나 높았다. 특히 서로 교감이 높은 커플일수록 혈중 옥시토신 수치가 더 높았다. 앞서 설명하였듯이 이 연구를 통해 옥시토신 수치로도 6개월 후 남녀가 헤어지지 않고 관계를 유지하고 있는지 예측할 수 있었다.[1]

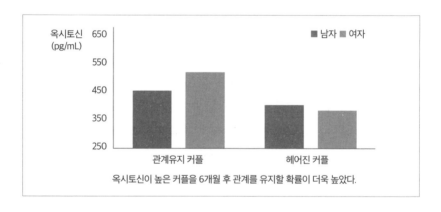

옥시토신이 높은 커플을 6개월 후 관계를 유지할 확률이 더욱 높았다.

옥시토신과 연애의 관계를 연구한 재미있는 연구는 또 있다. 미국 노스캐롤라이나대학 심리학과에서는 최소 1년 이상 연애 중인 129쌍의 커플(총 258명의 남녀)을 모아 두 사람 중 한 명을 무작위로 선정하여 감사의 마음을 담은 '영상편지'를 상대에게 보내게 한 후, 상대의 반응을 살펴보았다. 영상 편지는 그냥 생각나는 대로 아무렇게나 찍은 게 아니라 상대방이 최근에 했던 일 중에 감사한 일에 대해 콕 집어 이야기하고, 그때 자신의 기분이 어땠는지를 표현하게 했다. 그 기분에는 '상대방의 반응에 대한 인지', '사랑 경험', '보상 경험', '감사한 마음에 대한 이해', '상대방의 감사 정도', '상대방의 사랑 정도', '상대방이 느낀 보상 정도'가 포함되어 있었다. 예상대로 옥시토신이 높은 커플이 서로에 대한 감사와 사랑 그리고 상대방에게 감사하다는 표현을 했을 때 긍정적인 감정 반응 등이 모두 높았다.[2]

당연히 혈중 옥시토신 수치가 높은 커플의 관계가 지속될 수밖에 없을 것이다. 옥시토신이 높으면, 상대방과 이야기할 때 서로의 눈을 바라보고, 상대방의 비언어적 표현을 잘 이해하며, 조그만 일에도 감사하고, 사소한 것부터 배려한다고 하니 관계가 더 건강하게 그리고 더 오래 유지될 수밖에 없다. 반면 스킨십과 섹스, 함께 음식 나누기, 서로 공감이 가능한 대화 나누기도 체내 옥시토신 수치를 높인다고 하니 잘 되는 커플은 옥시토신 수치가 덩달아 올라갈 수밖에 없다. 이 책을 읽는 커플이여, 좋은 관계를 유지하고 싶다면 서로 많이 쳐다보고, 손도 많이 잡고, 더 많이 껴안고, 밥도 수시로 나눠 먹고, 더욱 배려하자.[3]

옥시토신과 마음이론

마음이론은 심리학의 한 분야로, 타인의 생각이 나와 다를 수 있으며 어떤 특정 상황에서 타인이 어떤 생각을 가질지를 유추할 수 있는 능력을 의미한다. 쉽게 말하면, 상대방의 마음을 읽는 능력이다. 우리는 우리가 말한 것을 상대는 어떻게 생각하고 느끼는지를 끊임없이 추측하면서 다음 대화를 이끌어 간다. 그런데 만약에 상대방이 어떻게 느끼는지 전혀 이해하고 추측할 수 없다면 정상적인 대화가 불가능해진다. 상대방이 연신 하품하며 지루해하고 있는데, 혼자 재미없는 이야기만 계속 떠들 수 있고, 상대방이 불편해하는 주제를 갖고 나만 좋다고 계속 떠들 수 있기 때문이다.

자폐스펙트럼장애의 경우, 심하면 사람과 물건을 구분하지 못하거나, 타인의 마음에 공감하지 못하고, 타인의 마음을 깨닫는다고 할지라도 어떻게 행동해야 하는지 모르는 경우가 발생한다. 상대방의 마음을 이해하지 못하고 이상행동을 하게 되면 사회적 관계를 맺기 어려워진다. 이렇게 사회적으로 고립되면, 옥시토신은 더욱 낮아지게 된다. 하지만 옥시토신은 상대방의 마음을 이해하고 공감하고 더 나아가 협력할 수 있는 능력을 증진해 주기에 사회성이 떨어지는 사람, 평소 눈치가 없다는 이야기를 듣는 사람, 상대방의 마음을 읽는 능력이 떨어지는 사람일지라도 옥시토신 라이프스타일을 선택하면 오히려 옥시토신이 올라가고 사회성이 좋아질 수도 있다.

15장

너희가 옥시토신을 아느냐?

『너희가 사랑을 아느냐?』 사뭇 도발적인 이 질문은 사실 내가 2011년 저술한 책의 제목이다. 나는 스물두 살에 교환 학생 시절 만난 아내와 결혼하고 난 뒤, 스물여섯 살때부터 '연애 고수'를 자처하며 나보다 두세 살 어린 동생들을 모아놓고 연애학 개론을 가르쳤다. 지금 생각해도 웃긴 일이다. 어린 놈이 사랑에 대해 뭘 안다고. 그런데 어쭙잖게 연애를 가르치다 보니 관련 서적도 몇 권 읽어야 했고, 그렇게 터득한 여러 학설을 통해 차츰 나만의 사랑학 이론을 정립할 수 있었다. 그러한 여세를 몰아 실제로 나는 대중 강연과 학교 수업에 나서기도 했다. 2005년, 감사하게도 모교에 교수로 임용이 된 이후, 「너희가 사랑을 아느냐: 성공적인 연애를 위한 실제적 제언」이란 거창한 이름의 과목을 개설했다.[1]

많은 연대생이 그 수업을 수강했다. 첫사랑의 실패로 고통스러워하는 학생, 섣부른 고백으로 차인 뒤 연애가 두려운 학생, 스토커처럼 쫓아다니는 이성 때문에 힘든 학생, 원치 않는 삼각관계로 고민이 많은 학생 등 그간 수업을 거쳐 간 학생들의 면면은 너무도 다양했다. 해당 수업을 강의하면서 나름대로 사랑에 대한 정의를 다음과 같이 내렸다. '사랑은 주고 또 주고도, 혹시 그 사람에게 아직 부족한 것이 없는지 돌아보는 마음이다.' 진정한 사랑은 손해를 본다 해도, 내가 원하는 만큼의 사랑을 받지 못한다 해도, 상대에게 무조건 주는 것이다. 사랑은 상대의 마음과 상황을 공감하는 것에서 시작하여 이타적인 행동으로 마무리되는 것이다. 이때까지만 해도 나는 옥시토신이 뭔지도 몰랐고, 그게 우리의 애착과 공감 능력, 나아가 이타심과 밀접한 관계가 있는지도 몰랐다. 어쩌면 옥시토신은 내 운명의 일부일지도 모르겠다.

쥐들도 알고 있는 사랑 방정식

사랑이 없다면 인류는 멸망하고 말 것이다. 사랑이야말로 인간이 그 어떤 어려움도 헤쳐 나갈 수 있게 힘을 주는 감정일 것이다. 유구한 인류사와 거시 문명사를 통틀어 인간은 그렇게 서로 사랑했고 결혼했으며 아이를 낳았다. 우리나라 가임기 여성이 평생 낳을 수 있는 신생아수가 0.74명뿐이라는 오늘도 어김없이 하루 수십 쌍의 남녀가 컨벤션센터에서 두 손을 맞잡고 영원한 사랑을 다짐하며 결혼에 골인한다. 가수 비의 노래 「아이 두」에는 이런 훈훈한 가사가 나온다.

손을 잡고 걸어가면서 서로에게 발을 맞춰보면서
영원히 함께할 수 있는지 느껴봐
And I need to know 나만 이렇게 느낀 거냐고

아님 너도 내 마음처럼 영원히 함께할 꿈을 꾸는지
I do, I do 영원히 함께 하겠다는 그 말 I do
너와 있을 때마다 조심스럽게 나의 마음속으로

다들 알겠지만, '아이 두'는 성혼 서약wedding vows에 등장하는 말이다. 주례자가 "검은 머리 파뿌리 될 때까지 서로를 영원히 사랑하겠습니까?"라고 물으면, 신랑과 신부가 "아이 두"라고 외친다. 짧지만 세상에서 가장 아름답고 고귀한 말 아닐까? 부부라면 누구나 '아이 두'가 영원히 깨지지 않는 약속으로 남기를 원한다. 그런데 이 성혼 서약을 지키는 데 옥시토신이 지대한 영향을 준다면 과연 믿을 수 있겠는가?

신성한 결혼식을 이야기하다가 뜬금없이 쥐 이야기를 꺼내서 조금은 당혹스러울 독자들이 계신다면 미리 양해를 구해야겠다. 사실 쥐는 특유의 군집성에서부터 먹이 습관, 짝짓기 양식, 출산과 양육 패턴에 이르기까지 인간을 빼다 박은 동물이다. 몸집은 작고 보잘것없지만 생물학 연구실에서 실험용으로 쥐를 줄기차게 활용하는 데에는 다 그만한 이유가 있다. 지금 아래 사진을 보고 어떤 놈이 초원들쥐Prairie vole고 어떤 놈이 산악들쥐Mountain vole인지 구분할 수 있겠는가?

솔직히 인간의 눈썰미로는 거의 분간이 가지 않는다. 그 쥐가 그 쥐 같다. 그런데 가만 보면 사진 속에 힌트가 숨어있다. 왼쪽이 초원들쥐고 오른쪽이 산악들쥐다. 사진만 보고 어떻게 구분할 수 있을까? 왼쪽 사진에 보이는 쥐 부부는 알뜰살뜰 새끼들을 품고 있다. 반면 오른쪽 쥐는 전혀 그렇지 않다. 이처럼 생긴 게 똑같은 쥐들이지만 짝짓기와 양육 습성에 있어 매우 큰 차이점을 보여준다. 초원들쥐는 평생 일부일처제를 견고하게 지키며 수컷도 양육에 적극 참여한다. 그와 대조적으로 산악들쥐는 특정한 짝이 없이 만나는 쥐마다 가능한 한 여러 번 교미한다. 수컷은 양육의 부담을 전혀 지지 않으며 암컷 역시 새끼를 낳고 열흘이 지나면 나 몰라라 한다. 이름처럼 초원들쥐는 로맨티시스트들인 것 같다.[2]

사랑의 묘약, 옥시토신[3]

애틀랜타대학교의 래리 영Larry Young 교수는 20년 이상 이 두 들쥐의 생태를 비교하여 옥시토신이 인간의 사랑과 양육, 우정에 어떠한 역할을 하는지 규명했다. 영 교수는 각기 두 들쥐의 뇌를 분석하여 초원들쥐의 전전두피질과 측좌핵에서 옥시토신 수용체를 찾아냈지만, 산악들쥐의 뇌에서는 찾아내지 못했다. 옥시토신 수용체가 많이 위치한 뇌의 부위는 도파민과 보상회로 그리고 중독과도 깊은 관련이 있는 부위다. 실제로 일부 학자들은 섹스가 하나의 즐거움으로 뇌의 보상회로를 작동시켜 계속 섹스를 추구하도록 만든다고 본다. 그들은 섹스를 통해 서로를 배려하고, 공감하며, 아끼는 행동을 하도록 하는 데 옥시토신이 관여한다고 생각한다. 사실 동물이 교미할 때 도파민 분비는 측좌핵에서 50퍼센트가량 증가하는데, 도파민 길항제를 측좌핵에 투여하면 동물은 더 이상 교미하지 않는다. 도파민은 동물의 교미에 매우 큰 영향을 준다는 사실을 확인할 수 있다. 그래서 함께 알콩달콩 잘 사는 초원들쥐에게 옥시토신과 바소프레신 수용체가 제대로 작용하지 않도록 길항제를 투여하면, 둘은 더 이상 함께 하지 않는다고 한다.

옥시토신이 초원들쥐의 일부일처제에 영향을 주었던 게 맞는다면, 과연 옥시토신 수용체가 측좌핵에서 발현하지 않는 산악들쥐도 유전자 조작을 통해 초원들쥐처럼 만들 수 있을까? 실제로 영 교수는 산악들쥐를 대상으로 유전자 조작을 통해 옥시토신 수용체를 발현시켰고, 유전자 조작된 산악들쥐는 초원들쥐처럼 한 놈하고만 교미를 나누는 사랑꾼으로 변모한다는 사실을 밝혀냈다. 이후 뇌에서 도파민이 작용하지 못하도록 차단했더니 산악들쥐는 다시 옛날의 난봉꾼으로 되돌아가고 말았다. 결국 영 교수는 뇌의 보상회로에서 옥시토신이 작용하려면 도파민이 필요하다는 사실을 확인한 셈이다.

물론 사람과 쥐는 다르기에 이런 실험 결과가 바로 적용될 수는 없을 것이다. 다만 옥시토신 수치가 높은 커플은 실제로 남녀가 "오늘부터 1일이다?"라고 외친 날로부터 6개월이 지난 뒤에도 연인관계를 지속할 확률이 높다는 점, 남녀가 서로 포옹하거나 스킨십할 때 옥시토신이 급격히 올라가며, 특히 성관계를 통한 오르가슴이 혈중 옥시토신 농도를 높인다는 점, 그리고 젖꼭지를 자극하는 것을 성적 자극으로 받아들이는 동물이 포유류 중 사람밖에 없으며, 젖꼭지 자극이 뇌에서 옥시토신 분비를 촉진시킨다는 점은 옥시토신이 사람에게서도 남녀의 애착 형성에 깊이 관여한다는 사실을 말해준다.

미국의 알앤비 그룹 더클로버즈가 1959년 발매한 팝송 중에 「러브 포션 넘버 나인」이라는 곡이 있다. 노래 주 화자는 사람이 묘약을 마시고, 밤인지 낮인지도 모르고 눈에 보이는 건 닥치는 대로 키스를 해댄다. 옥시토신은 사랑의 묘약love potion이다. 래리 영 교수는 이야기한다. "사랑은 일종의 화학작용이며, 그 화학작용은 옥시토신이라는 신기한 화학물질에서 비롯된다. 조물주는 우리가 더욱 사랑하고 배려하고 아끼는 인간으로 만들기 위해서 옥시토신이라는 천연 첨가제를 호르몬 칵테일에 넣었는지 모른다."

생활 속 옥시토신 올리기

사랑하는 사람을 위해 음식을 만들어 보세요. 함께 만들어도 좋고요. 그렇게 만든 음식을 함께 먹어봐요. 근사하게 음악도 틀어놓고 촛불도 켜봐요.

16장

바람 잡는 옥시토신

⌣

한국의 아줌마는 슈퍼우먼이다. 만원 버스 속 뒷좌석에 앉아 있던 승객이 일어나면, 아줌마는 재빨리 그 자리를 향해 핸드백을 던진다. 자신의 신체 일부나 소지품을 통해 공간의 확장이 일어난 셈이다. 한국의 아줌마는 모두 가제트 팔을 하나씩 갖고 있나 보다. 비단 아줌마들만 자리를 맡는 건 아니다. 백화점 명품관의 오픈런을 기다리는 MZ세대 명품족도 소지품을 줄지어 놓아두고, 맛집 탐방을 다니는 미식가들 역시 뙤약볕 아래서 번호표를 받는다. 이처럼 영역 표시는 동물에게만 한정된 행위가 아니다. 자신의 영역은 투쟁-도피 반응의 기준점이 되며 나아가 타인과 나 사이의 관계를 설정하는 영점零點이 되기도 한다. 그런데 물리적 공간이 과연 외도와 무슨 상관이 있을까?

그녀를 만나는 곳 100미터 전

가수 이상우의 노래 중에 「그녀를 만나는 곳 100미터 전」이라는 가요가 있다. 가사 중에 이런 대목이 있다. "머리 속에 가득한 그녀 모습이 조금씩 내게 다가오는 것 같아. 하늘에 구름이 솜사탕이 아닐까? 어디 한 번 뛰어올라 볼까? … 오늘따라 이 길이 더 멀어 보이네. 그녀를 만나는 곳 100미터 전." 아내와 장거리 연애를 했기에 나는 이 기분을 잘 안다. 세상에는 아무리 멀리 있어도 가깝게 느껴지는 사이가 있다. 사랑하는 연인 사이에는 아예 비집고 들어갈 틈이 없을 정도로 밀착해 있다. 반면 가까이 있는 건 물론이거니와 꽤 떨어져 있어도 여전히 불편한 사이도 있다. 이러한 사람과 사람 사이의 거리를 과학적으로 연구한 학자가 있다.

바로 미국의 문화인류학자 에드워드 홀Edward T. Hall이다. 그는 인간관계에 따라 크게 네 가지 유형의 거리가 존재한다고 주장한다. 첫 번째는 친밀한 거리intimate distance로 가족이나 연인 사이의 거리처럼 가장 가까운 거리를 나타낸다. 홀에 따르면, 이 거리는 46센티미터 이내라고 한다. 두 번째는 개인적 거리personal distance로 친구나 지인 등 가까운 사이, 내가 틈을 내어준 사람과의 사이를 나타내며, 46~120센티미터 이내가 여기에 해당한다. 세 번째는 사회적 거리social distance로 일반적으로 사회생활을 할 때 사람들이 일상적으로 유지하는 거리에 해당하며 보통 120~360센티미터 이내가 된다. 마지막으로는 공적인 거리public distance인데, 처음 만난 사람과의 거리, 연설이나 강연, 무대공연 등이 이뤄지는 거리를 지칭하며 360센티미터 이상을 말한다. 이처럼 홀은 자신의 저서 『숨겨진 차원』에서 동물이 특정 영역 표시를 통해 다른 동물로부터 자신의 공간을 확보하려는 것처럼 사람도 일정한 관계에 맞춰 자신의 영토권을 갖는다고 주장한다. 홀은 이러한 주장을 개념화하여 프록시믹스proxemics 우리말로 번역하면 '근접공간학'이라는 영역을 개척했고, 오늘날 사회학이나 마케팅에서 두루 활용된다.[1]

친밀한 거리는 타인에 대한 자신의 신체적, 정서적 경계를 명확히 하는 거리로 아무리 친한 사이라 해도 함부로 침범해서는 안 된다. 이 공간은 외부의 침입으로부터 자기를 방어하기 위한 최소한의 사적 공간이기 때문에 누군가 허락 없이 침범했을 때 본능적인 거부감이나 공포를 느낄 수 있다. 반면 이 공간에 누군가를 들였다는 건 그를 자신과 동일시하고 있음을 뜻한다. 그 대상에게서 아무런 위험을 발견하지 못했고, 자신에게 어떠한 위해를 가할 의도가 없다고 판단된 셈이다. 반면 개인적 거리는 일반 성인이 양팔을 벌려 크게 원을 그렸을 때 만들어지는 거리로 격식과 비격식의 경계를 나타낸다. 친밀감의 경계라고 할 수 있기에 이 영역 안으로 들어오는 이들은 개인적으로 친근함을 주는 대상이다. 사회적 거리는 공적 업무에 할당된 공간으로 공적 지위와 위계를 드러낸다. 마지막으로 공적인 거리는 가장 형식적이고 격식을 갖춘 공간이라고 할 수 있다.

옥시토신으로 관계의 거리를 줄여라

에드워드 홀의 프록시믹스와 관련하여 뇌과학이 말하고 있는 바는 무엇일까? 앞서 46센티미터 이내의 거리는 친밀한 거리로 가까운 가족이나 연인에게만 허락된 영역이다. 하지만 편도체가 손상된 사람은 낯선 사람이 34센티미터 안으로 들어와도 전혀 불편함을 느끼지 않는다고 한다. 친근감과 원근감을 편도체가 잘못 인식하고 있기 때문이다. 반면 편도체가 정상인 사람은 있던 상대방이 자신에게 가까이 다가오면 자동으로 민감하게 활성화되기 시작하고, 46센티미터 이내로 들어오면 대번 불편함을 느낀다는 연구 결과가 있다. 앞서 말한 바와 같이 편도체는 일종의 감정센터다. 단기기억을 담당하는 해마 옆에 위치하여 우리가 만나는 사람이나 이전에 경험했던 사건에 감정과 의미를 불어 넣는 역할을 한다. 이렇게 의미가 부여된 기억은 나중에라도 꺼내볼 수 있도록 해마에 저장한다. 그래서일까? 편도체는 사회성과 매우 깊은 관계를 맺는다. 주변에 유독 지나치게 많은 친구를 둔 마당발이나 관계가 쓸데없이 복잡한 사람이 있다면 보나마나 그의 편도체는 평균 이상의 크기를 자랑할 것이다.[2]

자, 이 정도로 가까운 거리는 사실 연인이나 부부 관계 혹은 부모-자식 간의 관계라면 전혀 적용되지 않을 것이다. 사랑하는 사람과 더 오래 있고 싶고, 더 가까이 있고 싶은 건 당연한 게 아닐까? 그런데 내 경험을 비추어 보면, 가족을 제외한 이성이 가까이 다가오면 그냥 부담스럽다. 그냥 좀 더 멀리서 이야기하면 좋겠다는 생각이 든다. 그런데 이런 사회적 거리와 관련하여 독일 본대학에서 진행된 매우 흥미로운 연구가 있다. 27명의 미혼남과 30명의 기혼남이 참여한 실험으로 묘령의 젊은 여성이 남성들에게 다가갈 때 여성이 얼마나 가까워지면 불편감을 느끼는지 알아보는 연구였다. 한 그룹은 옥시토신을, 또 다른 그룹은 위약을 흡입하고 실험을 진행하였다. 실험 결과, 옥시토신을 흡입한 남성들은 위약을 흡입한 기혼남들과 비교해서 대략 15센티미터 정도 여성과 더 떨어져 있을 때 안정감을 느꼈다. 그런데 흥미로운 것은 이러한 효과는 결혼한 남성에게서만 나타났고, 미혼남들은 여성이 가까이 오면 올수록 불편한 감정은커녕 설레는 감정에 사로잡혔다. 연구자들은 옥시토신이 결혼한 부부가 일부일처제를 건강하게 유지하게 해주는 데 매우 중요한 역할을 한다고 결론지었다. 이제 알겠는가? 영역 표시가 왜 외도와 관계가 있는지 말이다.[3]

이 연구는 옥시토신을 '도덕성 호르몬'이라 부르는 원인을 제공하였다.

옥시토신 부부생활

부부 사이가 나빠서 스킨십이 줄어드는 걸까? 아니면 스킨십이 줄어들어서 부부 사이가 나빠지는 걸까? 둘 다. 부부간 스킨십은 옥시토신 분비를 활성화한다. 체내 옥시토신 수치가 높아지면, 더욱 다정해지고 관대해지고 서로를 더 사랑스럽게 대한다. 이상적인 옥시토신 부부생활은 어떻게 만들어 갈 수 있을까?

할 수만 있다면 부부 사이 스킨십을 높일 수 있는 활동을 함께 시작하는 게 좋다. 예를 들어, 댄스 스포츠를 부부가 함께 배울 경우, 부부간 스킨십이 늘어나고 함께 공유할 수 있는 스토리가 늘어나 부부 관계가 좋아진다. 함께하는 등산이나 테니스, 배드민턴, 골프 같은 스포츠 활동 역시 부부 사이를 더욱 돈독하게 하며, 맛집 탐방과 영화관람 같은 활동 역시 함께하는 스포츠만큼은 아니더라도 부부의 옥시토신 분비를 높인다.

부부간 스킨십이 이미 상당 기간 없어 서먹서먹한 사이라면, 반려견 입양 역시 새로운 돌파구가 될 수도 있다. 반려견과의 산책, 반려견과의 눈맞춤과 스킨십 역시 옥시토신을 올려주니 말이다. 마지막으로 부부 옥시토신 올리기 필살기 중 하나는 매일 서로에게 정기적으로 '감사'의 이유를 찾아 감사를 표현하는 것이다. 물론 이런 감사 표시와 함께 찐한 허그를 하면 더욱 좋다. 처음에는 서먹하고 부자연스럽다가도 하다 보면 자연스러워지고 옥시토신이 충만해져 어느새 부부 관계가 개선된 것을 느낄 수 있을 것이다.

문란한 산악들쥐에게 옥시토신이 제대로 작용했더니 갑자기 한 마리의 암컷에게 평생 충성하고 새끼를 함께 키우기 시작하는 등 옥시토신 수용체가 도덕성과 관련이 있다는 것을 고려할 때 옥시토신은 우리 인간의 도덕성을 높일 수도 있다는 생각을 해본다.[4] 세상에 이런 호르몬이 있다니! 혹시 남편이 먹는 국에 옥시토신이라도 넣어야 하나 생각할 수 있다. 그런데 굳이 그럴 필요 없다. 남편과의 스킨십, 함께하는 식사, 함께하는 운동 등이 옥시토신을 높이니 함께 즐겁게 옥시토신을 높일 만한 즐거운 활동을 하면 좋을 것 같다. 그중에서도 댄스 스포츠 혹은 커플 요가 등은 정말 부부와 커플들을 위한 최고의 운동이다. 함께 운동할 때 옥시토신 수치는 부부 모두에게서 올라가고, 더욱 서로를 사랑하고 배려하며, 또 서로에게만 충성하게 한다.

생활 속 옥시토신 올리기

댄스 스포츠, 등산이나 테니스, 배드민턴, 골프 같은 스포츠 활동으로 부부 사이 스킨십을 높여보세요.

5부

The
Oxytocin
Odyssey

보다 건강하게 만드는
옥시토신

몸이 아프면 모든 게 힘듭니다. 사람도 만나고 싶지 않고 일도 손에 잡히지 않죠. 그렇게 집에만 웅크리고 있으면 아픈 몸이 더 욱신욱신 쑤십니다. 외로우면 아픈 법이죠. 결국 사랑이 약입니다. 우리나라 사망원인의 1~5위는 암, 심장질환, 폐렴, 뇌혈관질환과 고의적 자해라고 합니다. 그리고 당뇨병, 치매, 간질환, 고혈압성질환 그리고 패혈증이 그 뒤를 잇습니다. 여기에 언급한 질환 중에서 옥시토신이 예방하거나 치료에 도움을 주지 않는 질환은 없습니다. 최근 의학계에선 체내 낮은 옥시토신 수준을 질환으로 봐야 한다는 관점이 나올 정도니까요. 그렇게 보면 사랑의 호르몬 옥시토신에서 만병통치약 옥시토신으로 별명이 바뀌어야 할 것 같습니다. 이제 우리 몸의 건강을 되찾아 주는 옥시토신에 대해서 한 번 살펴보도록 하겠습니다.

17장

심장을 뛰게 하는 옥시토신: 심혈관질환

최근 국내 심장내과 교수들이 주도적으로 시작한 혈관학회에서 「아시아의 맥박」이라는 학회를 개최했다. 나 역시 심장재활위원회 위원장이자 학회 좌장 및 패널로 본 행사에 참여했다. 이틀에 걸친 학회 참여와 논문 집필로 스트레스를 많이 받았는지 학회에 참가하는 동안 몸이 노곤했다. 마침 학회에 참가한 인바디 회사에서 새로운 혈압기가 나왔다고 해서 혈압이나 재볼까 자리에 앉아 혈압을 재기 시작했다. 갑자기 여기저기 교수들과 대학원생들까지 다 와서 혈압을 측정하는 모습을 보기 시작했다. 다들 운동 열심히 하는 전 교수의 혈압이 어떨까 궁금해하는 표정이었다. 갑자기 내 혈압이 모든 사람의 구경거리가 된 느낌이었다.

'아, 혈압이 높게 나오면 어떡하지? 그럼, 안 되는데.' 남들이 본다는 생각에 괜히 부담을 느꼈는지 난 평생 한 번도 받아보지 못한 혈압을 보았다. 헐, 뭐야? 141/100mmhg. 두둥! 완전 고혈압이었다. 뒤에 섰던 사람들은 웅성대기 시작했다. 난 얼굴이 빨개져서 기계가 좀 이상한 것 같다고 다시 재보자고 요청했다. 인바디 직원 역시 당황해하며 말까지 더듬었다. "저, 교수님. 혈압을 재는 커프가 교수님 팔뚝에 비해 작아서 그런 것 같아요. 너무 죄송합니다." 그렇게 다시 잰 내 혈압은 또 139/101mmhg이었다. '허걱, 이게 실화냐?' 곁에 있던 심장내과 교수들은 민망한지 하나둘씩 자리를 떴다. 난 이미 이성을 잃은 상태였다. 몸 관리 하나 제대로 못 하는 사람으로 낙인찍힌 것 같아 너무 창피하고 쪽팔렸다. 대체 무슨 일이 일어난 걸까?

A타입 행동과 B타입 행동

나는 도망치듯 학회장으로 다시 들어갔다. 쥐구멍이라도 있으면 들어가고 싶은 마음이었다. '아, 교수들이 나를 어떻게 생각할까? 내가 가르치는 제자들은 또 나를 뭐라고 생각할까?' 그렇게 마음을 추스르지 못하고 의자에 앉아 한동안 멍하게 있었다. 이미 학회 행사는 귀에 들어오지도 않았다. 그러다 갖가지 핑계가 스멀스멀 올라왔다. '그간 내가 몸을 너무 혹사했어.' '논문 쓰느라 며칠 밤잠을 설친 게 이런 황당한 상황을 낳았어.' 그래도 마음이 진정되지 않았다.

다음 날 학교에서 늘 측정하던 혈압기를 가지고 다시 측정을 해보았다. 그랬더니 111/71mmhg. 완전 정상 아닌가? 귀신이 곡할 노릇이었다. 내가 무언가에 단단히 홀린 기분이었다. 전날 현장에 있던 교수들과 제자들을 불러다 놓고 다시 내 혈압을 일러주고 싶은 마음이 굴뚝같았다. 어제는 왜 고혈압이고, 오늘은 정상일까? 정말 순간적인 스트레스라도 그렇게 혈압을 끌어올릴 수 있는 걸까?

당연하다. 스트레스는 혈압을 끌어올릴 뿐만 아니라 콜레스테롤 수치를 함께 올리기도 하고, 멀쩡한 사람에게 심근경색을 유발하여 돌연사를 가져오기도 한다. 이와 관련하여 유명한 심장내과 교수인 메이어 프리드먼Meyer Friedman의 이야기가 관심을 끌었다. 그는 A타입의 성격을 가진 사람이 심장질환에 걸릴 위험이 크다는 이론을 처음 제시한 학자다. 하루는 프리드먼 교수가 운영하는 병원 대기실에 놓여있는 소파가 닳아서 수선할 필요가 생겼다고 한다. 기술자가 와서 소파 수선을 마친 다음 프리드먼 교수를 만나 이렇게 물었다. "교수님, 환자들은 주로 어디가 안 좋아서 오는 건가요? 공교롭게 소파 앞부분만 다 닳아서요."

처음에 프리드먼은 기술자의 말에 별로 신경 쓰지 않았다고 한다. 그렇게 한참의 시간이 흐른 뒤 하루는 프리드먼 교수가 우연히 대기실에 놓인 소파를 보면서 당시 무시했던 기술자의 말이 퍼뜩 떠올랐다. "신기하죠? 대수롭지 않게 여겼던 말이 그날따라 귓가에 맴돌더군요." 그래서 그날부터 대기실 소파에 앉아 있는 환자들을 유심히 관찰하기 시작했다고 한다. 환자 중에 상당수가 소파에 편하게 기대어 자신의 차례를 기다리는 게 아니라 자신의 이름이 불리기만을 초초하게 기다리며 소파에 엉덩이를 걸치고 습관적으로 시계만 바라보고 있었다. 개중에 인내심이 부족한 환자는 간호사에게 자기 차례가 언제인지 재차 물어보는 것을 빠뜨리지 않았다.

이 광경을 직접 목격한 프리드먼 박사는 환자의 스트레스가 심장병과 관련 있는 게 아닐지 생각하기 시작했고, 불현듯 자신의 가설을 연구로 입증하고 싶어졌다. 그로부터 1년 뒤, 그는 회계사 40명을 대상으로 매우 흥미로운 실험을 진행했다. 세금 보고 때문에 모든 회계사가 가장 바쁜 3월에 혈중 콜레스테롤 수치가 올라갈 거라는 가설을 세우고 혈액을 채취하여 이를 입증하는 방식이었다. 아니나 다를까 혈액 샘플을 확인해 보니 3월에 회계사의 콜레스테롤 수치가 급격히 올라간 사실을 관찰했다. 이런 일련의 관찰과

옥시토신 이야기

실험을 통해 정신적 스트레스와 심장병과의 유병관계를 정리해『A타입 행동과 당신의 심장』이라는 책을 저술하기도 했다.[1]

그럼 A타입은 주로 어떤 성격의 사람일까? 이 유형의 사람은 일반적으로 경쟁적이고, 화를 잘 내며, 급하고, 공격적이며, 지배적인 모습을 보인다. 반면 B타입의 사람은 낙천적이고 느긋하고 잘 흥분하지 않는 성격이다. 이 책은 처음 출간된 직후 학계와 대중의 매우 상반된 반응을 끌어냈다. 대중은 이 책의 내용을 매우 흥미로워하며 크게 공감했지만, 학계, 특히 심장내과 의사와 전문가들의 반응은 매우 회의적이고 비판적이었다. 이후 수많은 관련 연구가 진행되면서 프리드먼의 가설이 오늘날은 거의 정설로 받아들여지고 있다.[1]

A타입 행동	B타입 행동
말을 빠르게 하고 느린 것을 참지 못하고 항상 한꺼번에 두 가지 이상의 일을 하려 하고 스스로 선입견에 빠져 있고 평소 삶을 즐길 시간을 갖지 못하고 생활이 늘 불만족스러우며 주변 사람의 행동을 여러 차원에서 평가하고 매사에 공격적이고 경쟁적이다.	차분하고 덜 서두르며 모든 일에 느긋하고 태평하며 자만하지 않고 매사에 덜 경쟁적이며 타인에게 쉽게 공감하는 편이고 쉽게 화를 내지 않고 스트레스와 불안 수준이 낮은 편이고 매사에 너그럽고 이해심이 많다.

A타입 행동과 B타입 행동의 차이

옥시토신이 답이다

나아가 옥시토신은 스트레스와 무슨 관계가 있을까? 일단 해부생리학적으로 보면, 스트레스 호르몬을 분비하기 위해 시상하부-뇌하수체-부신축이 활성화되어야 하는데 실제로 시상하부-뇌하수체는 옥시토신이 분비되기 위해서도 똑같이 활성화된다. 다만 뇌하수체에는 앞부분과 뒷부분이 있는데, 앞부분에서 갑상선 호르몬, 스트레스 호르몬, 성호르몬의 분비를 조절하고, 뒷부분에서는 옥시토신과 바소프레신을 분비한다. 그래서 실제로 스트레스 호르몬이 올라가면, 옥시토신 분비가 함께 올라가 스트레스 호르몬으로 인해 생기는 다양한 부작용에 옥시토신이 길항작용을 하게 된다. 그런데 스트레스 호르몬이 올라갈 때 옥시토신이 함께 올라가지 못하면 다양한 정신적 혹은 신체적 질환이 생길 수 있다. 앞에서 언급했듯이, 이는 PTSD 증상이 옥시토신을 흡입했을 때 감소하는 이유이기도 하다.[2]

실제 동물에게 스트레스를 유발하는 방법은 다양한데, 예를 들어, 두려움을 주거나 사회적으로 격리하거나 몸을 묶어 움직이지 못하게 하거나 심하게 흔들거나 수영을 못하는 동물에게 수영을 시키면 된다. 그런데 이때마다 체내에 옥시토신이 새롭게 생성된다. 스트레스가 옥시토신을 올린다는 것은 비단 동물에서만이 아니라 사람을 대상으로 한 연구에서도 규명됐다. 사람 앞에서 대중 연설을 시킨다거나, 모르는 배심원 앞에서 설명해야 한다거나, 인간관계에서 스트레스를 받게 할 때 옥시토신 수치가 빠르게 증가한다. 내 혈압이 난처한 상황에서 갑자기 올라간 것도 설명할 수 있다. 이렇게 체내에서 증가한 옥시토신은 스트레스 호르몬 분비를 줄일 뿐 아니라, 만병의 근원이라고 하는 만성 염증을 낮춰주고, 불안증세도 완화한다. 실제 옥시토신을 잘 만들지 못하는 동물은 이런 스트레스 상황을 극복하지 못하고 대신 코르티솔을 분비한다. 옥시토신은 GABA 수용체에 작용하여 코르티솔 분비를 줄이는데, 옥시토신이 제대로 작용하지 못하면 더 많은 코르티솔을 분비하게 된다. 이렇듯 옥시토신은 자칫 스트레스로 일어나는 코르티솔을 흡수하는 스펀지 같은 역할을 한다.[3]

연인끼리 더 자주 더 오래 안아주면 옥시토신이 더 많이 분비되고 혈압을 낮춘다는 연구, 허혈성심장을 유발한 쥐에게 옥시토신을 주면 심장 근육의 손상을 억제한다는 연구, 그리고 옥시토신이 신경을 자극하면 심부전증을 개선한다는 연구는 공통적으로 옥시토신이 스트레스로부터 심장을 보호하고 기능을 개선한다는 것을 입증하고 있다. 오늘날 스트레스를 받지 않는 사람, 혹은 스트레스가 전혀 없는 환경에서 생활하는 사람은 거의 없을 것이다. 다만 스트레스에 적절히 대처할 수 있는 전략이 있는 사람이 스트레스 상황을 잘 극복하고 더 성장하는 사람이 되지 않을까?[4]

몇 년 전 학교에서 행정 문제로 큰 어려움을 겪으면서 연일 스트레스로 건강 지표들이 나빠지는 경험을 한 적이 있다. 그때 받은 스트레스는 평생 겪었던 스트레스 중에서 가장 심한 게 아니었나 싶은 정도였다. 마침 우리 가족은 '구름이'라는 반려견을 입양하였다. 복슬복슬한 털을 뽐내며 나에게 다가와 폭 안기는 앙증맞은 푸들 구름이는 일상의 스트레스를 날려주었다. 늦은 밤 내 무릎에서 자는 구름이를 쓰다듬다 보면, 마음이 안정되고, 마치 구름이가 나의 스트레스를 가져가는 것 같았다. 아마도 구름이를 쓰다듬다 보니 옥시토신이 왕성하게 분비되어 하루 동안 방전된 내 몸과 마음의 건전지가 새롭게 충전되고 스트레스가 감소했던 것 같다.

옥시토신 노화 예방법

우리나라는 고령화 사회다. 이미 2000년을 넘기며 노령 인구가 증가했고, 유엔은 세계 인구 추계를 인용해 2050년 한국이 홍콩에 이어 세계에서 가장 고령화된 국가 2위에 오를 것이라고 예상했다. 우울한 예측이다. 늙은 것도 서러운데 아프면 더 비참한 게 노인들이다. 은퇴 후 사람을 만나지 않고 혼자 방콕하는 사람은 폭삭 늙는다. 정기적으로 친구와 모임을 갖고, 종교활동에도 적극적으로 참여하고, 나아가 새로운 모임을 만들어 사교를 이어가는 노인은 같이 늙어도 훨씬 건강하게 산다. 늙어도 건강하게 살 수 있는 노년층 옥시토신 라이프스타일에는 어떤 게 있을까?

무엇보다 사람들을 만날 구실을 만들어라. 여기저기 아프다면 더 열심히 돌아다녀야 한다. 동향, 동학, 동년배 모임을 개최하라. 온갖 구실을 만들고 행사를 빌려 사람을 만나는 게 선행해야 할 일이다. 새로운 모임을 만들기 어렵다면 사람을 만나러 배드민턴, 골프, 탁구, 테니스, 바둑, 장기, 등산 등을 하는 모임을 찾아다녀라. 영화감상이나 문학반, 문화교실, 서예반, 시낭송 모임 같은 고상한 모임도 좋다. 대낮부터 부어라 마셔라 곤드레만드레하는 모임만 아니라면 반주에 가벼운 약주 한잔하는 모임도 좋다.

음식에 신경을 써야 한다. 나이가 들면 단백질 섭취가 중요하지만, 장 건강을 위해 유산균과 채소 섭취도 늘려줘야 한다. 또한 다양한 봉사활동 역시 삶의 활력소가 될 것이다. 스스로 사회 약자라고 자부하지 말고 자기보다 더 낮은 곳을 봐야 한다. 봉사활동을 통해 다른 사람에게 친절을 베풀다 보면, 삶의 의미가 더해지고 옥시토신 분비가 폭주할 것이다. 옥시토신은 노인성질환과 치매를 예방하고, 매사에 까다롭지 않고 친절한 노인이 되게 한다.

18장
날씬하게 만드는 옥시토신: 비만 당뇨

1995년, 캐나다 앨버타대학에서 석사과정을 시작할 때만 해도 난 내가 훗날 비만 연구를 하게 될 줄은 꿈에도 상상하지 못했다. 내가 캐나다로 유학을 간 결정적인 이유 중 하나는 교환학생 시절 만났던 세계 장애인올림픽위원회 위원장 로버트 스태드워드Robert D. Steadward 박사의 지도하에 장애인 체육을 공부하기 위해서였다. 그때까지만 해도 장애인 체육 분야가 이렇게까지 다양한 줄은 미처 몰랐다. 장애인 체육 내에 운동생리학과 의학, 사회학, 심리학, 행정학, 심지어 마케팅까지 다양한 학문이 망라되어 있어 배우면 배울수록 그 깊이를 가늠할 수 없었다.

난 그중에서도 평소 제일 관심이 있던 운동생리학을 선택했고, 다양한 장애가 있는 분에게 운동을 처방하는 일까지 병행하며 본격적으로 대학원 공부를 시작했다. 특히 내가 맡은 일은 근육이 마비된 장애인들의 근육에 전기 자극을 주어 수축과 이완을 통해 자전거나 걷기, 노젓기(로잉) 운동을 하게 만드는 것이었다. 그러던 어느 날, 내가 개인적으로 운동을 시키는 환자들이 다들 배가 많이 나와 있다는 사실을 깨닫게 되었다. '배가 나오면 당뇨병 위험이 올라가지 않을까?'라는 걱정에 척수손상 장애인과 당뇨병을 키워드로 논문을 검색해 보았다. 아니나 다를까 척수손상 장애인은 비장애인과 비교해 당뇨병 위험이 3배에서 5배 이상 높았다. 그런데 운동 관련 논문이 단 한 편도 없는 게 아닌가. 그때부터 나는 운동이 인슐린 저항성을 낮추어 당뇨병의 위험을 획기적으로 낮출 수 있다는 점에 착안하여 당뇨병 연구를 시작했다.[1]

당뇨병에서 비만까지

이후 난 운동이 척수손상 장애인의 인슐린 저항성과 혈당조절 능력을 개선한다는 연구논문을 발표했다. 이어서 '왜 척수손상 장애인은 당뇨병이 많이 걸리는 걸까?'라는 질문으로 시작해서 그 답을 '렙틴leptin'이라는 호르몬에서 찾았다. 내가 박사과정을 시작한 해가 1998년이었는데, 1994년 처음 렙틴이 발견될 때만 해도 렙틴이 비만을 어떻게 조절하는지 그 기전이 명확하게 밝혀지지 않은 상황이었다. 척수손상 장애인이 정상인보다 더 뚱뚱하고 당뇨병이 많이 걸리는 이유에 대해 궁금했던 나는 렙틴의 관점에서 집중적인 연구를 수행했다. 그리고 사람을 대상으로 렙틴이 자율신경계, 특히 교감신경을 통해 기초대사량을 조절하고, 금식과 운동이 렙틴 수치에 영향을 준다는 연구 결과를 최초로 발표할 수 있었다. 이어서 렙틴에 대한 심화 연구를 위해 미 하버드대학교 부설 당뇨병센터에서 뇌에 관한 연구를 이어갔다. 특히 그곳에서 테리 매러토스-플라이어Terry Maratos-Flier 박사와 함께 식이중추로 알려진 시상하부를 집중적으로 연구했다.[2]

사실 시상하부와 뇌하수체 전엽을 통해 스트레스 호르몬인 코르티솔과 여성호르몬인 에스트로겐, 남성호르몬인 테스토스테론, 성장호르몬, 갑상선 호르몬 등이 분비된다. 그리고 후엽에서는 옥시토신과 바소프레신이 분비된다. 해부학적으로 시상하부에서 만들어지는 옥시토신은 식이장애와 매우 관련이 높을 것으로 생각한다. 실제 시상하부 내 복내측핵을 전기로 자극하면 식욕이 감소하는데, 이 부위에는 옥시토신 수용체가 많이 분포되어 있어 옥시토신이 식욕을 억제한다는 추론을 가능하게 한다. 또한 우리가 음식을 섭취할 때, 시상하부 뇌하수체 전엽에 위치한 옥시토신 뉴런이 자극되어 옥시토신 분비를 촉진하며 식욕을 줄인다. 다른 말로 하면, 배가 부르면 옥시토신이 올라간다는 말인데, 이는 왜 사람들이 밥을 먹은 뒤에 더 관대해지는지 설명해 준다.[3]

　깨달은 바가 있어 이후로 나는 내 수업에서 조모임을 절대로 배고플 때 하지 말라고 한다. 도넛이든 쿠키든 갖다 놓으라고 한다. 배고프고 혈당이 떨어지면 스트레스 호르몬이 올라가기 때문이다. 식사가 옥시토신 수치를 올린다고 하니 왜 업계에서 중요한 비즈니스 미팅을 꼭 밥을 먹으면서 진행하는지 이해되었다. 실제 콜롬비아 대학에서 2011년 1,112건의 판결과 식사 시간 사이의 관계를 분석한 결과, 판사는 배고플 때 피고에게 훨씬 더 많은 형량을 주고, 밥을 먹고 나서는 훨씬 관대한 형량을 준다는 사실을 발표했다. 판사는 밥을 먹고 세상 너그러운 사람이 되어 재판석에 앉았던 것이다. 연인들이여, 상대가 사사건건 괜히 날카롭고 짜증을 낸다면 '손잡고' 아무 말 없이 맛집으로 연인을 데리고 가, "자기야, 무슨 힘든 일 있어?"라고 '눈을 맞추며' 물어보자. 지옥에서 천국으로 바뀐 데이트를 즐길 수 있을지도 모르니까.[4]

다이어트의 판도를 바꾼 옥시토신

많은 연구들은 외로우면 더 배고프고 외로운 사람이 동일한 조건의 실험에 임했을 때 비교군에 비해서 더 많이 먹는다는 결과를 내놓았다. 이에 그랄린Ghrelin이라는 식욕 촉진 호르몬이 관여한다는 연구 결과도 있었는데, 이 연구를 주도했던 이들은 먹는다는 것 자체가 일종의 사회 활동이기 때문에 외로움을 느낀 사람이 그랄린 분비를 올리고 식욕을 촉진하는 것으로 이해했다. 그런데 최근의 연구 성과를 통해 보았을 때, 이러한 변화 역시 체내 옥시토신이 관여하는 것으로 이해해야 한다. 이와 관련하여 보스턴 매사추세츠 제네럴병원에서 수행한 연구에 의하면, 25명의 건강한 성인 남성에게 옥시토신을 흡입하게 하고 아침을 충분하게 제공했더니 위약 집단과 비교해 122킬로칼로리를 더 적게 먹었으며, 특히 지방 섭취를 줄인 것으로 나타났다. 더 나아가 그랄린의 분비를 낮추었을 뿐 아니라 인슐린 저항성도 함께 낮추었다.[5]

또한 독일에서 수행된 또 다른 연구에 의하면, 옥시토신은 초콜릿 쿠키 섭취를 25퍼센트 낮추었다는 보고도 있다. 그리고 정형화된 식사를 하게 했을 때 스트레스 호르몬과 혈당 그리고 렙틴 수치를 낮추어 당뇨병을 개선하는 효과까지 보였다고 한다. 이 연구 결과는 당뇨병 분야 세계 최고의 학술지로 꼽히는 「당뇨병」에 2013년 게재되었으며, 최근 여러 학자가 비만치료제로써 옥시토신이 활용될 가능성까지 언급하고 있다. 결국 외로울수록 옥시토신 수치가 낮아지고 스트레스 호르몬은 올라가는데, 스트레스 호르몬은 인슐린 저항성을 유발하여 우리 몸에서 혈당을 올릴 뿐 아니라 근육을 분해해 간에서 새롭게 당을 생성하게 하고, 낮아진 옥시토신은 그랄린 분비를 촉진하여 자꾸 먹게 만든다는 것이다. 이거야말로 지옥의 트라이앵글 아닌가? 결국 옥시토신을 높이는 라이프스타일이 해답이다. 괜히 한 번에 수십만 원 넘는 다이어트 프로그램 쫓아다닐 필요 없다. 날씬하고 싶은가? 그러면 몸에서 옥시토신을 올려라!⁶

생활 속 옥시토신 올리기

중요한 회의는 꼭 식사 후에 하거나, 간단한 다과를 준비하세요. 배고플 때 하면 곤란해요.

옥시토신과 요붕증

마약 중에 '엑스터시'라는 물질이 있다. 엑스터시의 특징 중 하나는 일단 해당 마약에 취한 사람이 주변 사람과 엄청난 친밀감과 소속감을 느끼게 한다는 것이다. 바로 이는 체내 옥시토신 수치를 급격히 올리는 것이다. 옥시토신을 분비하는 곳은 뇌하수체 후엽인데 이곳에서 분비되는 바소프레신이라는 호르몬이 있다. 그 호르몬 이름에는 항이뇨호르몬이라는 뜻이 있다. 바소프레신 분비에 이상이 생기면 소변으로 배출될 수분을 다시 흡수하는 기능이 떨어져 소변량이 많아지는데, 이를 '요붕증'이라고 부른다. 영어로 요붕증을 'diabetes insipidus'라고 한다. 소변의 양이 많은 것은 혈당조절이 안 될 때 우리가 흔히 당뇨병(diabetes mellitus)이라고 부르는 것과 흡사하지만, 작용 기전은 전혀 다르다.

그런데 요붕증 환자와 정상인에게 'MDMA 엑스터시'라는 마약을 투여했더니 정상인에게서는 옥시토신이 매우 유의미하게 증가하였지만, 요붕증 환자에게서는 그다지 증가하지 않았다. 따라서 최근 PTSD 환자에게는 상담과 함께 MDMA 엑스터시를 치료 목적으로 제공하는 것에 대해 합법화하는 논의가 일고 있다. 물론 MDMA 엑스터시가 치료 목적이라도 합법화하는 것에 대해 반대 의견도 만만치 않게 대두되고 있다. 여러분들의 생각은 어떠한가? 개인적으로는 천연 옥시토신 생성을 돕는 옥시토신 라이프스타일을 몸에 익히는 게 부작용도 없고 확실한 해결책이 아닐까?

19장

염증성 장질환을 치유하는 옥시토신

⌣

혹시 이 책을 읽는 독자 중에 장 트러블 때문에 고생하는 분이 있을지 모르겠다. 갑작스러운 복통과 설사, 시도 때도 없이 꾸르륵거리는 장 때문에 마음 놓고 외출이 힘든 현대인이 적지 않다. 장거리 시외버스를 탔다가 장에 신호가 와서 스르르 풀리는 괄약근을 두 손으로 움켜쥐고 이마에 식은땀을 닦으며 휴게소에 도착하기만을 애처롭게 기다렸던 경험이 다들 한 번씩은 있을 것이다. 크론병으로 불리는 염증성 장질환inflammatory bowel disease은 전 세계 500만 명 이상이 고통받는 희귀난치성질환이다. 최근 우리나라에서도 급격하게 증가하는 추세다. 건강보험심사평가원 자료에 의하면, 지난 10년간 궤양성대장염 환자가 16,136명에서 37,439명으로, 크론병 환자는 7,700명에서 18,463명으로 급격하게 늘었다. 이로 인한 의료 비용은 5배 이상 늘었고 이에 대한 사회 비용도 덩달아 증가했다. 염증성 장질환은 일단 발병하면, 복통과 설사, 구토, 체중 감소 등이 나타나고, 증상이 심할 때는 정상적인 생활이 어려울 정도로 삶의 질이 떨어진다.

사촌이 땅을 사면 배가 아프다?

'사촌이 땅을 사면 배가 아프다.'라는 속담은 한편으로 매우 과학적 근거가 있다. 먼저 사촌이 성공하면 자기 모습이 초라해 보이며 스트레스를 팍팍 받는다. 이렇게 나보다 못한 사람과 자신을 비교하는 걸 두고 하향비교 downward comparison라고 한다. 그런데 하향비교보다는 나보다 잘난 남과 비교하는 상향비교upward comparison가 정서적 건강에 치명적인 영향을 미친다는 보고는 이미 여러 저널을 통해 제시되었다. 비교하는 인간, 호모 콤파라티부스homo comparativus가 갖는 숙명이다. 어디 그뿐인가? 배우자로부터 은근한 압박이 들어오면서 스트레스 수치는 더 올라간다. 이렇게 스트레스가 증가하면 체내 코르티솔 분비가 높아지고, 코르티솔은 장에 있는 글리아glia 세포가 염증물질을 분비하게 만든다. 그러면 장세포가 제대로 성장하지 못하게 되면서 장 기능이 현저히 저해된다. 이게 사촌이 땅을 사면 배가 아픈 사이클이다.[1]

그런데 요즘 젊은 층 가운데 늘고 있는 유사하지만 다른 질환이 있는데, 그것이 바로 과민성대장증후군irritable bowel syndrome이다. 두 질환은 다른 질환이지만 증상이 비슷해서 과민성대장증후군 환자는 자신이 염증성 장질환을 앓고 있다고 두려워하는 경우가 많다. 이 두 질환은 원인은 다르지만, 스트레스와 좋지 않은 생활 습관이 증상을 악화시킨다는 점에서는 동일하다. 염증성 장질환과 과민성대장증후군을 갖고 있지 않은 사람도 예민한 사람은 긴장하거나 스트레스를 받으면 대번 설사하거나 변비가 오는 경우도 있다.

그런데 실제 염증성 장질환이 있는 경우, 실직하거나 이혼 혹은 가까운

옥시토신 이야기

사람의 죽음을 경험한 사람은 급격히 상태가 나빠지기도 한다. 최근에는 과학계 최고의 학술지 「셀」에 펜실베이니아대학 연구팀이 어떻게 스트레스가 시상하부와 뇌하수체 그리고 부신을 통해 분비되는 코르티솔이 장 기능을 저해하는지 그 기전을 규명했다. 복잡한 설명은 생략하고 간단하게 그 기전을 소개하면, 코르티솔은 직접 장에 있는 뉴런과 뉴런 사이를 연결해 주는 글리아 세포를 자극해 염증물질을 분비하게 한다. 또한 코르티솔은 아직 성장하지 못한 장세포의 발달을 저해하여 장이 제대로 활동하지 못하게 한다. 이런 연구 결과는 과학자들을 매우 당혹하게 했다. 왜냐하면 코르티솔이 단기 면역력을 높이기 때문에 그간 염증성 장질환 환자에게 코르티솔 계열의 약물(글루코콜디코이드)을 처방했기 때문이다. 하지만 이러한 코르티솔 계열의 약물을 장기간 복용할 경우, 체중 증가와 감정기복, 불안장애, 불면증 등을 유발할 수 있으며, 장 문제를 더욱 악화하고 면역 기능을 떨어뜨릴 수 있다.[2]

옥시토신은 답을 알고 있다

그러나 너무 걱정할 필요 없다. 옥시토신은 답을 알고 있기 때문이다. 어렸을 때 배가 아프면 엄마가 "엄마 손은 약손"이라며 배를 쓰다듬어 주셨던 기억이 있다. 엄마가 배를 만져주면 아픈 게 감쪽같이 사라졌다. 약도 먹지 않았는데 엄마한테 배만 맡기면 엄마표 약손은 효과를 보장했다. 체내 옥시토신의 수치를 높이는 가장 좋은 방법의 하나가 바로 마사지다. 신뢰하는 엄마나 배우자에게 받는 마사지는 코르티솔을 낮추고 체내 옥시토신 분비를 왕성하게 한다. 또한 통증역치를 올려 실제 체감 통증을 낮춘다. 옥시토신이 산모가 출산 과정에서 경험하는 극한의 고통을 견디게 해주는 묘약이라는 점을 생각해 보면 복부 마사지가 통증 정도를 낮추는 건 당연한 이치라고 할 수 있다.

이는 염증성 장질환의 사례에서도 입증되었다. 프랑스의 델보 교수 연구팀은 염증성 장질환 환자를 대상으로 옥시토신을 흡입하게 한 후 통증역치를 조사한 결과 옥시토신이 통증역치를 높여 통증과 불편감 정도를 눈에 띄게 낮춘다는 사실을 규명했다. 이뿐 아니다. 콜럼비아대학교 정신과 연구팀은 쥐를 대상으로 옥시토신이 장 기능과 염증 지표 및 장 누수에 미치는 영향을 조사했다. 그 결과 옥시토신은 장 세포의 성장과 생존을 도울 뿐만 아니라 염증을 억제하여 장 기능을 획기적으로 회복시킨다는 사실을 규명했다. 사실 옥시토신 수용체가 장에 상당수 존재하기 때문에 옥시토신이 장 기능과 연관성이 있을 것으로 생각은 했지만, 이처럼 연구를 통해 명확한 사실로 규명된 것은 이번이 처음이다. 최근에는 다양한 연구가 옥시토신이 스트레스와 연관이 있는 다양한 질환 중 특히 장 건강에 매우 도움을 준다는 것을 지속적으로 규명하고 있다.[3]

그렇다면 우리나라에서 염증성 장질환과 과민성대사증후군이 20~30대에서 급격히 증가한 이유가 학업과 취업 경쟁에서 오는 스트레스, 그리고 직장 내에서의 스트레스 때문은 아닐까? 물론 점점 채소 섭취가 줄어들고 인스턴트식품 위주로 바뀌는 식습관들이 원인이 될 수도 있겠지만, 예전과 다르게 1인 가구가 늘어나면서 옥시토신을 높일 수 있는 긍정적인 라이프스타일이 없는 고립된 삶을 살기 때문은 아닐까? 염증성 장질환이 있을수록 일상의 스트레스를 줄이고, 다른 사람을 더 많이 만나며, 함께 만나 운동하고, 혼밥보다는 함께 먹는 라이프스타일로 바꾸는 게 바람직한 라이프스타일이다.

20장
암의 치유를 돕는 옥시토신: 항암 효과

2013년 붉은 철쭉이 수줍게 꽃봉오리를 내밀던 어느 날, 연구실 전화기가 울렸다. 연세대 사회학과 염유식 교수의 전화였다. 염 교수는 이번에 학내 학과 교수들이 모여 융합연구팀을 구성하고 있는데 나도 함께 참여하면 좋겠다고 했다. "저도 끼워주시는 겁니까? 당연히 해야죠." 흔쾌히 제안받아 그날로 융합연구팀의 일원이 되었다. 팀에 참여한 교수의 면면을 보면, 사회학과 염유식 교수와 언론홍보영상학과 김용찬 교수, 내분비의학과 이유미 교수, 예방의학과 김현창 교수, 정신과 이온 교수, 그리고 나까지 총 여섯 명이었다. 이렇게 여섯 명의 교수가 동시에 하나의 강좌를 가르치고, 여러 학과 대학원생이 프로젝트 구성 및 논문 작성까지 연결하는 진정한 의미의 '융합' 수업이었다.

이런 시도는 모르긴 몰라도 아마 국내에서는 처음이 아닐까 한다. 물론 여러 교수가 모듈에 따라 강의를 진행하고, 한 명의 교수가 중간에서 코디

네이터 역할을 하는 수업은 이전에도 많았지만, 교수 여섯 명이 함께 자신의 수업으로 등재하고, 강의와 연구 및 평가까지 직접 참여하는 경우는 한 번도 없었다. 이러한 새로운 시도에 동참하게 되어 개인적으로 뿌듯했다. 이 수업의 취지는 더 마음에 들었다. 친구나 배우자 유무, 생활 습관 같은 사회 환경적 요인들이 개인 건강에 어떤 영향을 미치는지 확인하는 것으로 대학생들의 캠퍼스 생활을 정량적으로 평가한다는 의미가 있었다. 서로 다른 전문 영역의 교수들과 함께 연구를 디자인하고 동료 강사의 강의를 들으며 큰 도전을 받았다.

친구가 많으면 병도 피해 간다

더불어 나눌 때 지혜는 자란다. 사회적 자본social capital이란 1990년대 학계에서 본격적으로 사용되기 시작했다. 이 개념은 산업화와 도시화가 사회적 관계를 돌이킬 수 없는 방식으로 변화시킨다는 것에 대한 경각심으로 이론가들이 문제를 제기하면서부터 대두되었다. 사회적 자본은 공동체 내에서 지속적인 네트워크 또는 상호 교류를 통해 생성된 인간관계, 즉 학연이나 지연 등을 의미한다. 이는 부동산이나 재산, 현금 등의 물질적 자본이 아닌 사회적 단위를 이루는 개인의 친목과 호의, 유대감, 소속감, 상호 공감 등을 통해 얻어지는 무형의 자본이라 할 수 있다. 사회적 자본의 중요성에 주의하여 1970년대 이후 사회과학을 중심으로 사회의 협력과 거래를 촉진하는 신뢰와 규범, 인식, 네트워크 등으로 개념화되어 왔다. 최근에는 이러한 사회적 자본이 한 개인의 정신적, 육체적 건강에도 적잖은 영향을 미친다고 보고 의학계에서도 연구되고 있다.

옥시토신 이야기

그런데 실제 유방암 환자 중에 미혼이거나 이혼 혹은 사별한 환자는 유부녀 환자보다 완치율도 낮고, 재발 위험도 크며, 사망률은 반대로 높다는 것이다. 힘들 때 주변에 연락할 사람이 하나도 없는 환자가 가까운 곳에 친구가 있고 빈번히 만날 수 있는 환자와 비교해 사망 위험이 크다는 사실은 어찌 보면 당연한 이야기일 수 있지만 당시 나는 큰 충격을 받았다. 주변에 가까운 친구가 많으면 병도 피해 간다는 동화 같은 이야기는 당시 내 호기심을 자극하기에 충분했다. '매우 재미있는 연구 주제구나! 그런데 정말 그럴까? 왜 그럴까?' 이런 호기심은 헬스 커뮤니케이션과 건강 리터러시를 강의한 김용찬 교수와 사회 환경적 요인이 발병과 치료 및 예후에 어떤 영향을 미치는지 강의한 김현창 교수의 수업을 통해 어느 정도 해답을 찾을 수 있었으나, 정확한 생물학적 기전은 이해되지 않았다.[1]

옥시토신의 선전포고: 암, 비켜

그런데 옥시토신에 대해 알게 되면서 모든 의문이 풀렸다. 논문을 보니 옥시토신이 암 발병과 재발에 영향을 줄 뿐 아니라 암을 극복한 생존자의 다양한 증상에까지 커다란 영향을 미친다는 사실을 발견하게 되었다. 최근 한 연구에서 일부일처로 생활하는 생쥐에게 암세포를 주입한 다음 서로 떨어뜨려 놓았더니 암의 발병이 신속하고 암세포 역시 빨리 자라는 것을 확인했다. 이런 원인을 일컬어 옥시토신 전문가인 래리 영과 포드 교수는 '옥시토신 효과'라고 설명했다.[2]

그럼 과연 옥시토신은 직접 암세포가 자라지 못하게 하는 항암 효과가 있을까? 1994년 카소니Cassoni 교수 연구팀은 유방암 세포를 배양하며 세포 안에 옥시토신을 주입해 봤더니 암세포의 수가 줄어들 뿐 아니라 분화도 억제된다는 사실을 규명했다. 이어서 1997년에는 그 기전에 고리형아데노신일인산과 단백질키나제A가 관여한다는 것도 밝혀냈다. 그러면 세포 말고 실제 동물에 옥시토신을 넣어주면 유방암 세포가 줄어들까? 과학자들은 유방암을 유발한 쥐에게 옥시토신을 주입했더니 유방암 세포의 크기가 줄어드는 것을 확인했다. 이런 옥시토신 관련 항암 효과 연구는 이후 동물을 대상으로 여러 차례 규명되었다.[3]

물론 이런 연구를 사람을 대상으로 진행하는 건 쉬운 일이 아니다. 다만 어느 정도 예상할 수 있는 시나리오는 옥시토신이 가장 많이 분비되는 출산과 모유 수유 상황을 가정하면 모유 수유를 경험한 여성에게 유방암 발병률이 비교군에 비해 현저히 낮을 수 있다는 것을 충분히 이해할 수 있다는 점이다. 아니나 다를까 1994년 세계적인 의학 학술지 한 곳에서 발표된 연구에 따르면, 모유 수유가 산모의 유방암 발병 위험을 줄이며, 수유 기간이 길수록 해당 위험률이 낮아졌다고 한다. 그뿐만 아니라 2002년에는 총 30개국 약 5만 명의 여성을 대상으로 조사 발표한 연구를 통해서도 이와 동일한 결과가 확인되었다. 그런데 더 최근 연구를 살펴보면, 모유 수유는 산모의 유방암 발병뿐만 아니라 수유와 직접적으로 상관없는 부위인 식도와 위장, 췌장 등에 생기는 암도 그 발병률을 줄여준다는 것이다. 그 이후 옥시토신이 유방암과 식도암, 췌장암뿐 아니라 대장암, 난소암의 발생과 성장 및 재발에도 영향을 준다는 다양한 연구 결과가 나왔다.[4]

아직 학술지 논문으로 발표하지는 않았지만, 나는 직장암 환자 중에 배변 기능에 문제가 있는 이들을 대상으로 세브란스 대장암센터와 공동으로 지난 7년 동안 규칙적인 운동이 배변 기능에 미치는 긍정적인 효과를 규명하는 연구를 진행 중이다. 배변 기능에 문제가 있는 결장암과 직장암 환자 모두 운동을 시작하고 약 6주 정도 지나자 대부분 배변 기능이 개선되고 심지어 습관성 변비가 없어지는 경우도 적잖이 관찰되었다. 이런 변화는 운동하지 않은 집단과 비교해서 매우 유의한 차이를 보였다. 심지어 하루 30번 화장실에 가던 환자, 자다가 변이 새어 나와 침대에서 기저귀를 반드시 차야만 하던 환자, 하루 종일 화장실에서 힘을 주느라 눈에 실핏줄이 터지던 환자, 복부 팽만과 가스 배출로 고생하던 환자들 모두 운동을 시작하면서 획기적으로 문제가 개선되는 걸 확인할 수 있었다.

생활 속 옥시토신 올리기　｜　지인의 병문안을 가서 위로나 격려의 말이 떠오르지 않는다면 그저 환자의 손이라도 잡아주고, 발이라도 주물러주는 건 어떨까요?

21장
자폐 잡는 옥시토신: 자폐 치료제

$$\smile$$

일찍이 아리스토텔레스는 인간이 사회적(정치적) 동물이라고 말했다. 인간이 사회적 동물이라는 말은 한편으로 공감이 가면서도 왠지 조금 께름칙한 말이다. 인간은 혼자가 아니라 함께 살아가야 한다는 부분은 십분 공감하지만, 아마 '동물'이라는 단어가 살짝 불편한가 보다. 『행복의 기원』에서 서은국 교수는 행복이 인생의 목표가 아니라 생존을 위한 도구라고 말한다. 결국 행복한 사람이 불행한 사람보다 험난한 세상을 살아가며 생존할 가능성이 더 높다는 이야기다. 이때 서 교수는 인간을 100% 동물이라고 이야기하며, 행복을 아리스토텔레스의 형이상학적 관념론과 찰스 다윈의 진화론으로 대조시킨다. 그의 이런 접근은 '아리스토텔레스냐, 다윈이냐?'는 논쟁에 불을 붙이기도 했지만, 결국 그는 사람들과 자신의 감정이나 생각을 나누며 상호관계를 맺는 것, 그리고 다른 사람들과 의미 있는 관계를 유지하는 것이 행복을 위해 중요하다고 이야기한다.

눈으로 감정 읽기 테스트

감정은 우리 인간의 정신세계 속에서 매우 중요한 요소다. 인간은 이성적이고 합리적인 존재이기에 앞서 감정의 동물이다. 자신과 상대의 감정을 읽지 못하면 감정문맹에 빠진다. 미국의 심리치료사 클라우드 슈타이너 Claude Steiner는 일찍이 글을 읽고 쓰는 것처럼 인간에게 상대의 감정을 읽을 수 있는 소위 감정문해력emotional literacy이 존재한다고 말했다. 감정문해력은 자신의 감정을 이해하는 능력뿐 아니라 타인의 감정에 공감하고 이를 생산적인 감정으로 표현할 줄 아는 능력이다. 감정문해력을 갖춘 성인은 자기 감정을 남에게 강요하거나 용납되지 않을 때 떼를 쓰거나 상대에게 감정의 위로만 요구하고 소통은 거부하는 늪에 빠지지 않는다. 개인의 내적 힘을 향상하고 삶의 질을 높이는 방식으로 감정을 다룰 수 있다. 나아가 관계를 개선하고, 갈등을 조정하며, 관계에서 애정의 가능성을 만들고, 공동체의 소속감을 추구한다.[1]

또한 칼라 매클래런Karla McLaren은 『감정읽기』에서 상대방의 감정을 읽고 소통할 줄 아는 인간이 바람직한 사회적 인간이라고 말했다. 칼라는 현대인들이 자신의 감정을 먼저 솔직하게 드러내고 이를 상대방의 감정과 섞는 사회적 기술이 필요하다고 진단한다. 그에 따르면, 매스컴과 매체의 세례를 통해 우리는 감정을 마치 관계를 어긋나게 하는 주범이자 인간관계에서 불필요한 방해물로 여기고 있다. 그래서 감정을 공개적으로 드러내는 것을 터부시하며 항상 긍정적인 감정을 유지하고 자신의 감정을 통제해야 한다고 믿는다. 그러면서도 상대의 감정을 끊임없이 살피는 스파이의 삶을 살아가야 한다고 스스로에게 주문을 건다. 물론 이런 신화는 감정의 상실과 소통의 부재, 정신질환을 마주하면서 여지없이 깨지고 만다.[2]

프리드리히 헤벨Christian Fredrich Hebbel은 "눈은 육체와 영혼이 만나는 지점이다."라고 말했다. 눈이 제공하는 정보는 마음 깊은 곳에서 보내는 신호다. 자폐아가 감정을 교류하지 못하는 이유는 상대방의 눈을 마주치지 못하기 때문이다. 2001년, 시몬 바론-코헨Simon Baron-Cohen 교수는 자폐스펙트럼을 확인하는 테스트의 하나로 '눈으로 감정 읽기 테스트Reading the Mind in the Eyes Test', 줄여서 RME 테스트를 고안했다.[3]

눈맞춤을 가르쳐준 옥시토신

최근 옥시토신이 타인의 마음을 읽는 능력을 증진한다는 매우 흥미로운 연구 결과가 발표되었다. 21세에서 30세까지의 성인 남성을 대상으로 일주일 이상의 간격을 두고 한 번은 옥시토신을 흡입하고, 한 번은 위약을 흡입한 다음 RME 테스트를 했다. 앞서 설명한 것처럼 RME 테스트는 원래 자폐성장애를 가진 이들을 위해 개발한 도구여서 자칫 천장효과ceiling effect*를 보일 수 있기에 총 36개의 중 쉬운 문제와 어려운 문제를 나누어 분석해 보았다. 그 결과 쉬운 테스트에서는 유의미한 차이를 보이지 않았지만, 어려운 테스트로 넘어가자 진짜 옥시토신을 흡입한 피실험자가 위약을 흡입한 이들보다 상대적으로 높은 점수를 획득했다. 쉽게 말해, 옥시토신이 정서적 눈치를 향상한 셈이다.

실제로 자폐스펙트럼 환자를 대상으로 실행된 연구도 있다. 2013년, 호주 시드니대학 연구팀은 정신연령이 최소 12세 이상인 12세에서 19세의 자폐성장애를 가진 남아 16명을 대상으로 한 집단은 옥시토신을 흡입하게 하고, 다른 집단은 위약을 코로 흡입하게 한 다음 똑같이 RME 테스트를 했다.

* 검사의 난이도가 너무 낮아서 검사에 응한 모든 대상자들이 매우 높은 점수를 얻은 것을 말한다.

지난번과 마찬가지로 문제의 난이도에 따라 쉬운 문제와 어려운 문제를 나누어 평가를 세분화했다. 그 결과, 옥시토신을 흡입한 집단은 대조군과 비교해 테스트에서 유의하게 높은 점수를 받았으며, 특히 쉬운 문제에서 큰 차이를 보였다. 반면 어려운 문제의 경우, 두 집단 간에 유의한 차이를 보이지 않았다. 자폐아가 옥시토신의 도움으로 상대방의 표정에서 감정을 읽기 시작한 것이다.[4]

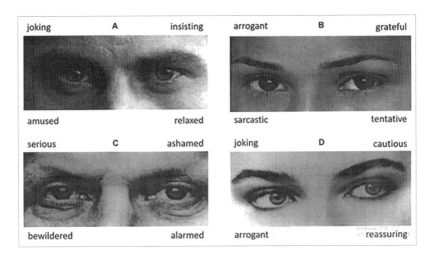

RME 샘플 테스트, 정답
A: 고집스러운 (Insisting), B: 머뭇거림이 없는 (Tentative),
C: 심각한 (Serious), D: 주의 깊은 (Cautious)

현재 자폐성장애를 개선하는 뾰족한 치료법이 없는 상황이기에 위 연구 결과는 엄청난 반향을 일으켰고, 이후 다른 연구자가 다양한 자폐성장애 환자들을 대상으로 옥시토신의 효과를 검증하는 연구를 진행하고 있다. 최근 진행된 연구 중 안면인식장애와 옥시토신이 깊은 관계가 있으며, 옥시토신의 중재로 고기능 자폐성장애를 가진 사람의 사회적 관계가 나아졌다는 발표도 있었다. 가슴 뛰는 결과가 아닐 수 없다. 비록 이 연구가 아직 초기 단계에 머물러 있으며, 옥시토신 흡입이 자폐아의 사회성을 유의미하게 개선하지 않는다는 연구 역시 존재한다. 이렇듯 옥시토신과 자폐증 사이의 관계는 아직 논쟁의 여지가 있지만, 옥시토신 수용체에 유전적 변이가 있는 경우에 사회성이 떨어지며 자폐 위험이 올라간다는 사실을 고려할 때 옥시토신의 영향력을 부정하기는 어려울 것 같다. 최근 성인 자폐에 관한 관심이 커지고 있는 것을 고려할 때, 옥시토신을 흡입하는 방법 외에도 옥시토신을 올릴 수 있는 라이프스타일을 병행하는 것이 증상을 개선하는 데 도움이 될 것으로 보인다.[5]

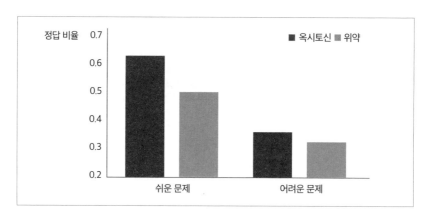

옥시토신은 흡입한 자폐아가 RME 테스트에서 정답률이 유의하게 증가함
(표정을 읽을 수 있는 능력)

22장

사랑이 약이다: 옥시토신 효과

미국의 사회학자 아이라 레이스Ira Reiss는 일찍이 사랑의 네 가지 단계를 하나의 수레바퀴로 묘사한 적이 있다. 조금 지난 것이긴 하지만, 사랑의 수레바퀴 이론은 남녀가 서로 만나 구애를 통해 관계를 발전하고, 결국 상대를 배우자로 선택하는 전반적인 과정을 개념화한 최초의 관계 발달 모델 중 하나이다. 그는 남녀가 밀도 있는 관계로 나아갈 때 순환적이고 순차적인 과정을 밟는데, 이때 바퀏살로 표현되는 네 가지 상호 단계, 즉 라포rapport, 자기 노출, 상호 의존 및 개성 욕구 충족이 선순환하게 된다. 먼저 남녀는 서로의 동질감을 확인하며 라포 단계를 갖고, 보다 만족스러운 관계를 위해 자신을 상대에게 노출하는 단계로 넘어간다. 이렇게 서로를 깊이 알아가면서 점차 서로에게 의존하게 되고 급기야 서로의 필요와 욕구를 충족해 주는 단계에 도달한다. 그는 모든 사랑의 관계가 이 과정을 거친다고 보았다.

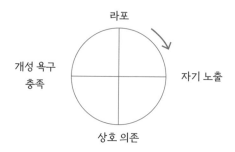

라포

개성 욕구
충족

자기 노출

상호 의존

나도 돌이켜보면, 이렇게 사랑의 수레바퀴를 거치며 생면부지의 아내를 만나 사랑하다 결혼까지 골인한 것 같다. 처음에는 호기심에 다가갔다가 그렇게 사랑에 빠지고 이제는 없어선 안 될 사람처럼 서로에게 의존하게 된다. "무심히 버려진 날 위해 울어주던 단 한 사람, 커다란 어깨 위에 기대고 싶은 꿈을 당신은 깨지 말아요." 가수 심수봉의 대표곡 「사랑밖엔 난 몰라」의 가사 중 일부다. 어렸을 때부터 아버지 없이 자라다 보니 남자에게 사랑을 받아본 적이 없다며 지금의 남편이 자신에게 처음으로 사랑을 준 남자라고 밝힌 그녀의 인터뷰를 한 매체에서 본 적이 있다. 인간은 사랑에 목매고 사랑에 희생을 감행한다. 사랑은 인간의 가장 큰 약점이자 동시에 가장 큰 강점이기도 하다. 사랑은 신이 인간에게 심어준 유일한 능력이다. 그래서 수피즘의 대가 루미Mevlana Rumi는 "사랑이란 신의 위대한 아름다움의 상징"이라고 말했다.

사랑, 그 위대한 힘

1942년, 『미움이 아닌 사랑』이라는 책에서 칼 메닝거Karl A. Menninger는 과학을 인간의 종으로 비유했다. "과학은 우리의 종일 뿐이다. 과학을 이용해 총기를 만들기도 하고, 해열제를 만들기도 한다. 다리를 놓는 데 사용하기도

하고, 폭파하는 데 사용하기도 한다." 그리고 메닝거는 심리학자가 과학을 이야기하는 것은 마치 '광야에서 외치는 소리' 같다고 이야기하며, 세상의 많은 질병이 마음에서 시작되었기 때문에 심리학과 정신분석은 이러한 질병의 원인인 마음을 치유하는 것이라고 주장했다. 그리고 그 마음을 치유하는 약은 바로 '사랑'이라고 말했다. 책에서 그는 프로이트를 인용하며, 프로이트가 죽음을 앞두고 다음과 같은 이야기를 했다고 말했다. "사랑이 미움을 치료한다는 관점은 너무나도 새로운 관점입니다. 그리고 아직 누구도 실제로 사용하려고 하지는 않는 것 같습니다."[1]

물론 메닝거가 이 책을 저술할 당시만 하더라도 2차 세계대전이 한창이었으며, 과학을 이용해 경쟁적으로 더 많은 사람을 효과적으로(?) 죽일 수 있는 무기를 만들던 엄혹한 시기임을 감안하더라도 인간의 질환이 성격과 생각, 평소 태도에서 야기될 수 있다는 그의 관점은 매우 흥미롭고 신비롭기까지 하다. 그는 더 나아가 '사랑은 모든 슬픔을 치유한다.'라는 주장은 어찌 보면 성경에 나올 법한 이야기를 과학의 이름으로 하고 있는 것이다. 각국 리더의 욕심과 성격 문제, 자격지심과 낮은 자존감이 국가 간 전쟁을 일으키는 건 아닐까? 이런 전쟁으로 수많은 사람이 목숨을 잃었고, 누구는 아들을, 누구는 남편을, 누구는 아버지를 그리고 누구는 어머니를 잃는 슬픈 현실을 낳았다. 수많은 사람이 전쟁으로 신체 일부를 잃고 평생 장애인으로 살게 되었으며, 더 많은 사람이 전쟁이 가져온 트라우마로 평생 고통받고 살아간다. 메닝거는 이런 모든 문제를 치유하는 약으로 '사랑'을 이야기하고 있다. 혹시 메닝거야말로 옥시토신의 효과를 먼저 알았던 건 아닐까?

옥시토신으로 깨달은 사랑

물론 메닝거는 사랑이 어떻게 개인의 심리 문제, 나아가 정신질환을 치유할 수 있는지 이야기했다. 실제 옥시토신은 PTSD를 치유하고, 스트레스로 인한 다양한 질환을 낫게 하며, 외로움으로 생기는 심리적 문제를 해결하고, 다른 사람에게 더 호감이 가는 사람으로, 더 낙천적인 사람으로 만들어주며, 깨어진 관계를 신뢰를 쌓아 치유한다. 스트레스는 실제로 위궤양이나 고혈압, 심혈관질환, 당뇨병뿐 아니라 암을 유발하는 것을 고려할 때 옥시토신은 거의 만병통치약 같다. 우리나라 10대부터 30대까지 사망원인 1위가 자살임을 고려할 때 옥시토신이 우리나라 1위부터 5위까지 모든 사망원인에 대한 해결책이 될 수도 있다. 예수는 "네 이웃을 네 몸과 같이 사랑하라."고 말했다. 이웃을 사랑하려면 먼저 우리 몸부터 사랑해야 한다. 자살하는 사람이 그렇지 않은 사람보다 체내 옥시토신 농도가 훨씬 낮다는 사실은 오늘날 '자살공화국'이라는 세계 자살률 1위 국가인 대한민국 현주소에 어떤 의미를 던질까?[2]

난 해당 분야를 전공한 연구자로서 평생을 '운동이 약이다'라는 매우 단순한 개념을 증명하는 데 주력했다. 어떻게 하면 더 많은 사람이 운동을 통해 건강해지고 행복한 삶을 영위할지 연구했다. 그 과정에서 만난 옥시토신은 알면 알수록, 건강에 미치는 영향을 조사하면 할수록, '운동이 약이다.'라는 화두를 넘어 '사랑이 약이다.'라는 새로운 명제에 빠져들게 된다. 사랑하라, 죽도록 사랑하라. 그러면 살 것이다.

6부

The
Oxytocin
Odyssey

옥시토신
라이프스타일 1

여러분은 어떤 라이프스타일을 갖고 계신가요? 건강은 건강한 라이프스타일에서 나온다고 합니다. 그럼 건강한 라이프스타일은 무엇일까요? 단지 금주와 금연을 실천하는 것만이 아닙니다. 삶의 방식과 생각, 인생철학을 옥시토신 라이프스타일로 바꿔야 합니다. 그렇다고 옥시토신을 올리기 위해 큰돈 들여 코로 흡입하는 옥시토신을 살 필요는 없어요. 다른 사람과 교감하고 함께 운동하고 맛있는 음식을 나눠 먹고 채소 섭취를 늘리는 것만으로도 옥시토신을 높일 수 있기 때문이죠. 어디 그뿐인가요? 사랑하고 이해하고 나누는 것 역시 우리 체내에 옥시토신 수치를 올릴 수 있답니다. 옥시토신 라이프스타일을 통해 더 사랑스럽고, 더 건강한 사람으로 거듭나봐요.

23장
만지면 올라간다: 스킨십

"난 항상 진도를 빨리 빼는 편인데 이 친구랑은 아직 외박도 못 하고 있어. 너희들 볼뽀뽀나 입뽀뽀는 며칠 정도에 하는 편이야?" 어느 연애 게시판에 올라온 사연이다. 스크롤을 내려 답변을 읽던 중 흥미로운 댓글 하나가 눈에 들어왔다. "진도는 무슨, 난 키스부터 하고 나서 사귀기 시작했어." 더하여 유튜브를 보면 요즘 청년들의 스킨십에 대한 정서를 읽을 수 있다. 남녀가 말하는 스킨십의 단계는 달랐는데, 남자가 구체적인 신체 부위를 언급한 것과 달리 여자는 스킨십에 있어 암시적이고 추상적인 부분을 에둘러 표현하는 경향이 있었다. 나아가 직접적인 신체 부위보다는 스킨십의 분위기와 주변 환경, 상대방의 태도에 더 많은 관심을 가졌다. 어쩌면 남녀가 스킨십의 방향과 순서만 서로 맞춰도 많은 부분 좋은 궁합을 가질 수 있지 않을까 싶다.

옥시토신 스킨십

옥시토신이란 단어의 어원은 '빠른 출산'이라는 뜻이다. 원래 옥시토신은 산모가 출산을 위해 자궁을 수축할 필요가 생겼을 때 분비되는 호르몬으로만 알았고, 곧이어 산모의 유방에서 젖이 돌게 하는 역할도 한다는 사실을 추가로 알게 되었다. 이후 계속된 연구를 통해 태아가 엄마의 젖을 빨 때 엄마의 유두를 잇몸으로 자극하면 그만큼 옥시토신이 더 많이 분비된다는 사실도 확인되었다. 결론적으로 옥시토신은 젖을 분비하게 할뿐더러 산모가 출산 과정에서 겪는 통증을 완화하고 산후 여러 몸의 변화를 조정하고 치유하는 기능을 갖는다. 그래서 모유 수유는 신생아에게 면역과 영양을 비롯한 생존에 필요한 다양한 도움을 주기도 하지만 산모의 출산과 육아에도 긍정적인 영향을 미칠 수밖에 없다.

산모가 아이를 출산한 후에 젖을 먹이는 행동은 아이의 생존을 위해 매우 중요한 행동이기도 하지만, 산모의 옥시토신을 높이는 행동이기도 하다. 앞에 옥시토신과 암과의 관계를 이야기하면서도 언급했지만, 산모가 모유 수유를 오랫동안 할수록 암과 다양한 질환의 위험이 감소하는 이유 중에는 옥시토신이 중요한 역할을 하는 것으로 보인다. 그런데 모유 수유는 엄마의 옥시토신만 올리는 게 아니라 아기의 옥시토신까지 덩달아 올려준다. 물론 모유에 들어 있는 유산균 때문일 수도 있다. 하지만 그보다 훨씬 더 중요한 건 엄마와의 스킨십이다.

한 연구에 따르면, 세 마리의 쥐가 동시에 출산하도록 상황을 만들고, 한 집단은 한 마리의 어미가 새끼를 낳아 혼자 키우도록 했고, 다른 집단은 세 마리가 함께 생활하며 여러 마리의 새끼가 서로 살을 부대끼게 했다. 그랬더니 엄마와 함께 자란 쥐에 비해 엄마뿐 아니라 다른 쥐들과 같이 자란 쥐들의 뇌, 특히 해마와 전두엽에 큰 변화를 보였을 뿐 아니라 옥시토신 수용체의 발현이 더욱 높아졌다. 이 말은 어렸을 때 엄마뿐 아니라 다른 사람과의 스킨십이 정상적 뇌 발달에 중요하다는 말이다. '아이 하나를 키우려면 마을 전체가 필요하다.'라는 아프리카 속담이 떠오르는 대목이다.[1]

　물론 어느 한 논문만 가지고는 쥐가 스킨십을 통해 뇌 발달을 가져온 건지, 더 많은 쥐와 상호작용이 뇌 발달을 가져온 건지 구분하기 어려울 수 있다. 그럼 마사지는 어떨까? 한 연구팀은 40명의 성인 남성을 대상으로 10분 동안 기계 혹은 손으로 발 마사지를 받도록 하고, 혈중 옥시토신과 뇌의 산소농도fNIRS를 확인했다. 결과는 흥미로웠다. 손으로 한 마사지와 기계로 한 마사지 모두 옥시토신을 높였지만, 손으로 한 마사지가 옥시토신 수치를 좀 더 높였다. 마사지하기 전후에 자폐 성향 관련 질문과 함께 소비 성향, 이를테면 특정 물건을 구입하는데 돈을 얼마나 지불할 의향이 있는지 조사했더니, 마사지를 받을 때 자폐 성향이 낮아질 뿐 아니라 소비 성향도 달라진 것을 관찰했다.

　실제 자폐아에게 엄마가 마사지해 주면서 체내 옥시토신의 변화를 측정한 연구도 있다. 역시 엄마의 마사지는 자폐아의 옥시토신 분비를 촉진 시켰을 뿐 아니라 마사지를 해주는 엄마의 옥시토신까지 높였다. 심지어는 손이 아니라 붓 같은 것으로 피부를 자극해도 옥시토신이 올라갔다. 물론 이외에도 수많은 논문이 마사지와 터치가 체내 옥시토신 분비를 올리며, 또한 커플 간 허그와 스킨십이 옥시토신을 올릴 뿐 아니라 혈압을 낮추고 상처 치유를 촉진한다는 연구도 적지 않다.[2]

한 번만 안아주세요

이런 관점에서 상대를 서로 부둥켜안고 경기 내내 밀고 당기는 주짓수 종목이 체내 옥시토신 분비에 미치는 영향을 조사한 논문은 매우 흥미롭다. 아마 남성 독자라면 잘 알겠지만, 전 세계적으로 크게 유행하고 있는 이종격투기MMA에는 입식 타격과 그라운드라는 기술이 있다. 이제 우리에게 꽤 익숙한 김동현이랄지 추성훈 같은 선수들이 이 이종격투기 시장에 진출하여 세계적인 선수들과 자웅을 겨루고 있다. 비록 패배하긴 했지만, 얼마 전 라스베이거스에서 은퇴를 선언했던 '코리안 좀비' 정찬성 선수도 화끈한 타격전을 선보여 팬들의 가슴을 설레게 했다. 그런데 흥미로운 사실은 입식 타격을 할 때는 선수들의 체내에 옥시토신 수치가 올라가지 않았지만, 그라운드 기술을 걸 때에는 옥시토신 분비가 활성화되었다는 점이다. 비록 상대를 누르고 쓰러뜨려야 내가 이기는 대전 경기지만, 그라운드 기술을 걸거나 방어하면서 대부분 선수가 자연스럽게 스킨십을 하게 되어 옥시토신 수치가 덩달아 올라간 것이다.

우리 연구팀이 암환자 부부에게 탱고나 왈츠처럼 댄스 스포츠를 통해 서로 손을 잡고 허리를 움켜쥐며 한 시간 이상 춤을 추게 했더니 부부가 서로 눈을 더 잘 마주치기 시작했고, 친밀감과 사교성이 배가되면서 서로를 이해하는 공감 능력과 서로를 배려하는 감정이 몰라보게 좋아졌다. 이 역시 댄스를 통해 서로 몸을 어루만지고 이곳저곳을 터치하며 스킨십을 열심히 했기 때문이다. 동시에 진통제 없이는 잠도 잘 수 없었던 암환자 부부가 통증이 줄면서 비로소 숙면할 수 있게 되었다. 스킨십을 통해 옥시토신 수치가 올라가면서 통증 내성 혹은 통증역치가 함께 올라가기 때문에 동일한 통증에도 잘 참을 수 있는 인내심과 강단이 생긴 셈이다.[3]

그렇다고 아무하고나 스킨십을 시도하지는 말라. 변태로 오해받는다. 부모님이나 배우자, 자녀, 가까운 친구들과 다정히 손도 잡고 눈도 바라보면서 대화하는 게 옥시토신을 올리는 데 효과적일 것이다. 배우자와도 갑자기 맥락 없이 손부터 덥석 잡으면, '이 사람이 뭘 잘못 먹었나?' 할 수 있으니 자연스러운 스킨십이 가능한 운동이나 취미생활을 함께 해보는 걸 추천한다. 혼자 하는 종목보다는 함께 할 수 있는 운동이 좋다. 점수를 내면 하이파이브도 하고, 좋아서 얼싸안고, 손도 잡을 수 있는 종목들은 조금만 신경 쓰면 주변에서 얼마든지 찾을 수 있다. 과격한 운동이 힘들다면 함께 등산하는 건 어떨까? 정상에서 도시락도 나눠 먹고, 산을 타면서 손도 잡아주고, 잠깐 바위에 앉아 쉬면서 상대의 이야기도 들어주는 것이다.

내 생각에 옥시토신을 올리는 최적의 장소 중 하나는 목욕탕인 거 같다. 목욕을 통해 부교감신경도 활성화하고, 사우나에서 땀을 빼며 체내 염분도 빼고, 세신사에게 몸을 맡기면 옥시토신 증가뿐 아니라 코르티솔이 감소하고, 더 나아가 전신 염증 반응과 함께 혈압도 떨어지게 된다. 그리고 혹시 아는가? 누워서 세신사와 이런저런 이야기도 나누며 세상 돌아가는 일도 덤으로 들을지.

생활 속 옥시토신 올리기

동네 목욕탕으로 가서 세신사에게 몸을 맡겨보면 어떨까요? 경제적 여유가 있다면, 2만 원 추가해서 마사지까지.

24장

느끼면 올라간다: 섹스

⌣

이번 장은 19금 이야기가 나오니 마음을 좀 단단히 먹고 읽기 바란다. 1986년 어느 날, 미국 샌프란시스코 스탠퍼드의과대학 대학신문에 매우 흥미로운 광고가 실렸다. '돈 받고 자위할 지원자 구함.' 조금은 남우세스러운 광고를 보고 연락 해온 학생들은 육체뿐 아니라 심리 테스트도 통과해야 했는데, 연구 대상자로 선정되기 위해 가장 중요한 조건은 자위를 해서 오르가슴에 도달할 수 있는가 하는 문제였다. 총 13명의 여성과 9명의 남성이 테스트에 참가했다. 이들은 긴장을 풀기 위해 실험실에 두 차례 방문한 후 정해진 날짜에 따로 두 번 방문하여 실험에 참여했다. 실험 과정은 이랬다. 자위를 하기 6분 전에 먼저 1차로 혈액을 뽑은 다음, 편안한 분위기에서 자위를 시작하고 일정한 오르가슴에 도달할 때 2차로 혈액을 뽑고, 그 오르가슴이 유지되는 동안에 3차로 혈액을 뽑았다. 오르가슴을 한 번 이상 느끼는 여성의 혈액은 오르가슴을 느낄 때마다 혈액을 추가로 수집하여 혈중 옥시토신의 변화를 측정했다.[1] 참 참여하기 민망한 연구인데, 과연 피실험자에게 보상비로 얼마를 지급했는지가 연구의 결과보다 더 궁금한 건 나뿐일까? 모든 섹스가 오르가슴으로 끝나는 건 아니겠지만, 어쨌든 이 연구를 통해 처음으로 인간을 대상으로 오르가슴이 옥시토신 수치에 어떤 영향을 미치는지 조금은 알게 되었다. 결과는 깔끔했다. 성적 자극은 혈중 옥시토신 수치를 올렸으며, 오르가슴을 느낄 때 옥시토신 수치가 가장 높았다.

같은 해, 이번에는 영국에서 똑같은 연구가 남성 참여자만을 대상으로 진행되었다. 그런데 이번에는 자신의 성기를 만지며 자위를 진행하기 전에 먼저 성적 상상을 하게 한 후 혈중 옥시토신 수치를 측정했다. 그 결과 성적 상상은 옥시토신 수치에 영향을 주지 않았지만, 자위와 사정은 옥시토신 수치를 무려 7배까지 상승시켰으며, 상승한 옥시토신 수치는 사정한 후 10분 동안 계속 고점을 유지했다. 30분 후에나 점차 평상시 수준으로 낮아졌다. 위 두 가지 연구를 종합해 보면, 성적 상상은 옥시토신 수치를 올리지 못하고 오르가슴과 사정은 옥시토신 수치를 유의미하게 올렸다는 점이다.[2]

섹스, 너마저

사실 이성 간의 섹스가 혈중 옥시토신을 올린다는 연구는 없다. 짐작했겠지만 섹스 도중 연구를 진행하기가 여간 어려운 게 아니기 때문이다. 어쨌든 자위와 오르가슴 경험이 옥시토신을 올리고, 더 나아가 성적으로 흥분되는 이야기를 보고 듣는 것만으로도 여성에게서 옥시토신 수치를 올린다는 연구 결과를 볼 때 섹스는 무조건 혈중 옥시토신 농도를 높인다는 건 분명해 보인다. 사실 부부간의 바람직한 섹스는 오르가슴 혹은 사정만 추구하는 것이 아니라 서로의 사랑과 신뢰를 확인하고 몸과 마음이 온전히 하나가 되는 것이다. 배우자와의 허그가 옥시토신을 올린다는 연구 결과와 서로의 애무와 스킨십으로 대변되는 전희가 매우 중요한 섹스의 과정이라고 한다면, 섹스뿐 아니라 스킨십과 옥시토신은 매우 밀접한 관계가 있다고 할 수 있다.

이와 관련하여 매우 흥미로운 연구가 있다. 연구팀은 먼저 커플이 얼마나 서로에게 의지가 되는지 설문을 진행하고, 이어 약 10분 정도 남녀가 혼자 있게 한 후, 다시 둘이 한 방에서 만나 2분간 손을 잡고, 미리 선택한 로맨틱 영화를 5분 정도 본 후, 영화에 대해 2분간 이야기하고 마지막 20초 동안 다시 허그를 나누게 했다. 그리고 10분간 다시 혼자 있게 하면서 대상자를 관찰했다. 먼저 커플이 스스로 가깝고 서로에게 의지가 된다고 답한 사람은 혈중 옥시토신이 높았으며, 옥시토신이 높은 여성은 안정 시에도 혈압이 낮은 것으로 나타났다.

최근 15,629명의 미국인을 대상으로 진행한 연구에 의하면, 1년에 52회(평균 주 1회) 이상 섹스를 한 사람은 1년에 1번 이하로 섹스를 한 사람과 비교해 사망률이 49퍼센트 낮았고, 심혈관으로 인한 사망은 21퍼센트, 암으로 인한 사망은 무려 69퍼센트나 낮은 것으로 보고되었다. 뿐만 아니라 이미 심장마비를 경험한 495명을 대상으로 진행한 연구에서도 심장마비 회복 후 주 1회 이상 섹스를 한 사람은 심혈관질환으로 인한 사망 위험이 10퍼센트 줄었으며, 심혈관질환 외에 다른 질환으로 사망할 위험은 무려 44퍼센트나 떨어진 것을 확인하였다. 이 연구들은 대상자의 옥시토신 수치를 측정하지는 않았지만, 내 생각엔 섹스가 건강에 미치는 긍정적 영향을 옥시토신이 매개했을 것으로 보인다.[3]

옥시토신, 오르가슴 촉진제

'여자는 오늘도 평생 잊지 못할 오르가슴을 꿈꾼다.' 여자에게 오르가슴이 얼마나 중요한지 말해주는 광고 카피다. 그리스어로 '부풀어 오른 기관'이라는 뜻의 '오르가스모스'에서 나온 오르가슴Orgasm은 성적 자극에 의한 절정을 의미한다. 오르가슴은 여자뿐 아니라 남자에게도 중요하다. 남녀는 섹스 도중 생식기와 항문을 둘러싼 골반 하부 근육이 수축하면서 경련과 짜릿한 자극을 느끼는데, 이 쾌감을 오르가슴이라 한다.

한 보고서에 따르면, 남자는 대부분 사정을 통해 오르가슴을 느낀다고 알려졌지만, 여자는 10퍼센트가 넘지 않는다고 한다. 남자의 오르가슴이 상대적으로 단순한 구조를 띠고 있다면, 여자의 오르가슴은 매우 복잡한 단계로 이루어져 있어서 상황마다, 개인마다 다양한 양태를 보인다는 것이다. 로맨틱코미디 영화 「해리가 샐리를 만났을 때」에는 여주인공 샐리(맥 라이언)가 식당에서 오르가슴을 능청스럽게 흉내 내는 장면이 등장한다. "오, 마이 갓! 바로 거기야! 오우, 그렇지. 예스. 예스." 얼마나 감쪽같았는지 옆 테이블의 중년 여성은 웨이터에게 "그녀가 먹던 걸로 주세요."라고 주문한다. 이후 실제 촬영 장소였던 뉴욕 맨해튼에 있는 식당 카츠델리에는 지금도 샐리가 오르가슴을 느꼈던 자리가 표시되어 있을 정도다.

그러나 멀리 갈 것도 없다. 샐리가 먹었던 음식을 주문할 필요도 없다. 옥시토신 수치를 올리면 된다. "그럼 옥시토신을 뿌린 음식이면 금상첨화겠네요?" 이 글을 읽는 독자라면 이런 질문을 할 게 분명하다. 실제 이와 관련한 연구가 있다. 직접 옥시토신을 흡입한 남자가 섹스 시에 얼마나 쾌감을 느끼는지 실험이 진행되었다. 연구 결과는 여러분이 생각한 그대로였다. 옥시토신이 남자의 성욕이나 발기에는 영향을 주지 못했지만, 섹스 시 느끼는 오르가슴의 강도나 파트너와의 상호관계 및 성관계 후 관계 만족도에는 큰 영향을 미쳤다. 파트너 간 서로의 혈중 옥시토신 농도가 올라갈 수 있도록 여자는 좀 더 감성적이고 공감 가는 대화와 허그 같은 따뜻한 터치가 중요하고, 남자는 마사지 혹은 직접적인 신체 터치가 필요했다. 따라서 옥시토신은 만족스러운 성관계에 직간접적인 역할을 하며, 이는 다시 옥시토신을 높이며 선순환한다는 것이 확인되었다.

특히 애프터글로우afterglow라고 하는 상태, 즉 남녀가 진한 섹스를 나눈 후 30분이 지나도 짜릿함이 지속된 상태에서의 혈중 옥시토신 농도가 여전히 높은 수치를 보였다는 사실이 중요하다. 결국 옥시토신과 성관계는 마치 우로보로스의 띠처럼 무엇이 머리(원인)고 무엇인 꼬리(결과)인지 분간할 수 없을 정도로 맞물려 있는 셈이다. 자, 이제 남자 여자 모두 오르가슴을 느끼지 못했다고 서로를 비난하지 말고, 섹스 중에도 서로 보듬어 주고, 지속적인 스킨십과 함께 상대방의 만족을 더 배려하면 어떨까?[4]

생활 속 옥시토신 올리기   사랑을 나눈 후라면 상대보다 먼저 자리에서 일어나지 말고 한 번 더 꼬옥 안아주세요.

25장
먹으면 올라간다: 맛집 탐방

요즘 맛집 탐방이 인기다. 연인이나 친구와 함께 SNS에 소개된 맛있는 음식을 찾아 여행을 떠나는 게 MZ세대 친구들의 유행인 것 같다. "밥 먹었니?"라는 질문이 흔한 한국인들의 인사말인 것처럼 얼마 전까지만 해도 음식은 배부르게 먹는 것 이상의 의미를 지니지 않았다. 그러나 요즘에는 맛집 앞에서 장시간 줄을 서더라도 자기가 원하는 음식을 먹으려는 젊은이들이 확실히 늘어난 것 같다. 아마도 이러한 변화는 다양성과 혁신, 고급과 저렴 사이의 조화를 찾는 데에 대한 신세대의 욕망에서 비롯된 것일지 모르겠다.

맛, 그 새로운 감각은 우리의 삶을 풍요롭게 만드는 마법 같은 요소다. 숨은 맛집들이 제공하는 다양한 음식들이 우리의 혀를 사로잡고, 심장을 두근거리게 한다. 이제는 그저 배부르게 먹는 것보다는 식도락 여행이라는 새로운 트렌드가 도래하고 있다. 그중 가장 유명한 것은 아마도 한국의 분식집들일 것이다. 국민 간식인 떡볶이와 튀김은 이제 단짠단짠 매콤달콤한 대한민국의 미각을 대표한다. 맛도 맛이지만 인스타그램과 같은 소셜미디어의 등장으로 인증샷을 찍기 위해 줄 서며 기다리는 모습도 이젠 일상이 되었다. 맛이 멋이 된 것이다.

외로운 것도 서러운데 뚱뚱해진다고?

맛집을 탐방하는 것과 더불어 먹방도 우리나라에서 시작한 최근 문화 코드 중 하나다. 유튜브를 타고 전 세계로 먹방이라는 콘텐츠를 수출하다 보니 해당 방송을 아예 영어로 '먹방Mukbang'이라고 한다. 먹방은 단순히 음식을 섭취하는 것 이상의 경험이다. 먹방계의 신화적 인물로 불리는 쯔양은 먹방에 공감과 공유, 심지어 치유까지 담겨 있다고 말한다. 쯔양은 암환자들이 단식 치료를 하면서 자신의 방송을 보고 위로를 받는다는 말에 힘을 얻었다고 한다.

어디 그뿐이겠는가? 혼자서 느끼기 어려운 외로움과 배고픔을 극복하고자 하는 혼밥러들은 인터넷 먹방을 보고 영감과 위로를 얻을 수 있다. 마치 친구와 함께 식사하는 듯한 따뜻함과 함께 우리는 각자의 일상에서도 공동체의 일원이 된 듯한 소속감을 느낄 수 있다. 요즘에는 고성능 마이크로 음식을 씹는 저작 소리까지 담아내는 ASMR 먹방이 인기라니 그 위상을 실감할 수 있다. 그래서 오늘 밤도 먹방을 보면서 나도 모르게 가스레인지에 라면 물을 올리는 자신을 발견하게 된다. 맛집 탐방이든 먹방 시청이든 다 좋은데 그것이 우리 배 둘레에 미치는 영향은 걱정하지 않을 수 없다. 게다가 요즘 추세를 반영하듯 혼자 식당에 앉아 혼밥을 즐기는 이들이 늘고 있다니 외로움도 함께 먹는 게 아닐까 싶다. 이런 이들에게 경종을 울릴만한 최근 연구가 있다. 바로 외로우면 식욕이 늘고 더 뚱뚱해진다는 것이다. 외로운 것도 서러운데 뚱뚱해지기까지 한다니 왠지 억울함마저 느껴진다.

칼로리보다 더 위험한 게 혼밥이다. 옥시토신을 올리면 식욕이 감소하고 당뇨병이 예방된다고 했는데, 사실 먹는 것 자체가 옥시토신을 올리기도 한다. 지금까지 발표된 연구 중에는 지방 말고 탄수화물이라든지 초콜릿 같은 음식을 먹으면 옥시토신 외에도 세로토닌 등이 분비되어 먹는 것 자체가 우리에게 즐거움을 준다는 결과도 있다. 사실 인류가 비만을 걱정하기 시작한 게 최근의 일이며, 언제 다시 먹을지 모르는 음식을 기회가 될 때 마구 입속에 구겨 넣는 게 미덕이었던 때가 얼마 전이었다. 비만으로 인한 각종 질환을 걱정하게 된 건 한강의 기적을 통해 산업화와 도시화를 완성한 80~90년대 이후의 일이었다. 따라서 식욕을 높이는 건 생존을 위해 매우 중요한 일이었고, 적당히 배가 나온 통통한 체형은 부의 상징으로 여기던 시절이 있었다. 그래서 옥시토신을 올리기 위해 무차별적으로 많은 탄수화물을 섭취해야 할까? 물론 아니다. 세상이 바뀌었다. 우리는 점점 외로워지고 점점 뚱뚱해지고 있다. 오히려 우리는 먹으면서도 불행해한다.[1]

옥시토신을 올리는 식사, 너와의 만찬

옥시토신을 올리는 가장 좋은 음식은 앞에서도 언급했듯이 장내미생물의 먹이가 되는 섬유질이 많이 함유된 채소이다. 따라서 식사할 때 반드시 채소를 함께 먹는 것을 규칙으로 삼는 게 좋다. 채소 역시 탄수화물이다. 옥수수 통조림처럼 가공한 채소가 아니라면 생으로 먹거나 살짝 삶아 먹는 것도 좋다. 그리고 옥시토신이 생성될 때 필요한 펩티딜글리신알파-아미드화 모노옥시게나제PAM에 비타민C가 중요하기 때문에 시트러스 계열 과일을 먹는 게 좋다. 뿐만 아니라 비타민D 역시 옥시토신 생성에 도움이 된다. 비

옥시토신 식사법

옥시토신은 음식과 관련이 높다. 음식의 종류만큼이나 식사 방식도 중요하다. 함께 음식을 나눠 먹으면 옥시토신이 올라간다. 같은 장소 같은 테이블에서 음식을 먹더라도 각자 시킨 메뉴를 먹는 게 아니라 함께 전골 같은 음식을 먹거나 서로의 메뉴를 나눠 먹으면 옥시토신 분비가 촉진된다. 학창 시절, 모두 책상을 붙여 놓고 삥 둘러앉아 도시락을 열고 서로 싸 온 반찬을 함께 나눠 먹을 때 체내 옥시토신이 올라갔을 게 분명하다. 자기의 음식을 나눠 다른 사람과 함께 하는 것은 공동체의 시작이다.

그런데 누구와 나눠 먹느냐 뿐 아니라 무엇을 먹느냐도 중요하다. 장내세균총(마이크로바이옴)의 다양성, 그리고 유익균 중에도 락토바실러스 루테리는 옥시토신이 제 기능을 할 수 있도록 만들어 면역 기능과 사회성을 높이는 것으로 알려져 있다. 이 외에도 다양한 유익균이 옥시토신을 통해 우리 신체적, 정신적 그리고 사회적 건강을 개선한다. 이런 장내 세균들은 주식으로 소화되지 않은 식물성 탄수화물(식이섬유)을 먹고 짧은사슬지방산을 만드는데, 이렇게 만들어진 짧은사슬지방산은 면역력을 높이고, 뇌에서 BDNF(뇌유래신경영양인자)와 같은 물질을 만들어 우리의 정신건강도 개선한다.

특히 채소 중에서도 식이섬유가 많이 함양된 치커리, 돼지감자 그리고 양파와 같은 채소를 많이 섭취하는 게 좋다. 예전에 채소를 안 먹고, 고기만 먹는 사람이 신경이 예민하고, 공격적이라는 말(과학적 근거가 없을 수도 있다)을 들은 적이 있는데, 만약에 그게 사실이라면, 아마 옥시토신이 제 기능을 하게 하는 장내 세균이 부족하기 때문일 것이다.

타민D 결핍은 다양한 질환으로 이어질 수 있기 때문에 주치의의 처방에 따라 별도의 영양제로 먹는 것도 좋다. 다만 햇볕에 노출되면 비타민D의 합성이 원활해지기 때문에 야외 활동, 특히 하이킹과 자전거 타기 등 밖에서 할 수 있는 다양한 활동을 늘려주는 것도 좋다.[2]

이렇게 음식 섭취도 중요하지만 '무엇을 먹는가' 뿐만 아니라 '누구와 먹는가' 역시 중요하다. 가까운 가족 그리고, 지인과의 식사는 그 무엇과 바꿀 수 없는 건강한 만찬이다. 아무리 소박한 밥상이라도 사랑하는 사람과 함께하는 음식은 체내 옥시토신을 분비하는 데 가장 중요한 명약이자 비약秘藥이다. 자발적 혼밥보다는 함께하는 식사를 노력해보자. 혼밥은 비만과 그 밖의 다양한 질환에 우리 몸을 노출시킨다. 어쩌면 제일 좋은 식습관 중에 하나는 정기적으로 직접 요리를 만들어서 친구를 집으로 초대하는 것이다. 모락모락 김이 피어오르는 갓 지은 밥, 보글보글 끓는 된장찌개를 식탁에 올려놓고 나에게 소중한 사람과 따뜻한 만찬을 즐기자. 물론 음식을 만드는 자체가 또 다른 스트레스를 나으면 안 되겠지만….

생활 속 옥시토신 올리기

오늘 저녁은 나만의 맛집 탐방을 떠나보세요. 아니면 먹방에서 본 메뉴를 시켜놓고 친구 혹은 사랑하는 사람과 함께 수다를 떨면서 맛있게 먹어 보세요.

26장
장을 다스리는 자, 옥시토신을 지배한다

이게 웬 뚱딴지같은 소리냐고 반문할지 모르겠다. 나는 앞서 사촌이 땅을 사면 배가 아프다는 우리네 속담이 과학적으로 어떻게 말이 되는지 설명했다. 그런데 요새 과학계에서 가장 핫한 주제 중 하나가 장내세균총, 즉 장에 살고 있는 박테리아다. 요즘 흔히 마이크로바이옴microbiome이라고 부르는 녀석이다. 우리 인간의 몸을 구성하는 세포의 수가 약 30조 개라면, 장에 살고 있는 박테리아의 수는 38조 개에 이른다. 우리 몸의 세포를 다 합친 것보다 많은 수의 박테리아가 우리 장 속에 살고 있다는 뜻이다. 게다가 이 38조 개의 박테리아는 약 1,000개 정도의 서로 다른 종으로 구성되어 있다. 현격한 종의 다양성을 보여주는 셈이다. 이 박테리아의 면면을 분석하면 인간이 가진 유전자보다 약 100~150배의 유전자를 가지고 있으니, 박테리아가 내 속에 살고 있는 건지, 아니면 내가 박테리아 속에 살고 있는 건지 악쑝닥쏭할 정도다. 모두 합쳐도 대략 200그램밖에 안 되는 이 박테리아가 왜 전 세계 과학계를 흥분의 도가니로 몰아넣고 있는지 살펴보자.

뚱보 마이크로바이옴이 전해준 충격적인 사실

내가 처음 마이크로바이옴에 관심을 두게 된 것은 언론에 소개된 속칭 '뚱보균' 때문이었다. 2013년도 「사이언스」에 발표된 이 연구는 유전자가 100퍼센트 동일한 일란성 쌍둥이 중에도 비만한 사람이 있고 날씬한 사람이 있는 이유를 과학적으로 밝힌 논문이다. 간단히 말해, 쌍둥이 중에 비만한 사람의 똥과 날씬한 사람의 똥에 서식하는 마이크로바이옴을 실험용 쥐에게 이식했더니 비만한 사람의 마이크로바이옴을 받은 쥐는 덩달아 뚱뚱해지고 날씬한 사람의 마이크로바이옴을 받은 쥐는 똑같이 날씬해졌다는 연구 결과다. 내가 처음 이 논문을 읽었을 때는 속으로 '에이, 말도 안 돼.'라고 생각했다. 체형을 결정하는 요인이 매우 다양하기 때문에 연구자가 실험 조건을 엄정하게 제한하지 않아서 생긴 오류 정도로 여겼다.[1]

그런데 얼마 뒤 해당 논문을 자세히 읽어보니 실험은 매우 엄정한 조건을 따랐다는 사실을 알게 되었다. 게다가 실험의 후속 과정은 더욱 흥미로운 결과를 보여주었다. 뚱뚱한 사람의 마이크로바이옴과 날씬한 사람의 마이크로바이옴을 이식받은 쥐들을 같은 공간에서 살게 했더니 비만한 쥐들이 날씬해지기 시작했다는 것이다. '헉, 이게 뭐야? 이렇게 쉽게 다이어트가 된다고?' 논문을 보다 자세히 읽어보니 그제야 연구자의 의도를 알 수 있었다. 쥐를 사육하는 곳은 화장실이 따로 있는 게 아니니 개체들이 그냥 여기저기에 똥을 막 싸지르게 되고, 그 똥 속에 들어있는 마이크로바이옴이 다른 쥐들의 입으로도 들어가게 되면서 서로의 장내 세균들이 뒤섞였다. 똥을 발로 밟고 그걸 다시 먹고 하면서 그렇게 뚱뚱한 마이크로바이옴을 이식받은 쥐들 역시 날씬한 마이크로바이옴이 몸속으로 들어오게 된 것이다. 그 결과, 뚱뚱해진 쥐들이 도로 날씬해지기 시작했다. 이런 마이크로바이옴의 속성을 상업적으로 활용한다면 한해 수십조에 육박하는 다이어트 시장을 새롭게 평정하게 될 날이 금세 올지 모르겠다.

자폐증과 마이크로바이옴

그런데 비만 연구보다 더 관심을 끈 것은 마이크로바이옴과 자폐 간의 관련성 연구다. 사실 현재까지는 항생제 사용과 자폐의 관련성을 조사한 연구는 많지만, 의견이 정확히 반반으로 나뉘며 과학자들도 이에 명확한 결론을 내리지 못하고 있다. 난 이 결과가 지극히 당연하다고 생각한다. 자폐의 원인에는 유전적 원인과 환경적 원인이 함께 있기 때문이다.*

자폐스펙트럼장애가 보여주는 가장 큰 특성은 사회성 결여다. 앞서 언급한 것처럼 자폐스펙트럼장애를 가진 사람은 다른 사람과 눈을 마주치지 못하고 상대의 표정에서 감정을 읽지 못하며 어렴풋이 읽더라도 그 감정에 충분히 공감하지 못한다. 자폐와 옥시토신의 상호관계를 이미 설명한 것처럼, 체내 옥시토신 분비가 낮거나 옥시토신 수용체에 변이가 생긴 개인은 공감 능력이 떨어질 뿐 아니라 자폐스펙트럼장애로 나아갈 소지가 다분하다. 지금까지 알려진 옥시토신 수용체와 관련된 여러 유전자가 존재하는데, 이 유전자 중에 얼마나 많은 변이가 있느냐에 따라 증상이 어떨지 알 수 있다.

---

* 실제 유전적 요인이 자폐스펙트럼장애를 설명하는 비율은 고작 10~20퍼센트 밖에 되지 않는다. 환경적, 후천적 요인으로 자폐가 발생한 경우, 유전적 성향에 트리거 역할을 한다. 예를 들어, 이미 자폐 관련 유전자의 변이가 많은 경우, 항생제 사용만으로 자폐 증상을 유발시켰다고 보기 어렵다. 반면 자폐 관련 유전자의 변이가 없는 경우, 매우 드물긴 하지만 항생제 사용만으로 자폐 증상을 유발했을지도 모른다. 물론 이 부분은 과학적 검증이 더 필요하다.

그럼 왜 항생제 치료는 자폐 증상 발현과 관련이 있을까? 바로 마이크로바이옴 때문이다. 자폐스펙트럼장애가 있는 사람은 약 70퍼센트 정도 장에 문제를 갖고 있는 것으로 알려져 있다. 그래서 장 문제를 개선하기 위해 자폐아에게 항생제를 처방해서 일부 자폐 증상이 좋아졌다는 연구도 있다. 이유는 간단하다. 종류에 상관없이 모든 항생제 치료는 장에 있는 대부분의 박테리아를 죽이기 때문이다. 미국 애리조나 지역의 연구팀은 자폐스펙트럼장애를 갖고 있는 아이들에게 먼저 2주간 항생제 치료를 진행한 후, 정상인의 장내 마이크로바이옴을 약 7~8주에 걸쳐 새롭게 이식한 다음 그 결과를 관찰했다.

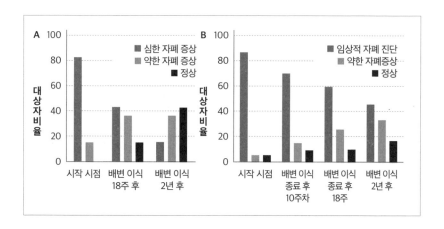

* 그림 A를 보면, 연구를 처음 시작할 때만 해도 심각한 자폐 증상을 가진 대상자가 전체의 80퍼센트를 넘었으나, 배변 이식을 하고 8주가 지났을 때는 약 40퍼센트, 그리고 2년이 지났을 때는 20퍼센트 미만으로 줄어든 것을 볼 수 있다. 특히 자폐 증상이 미약하거나 없는 대상자의 비율이 6주가 지났을 때는 약 18퍼센트, 2년이 지났을 때는 40퍼센트 이상으로 증가한 것을 볼 때, 배변 이식이 연구에 참여한 자폐아의 증상을 획기적으로 개선시킨 것을 알 수 있다. 그림 B를 보면 연구 참여자 중에 자폐스펙트럼장애로 진단받은 참여자가 유의미하게 줄어드는 것을 볼 수 있으며, 더 나아가 임상적으로 정상이 된 참가자가 2년이 지났을 때는 거의 20퍼센트에 육박한 것을 볼 수 있다.

옥시토신 이야기

결과는 말 그대로 충격적이었다. 장의 증상이 80퍼센트가량 좋아졌을 뿐 아니라 자폐 증상 역시 일부 개선되었다. 2년 후, 같은 연구팀은 마이크로바이옴을 이식받은 아이들을 2년간 추적 조사했는데, 연구에 참여한 18명 중 상당수가 자폐 증상이 아예 없어지거나 경미해졌다는 후속 결과를 발표했다. 18명 중에서 배변 샘플을 제공한 16명의 장내 마이크로바이옴을 살펴보았더니 여러 종류의 장내세균총 중에서도 비피도박테리움과 프레보텔라가 훨씬 증가한 것을 확인할 수 있었다. 이 말은 장내 마이크로바이옴의 변화만으로도 자폐스펙트럼장애를 가진 아이의 장 트러블 뿐만 아니라 사회성이 획기적으로 개선되었다는 뜻이다.[2]

장을 지배하기 위해서 삶을 바꿔라

그렇다면 자연스러운 질문이 생긴다. 마이크로바이옴의 변화는 당연히 자폐스펙트럼장애를 가진 사람이 아니라도 부족한 사회성을 개선하지 않을까? 이미 일부 국내 대학병원에서는 이런 질문에 대해 선별적으로 임상연구를 진행하고 있다. 그렇다고 우리가 모두 마이크로바이옴을 이식받아야 할 필요는 없다. 우리가 매일 먹는 삼시세끼를 바꾸는 것으로 충분하다.

마이크로바이옴이 장에서 원활하게 활동할 수 있도록 돕는 음식은 의외로 평범하다. 마이크로바이옴이 섭취하는 주요 음식물은 탄수화물이다. 따라서 소장에서 흡수되지 않고 대장까지 가는 탄수화물을 섭취하는 게 중요하다. 대장까지 가는 탄수화물은 바로 채소류와 식이섬유다. 평소 채소 섭취를 늘려야 하는 이유가 바로 여기에 있다. 둘째로는 가공식품 섭취를 줄이는 것이다. 마이크로바이옴 중에는 유익균과 유해균이 있는데, 이 균형이 무엇보다 중요하다. 가공식품을 먹으면 유해균이 늘고, 반대로 유익균은 준다.

가공식품에는 마이크로바이옴이 좋아하는 섬유질이 아예 없기 때문이다. 가공식품과 설탕이 풍부한 식단은 유익균과 유해균 사이의 균형을 방해하여 잠재적으로 만성 염증과 면역 체계 약화를 초래한다.

셋째로는 라이프스타일을 건강하게 바꾸는 것이다. 규칙적인 운동과 금주, 금연, 충분한 수면, 체중조절 등이 장내 환경을 건강하게 만들어 준다. 규칙적인 운동 중에는 가능하면 숨을 가쁘게 하는 빠른 걷기(파워워킹)와 자전거 타기, 그리고 근력운동을 반드시 포함하는 게 좋다. 물론 개인의 관절 상태를 고려해서 운동 종목을 선택해야 하고, 옥시토신을 높이기 위해서라도 혼자보다는 다른 사람과 함께 운동하는 게 좋다. 음주와 흡연은 장에 치명적인 습관이다. 너무 당연한 이야기기 때문에 이 부분에 대해서는 자세한 설명을 생략하겠다.

충분한 수면과 시간제한 다이어트도 장 건강에 절대적으로 필요한 조건이다. 이 두 가지는 특히 중요한데, 최근 수면 습관을 깨는 불규칙한 식사 습관, 특히 늦은 저녁에 먹는 과도한 야식 문화가 장 건강과 이상적인 수면 패턴에 매우 나쁜 영향을 미치기 때문이다. 탄수화물의 화학식($C_6H_{12}O_6$)을 보면 알겠지만, 포도당이라는 게 사실 탄소에 물 분자가 붙은 모양이다. 밤에 탄수화물을 많이 섭취하고 자다가 깨는 이유는 소변을 보기 위해서인데, 야식으로 먹은 탄수화물이 몸에서 분해되고 나온 물이 배출되기 때문이다. 그뿐 아니라 탄수화물은 혈중 인슐린을 올리는데, 인슐린이 올라가면 각성이 일어나 제대로 된 수면을 이룰 수 없다. 그렇다면 탄수화물은 나쁘고 단백질은 괜찮을까? 단백질은 장이 소화하는 데 훨씬 많은 에너지를 쓰기 때문에 위와 장이 쉬지 못하고 계속 일을 해야 하므로 야식으로 과도한 단백질 섭취는 더 나쁠 수 있다.[3]

마이크로바이옴과 옥시토신이 사회성에 미치는 작용 기전과 그 효과는 매우 유사하다. 일단 장내 마이크로바이옴을 죽이는 항생제를 복용하면, 체내 옥시토신 수치가 덩달아 떨어지고 이와 함께 사회성도 감소한다. 마이크로바이옴 중에도 락토바실러스 루테리 같은 유익균은 옥시토신 분비를 늘릴 뿐 아니라 사회성 역시 좋게 한다. 사실 락토바실러스 루테리는 사회성뿐만 아니라 항암과 항염증은 물론 항우울, 면역력, 항비만 및 신체 치유력을 개선한다. 이런 효능은 모두 옥시토신의 효능과 묘하게 겹친다.

그럼 만약 옥시토신 수용체가 없는 동물을 대상으로 락토바실러스 루테리를 복용시키면, 동일한 효과가 나타날까? 재미있게도 옥시토신이 제대로 작용하지 않을 때는 락토바실러스의 상처 치유력, 면역력 그리고 항비만 효과가 급격히 감소하거나 전혀 나타나지 않았다. 그런데 옥시토신과 락토바실러스 모두 부교감신경을 끊어 버리면 그 효과가 급감했다. 이런 흥미로운 연구 결과는 최근 명상과 운동, 심지어 전기 자극을 통한 부교감신경 자극이 우울증을 포함한 다양한 정신질환에 영향을 미친다는 연구 결과와도 무관하지 않은 것 같다. 결국 장을 다스리면 옥시토신을 지배한다는 말이 과언이 아니다.[4]

생활 속 옥시토신 올리기 맵고 짠 음식, 인스턴트 음식을 피하고 채소와 과일, 식이섬유가 많은 건강한 식단을 즐기세요. 힘들다면, 하루 한 끼라도 지켜보세요.

27장

움직이면 올라간다: 운동이 약이다

'운동이 약이다Exercise is Medicine.' 아니, 운동은 현대인에게 약이 될 수밖에 없다. 왜냐하면 현대인이 앓고 있는 질환은 너무 많이 먹고 적게 움직여서 생기는 병이기 때문이다. 최근 21개국 155,722명을 대상으로 사망원인을 조사한 연구에 의하면, 전체 사망원인의 26.5퍼센트는 생활 습관이며, 41.2 퍼센트는 대사 문제라고 발표했다. 사실 대사 문제 역시 운동 부족과 적절하지 못한 식습관으로 생기는 질환이 대부분이기에, 자신에게 맞는 적절한 운동과 식습관을 포함한 생활 습관 변화만으로도 오늘날 현대인이 겪고 있는 질환의 대부분을 개선할 수 있다는 말이 된다.

물론 최근 전 세계적으로 커다란 문제를 야기한 코로나바이러스와 폐렴과 같은 질병은 면역력 저하가 원인일 수 있지만, 적절한 운동이 면역력을 증진하는 것을 생각할 때, 이런 전염병에도 얼마든지 운동이 약이 될 수 있다. 그렇다면 우리나라 사망원인 1위인 암은 어떨까? 운동은 암을 예방할

뿐만 아니라 암 생존자들의 재발 위험을 낮추고 치료로 인해 생긴 다양한 후유증과 건강 문제를 개선한다. 운동은 실로 '만병통치약'이라고 말해도 무리가 없을 것 같다.[1]

운동과 옥시토신의 관계

그렇다면 운동은 옥시토신에 어떤 영향을 줄까? 한마디로 이야기하면, 운동은 옥시토신의 분비를 촉진한다. 운동은 바로 혈중 옥시토신 농도를 올리기도 하지만, 장기간 꾸준히 운동하면 아예 옥시토신 수용체의 밀도를 높이기도 한다. 이와 관련한 연구가 있다. 쥐를 대상으로 진행한 한 연구에서, 한 집단은 케이지에 쳇바퀴를 넣어주어 쥐들이 원하면 언제든지 운동을 하게 했고, 다른 집단은 쳇바퀴가 없는 케이지에 쥐들이 덩그러니 있게 하였다. 쳇바퀴가 있는 케이지에 있던 쥐들은 하루 2.4킬로미터, 시간으로는 약 2시간 20분 정도 달리기를 꾸준히 하더라는 것이다. 이런 환경에서 6주 정도를 키운 다음, 뇌 속의 옥시토신과 혈중 옥시토신을 비교 분석해 본 결과, 뇌와 혈중에서 옥시토신 수치가 매우 유의미하게 증가했다는 사실을 확인했다. 쥐들의 옥시토신 수치가 증가하면서 불안감이 감소하였고 다른 쥐들과의 공감 능력도 향상된 것을 확인할 수 있었다.[2]

이런 연구는 얼마든지 있다. 한 연구에서는 쥐들이 낮은 속도로 트레드밀에서 달리기한 집단이 비교군보다 뇌의 옥시토신 수용체 발현이 더 증가했고, 불안 행동이 줄어들고 주변을 탐색하는 행동이 증가하는 것을 확인했다. 또한 운동이 유방암에 미치는 영향을 규명한 연구에서도 암을 유발한 쥐를 운동시키거나 옥시토신을 투여하면 암을 성장하게 만드는 세포 신호체계가 낮게 발현되어 암세포 크기가 줄어들었다. 반면 옥시토신이 제대로 작용하지 못하게 길항제를 투여하면, 운동과 옥시토신의 항암 효과가 현격히 줄어든다는 결과가 나왔다. 또한 이 연구에서 꾸준하게 운동하는 쥐의 혈중 옥시토신 수치를 측정한 결과, 옥시토신 수치는 매우 유의미하게 증가한 것을 볼 수 있었다.[3]

아직 많이 연구되지는 않았지만, 인간을 대상으로 진행한 연구에서 10분만 달리기를 했는데도 타액에서 옥시토신 수치가 남녀 모두 2배 이상 증가했다는 연구 결과도 있다. 특히 운동을 통한 옥시토신 증가는 남자보다 여자에게서 더 유의한 것으로 나타났다. 여성들이여! 운동을 하자! 이렇게 운동을 통해 체내에 증가하는 옥시토신 수치는 동일한 연구에서 참여자들이 자위하며 오르가슴을 느낄 때 올라가는 정도와 매우 흡사했다. 또 다른 연구에서는 서로 붙잡고 넘기고 뒹구는 주짓수나 그래플링 운동은 옥시토신 수치를 높였다고 밝혔다. 똑같은 운동을 해도 신체 접촉이 직접적으로 일어나지 않는 운동은 옥시토신을 높이지 않았지만, 신체 접촉이 일어나는 운동은 옥시토신을 크게 높였다.[4]

셸 위 댄스

그렇다면 댄스 스포츠는 어떨까? 2011년 우리 연구팀은 암환자 다섯 커플을 대상으로 총 6주간 12회 댄스 스포츠를 참여하게 하였을 때, 부부 갈등이 확연하게 줄어드는 것을 관찰할 수 있었다. 특히 시가, 친척, 형제자매와 사회 활동 영역에서 갈등 감소가 컸다. 함께 춤을 춘 부부는 의사소통이 더욱 좋아졌고, 상대방의 입장에서 문제를 이해하려는 노력이 비교군보다 늘어났다. 이 연구가 불과 다섯 커플 총 10명을 대상으로 진행한 연구기 때문에 통계적으로 유의미성을 확인하기 어렵다 해도, 다른 사람과의 사회성이

6주 만에 이렇게 확연히 달라질 수 있었다는 건 아마도 옥시토신 수치가 증가해서가 아닐까? 이런 부부간 댄스 스포츠 참여는 자신감과 함께 자아실현감, 몰입감 그리고 즐거움을 증대시켰다. 남편이나 아내가 꼴도 보기 싫은 전국의 부부들이여, 오늘 당장 탱고를 추자! 「여인의 향기」가 별건가? 나도 오늘 알 파치노가 되어 보는 거다.[5]

다음은 부부가 함께 댄스 스포츠에 참여한 경험을 나눈 글을 일부 가져왔다.

이웃 부부 중에 댄스 스포츠 모임에 참여하는 친구가 있는데 처음에는 어떻게 부부가 같이 댄스 스포츠를 배울까? 재미는 있을까? 하는 생각을 했어요. 저는 원래 노래랑 춤은 질색인데, 그 부부는 함께 의상도 맞추고 발표회도 하고 그러는데 솔직히 부러워요. 그리고 부부가 댄스 스포츠를 하니깐 사이도 더 좋아지더라고요. 요즘은 깨를 볶아요. (H씨 면담 중에서)

- -

처음은 어색했는데 점점 부부 사이의 따뜻한 감정이 느껴지기 시작했어요. 연애 초기로 돌아간 모습처럼…. 한 주 두 주 지나면서 남성분이 여성분을 리드하면서 자연스럽게 턴 동작을 하고 스텝의 보폭 조절이 자동으로 되는 모습을 확연하게 볼 수 있었죠. 제자리에서 함께 춤을 출 때 남성분의 보폭이 늘어나면 여성들이 따라가기 버겁지만, 홀드하는 모습도 자연스러워졌어요. (연구자가 기록한 관찰일지 중에서)

- -

댄스 스포츠를 하면서 서로가 아무래도 스킨십을 하니까 애틋한 마음이 더 생기는 것 같아요. 요새는 얼굴만 봐도 예뻐 보이네요. 이거 은근히 연애하는 기분이랄까? (E씨 면담 중에서)

이 연구는 댄스 스포츠를 좋아하는 일본계 대학원생 나루세 마사요와 함께 기획한 연구다. 암 투병이 부부간의 관계를 악화시킨다는 이야기를 듣고 시작한 연구로, 댄스 스포츠를 통해 부부 관계가 이렇게까지 좋아질 줄 나도 제자도 미처 예상하지 못했다. 옥시토신의 분비를 높이는 것이 스킨십과 눈맞춤 그리고 합창과 같이 함께 합을 맞추는 것에서 온다는 사실을 고려할 때, 옥시토신을 올리는 가장 좋은 운동은 이 모든 행동이 다 들어있는 댄스 스포츠일 것이다.

이 책을 저술하며 나루세 마사요에게 전화하여 왜 눈을 마주치는 부분을 강조했는지 물었다. 나루세의 답변은 쿨했다. "그냥요! 일전에 선생님께 댄스 스포츠를 배울 때 바닥이 아니라 서로의 눈을 바라보라고 배웠어요." 그녀는 실제 이 수업에 참여하신 암 생존자 부부들에게 댄스를 가르치기 전, 먼저 부부가 손을 꼭 잡고 1분씩 서로의 눈을 바라보라고 했단다. 마치 서로 눈을 바라볼 때 옥시토신 수치가 치솟는지 알았던 것처럼! 백문이 불여일견이다. 여기에 나루세 마사요가 쓴 내용 일부를 또한 직접 옮겨 본다.

> "부부의 변화는 춤을 통해 관찰할 수 있었고, 회가 거듭할수록 처음과는 다르게 익숙해져 있는 현상이 나타났다. 특히 바쁜 생활을 하는 부부에게 있어서 서로의 감정을 확인하고 눈을 마주치는 것이 자연스러워지는 것을 확인할 수 있었다. 또한 춤을 통한 긍정적인 효과와 필요성을 인지함으로써 지속적으로 댄스 스포츠를 하기 원하고, 파트너(배우자)의 필요성을 느끼는 모습도 관찰할 수 있었다."(나루세 마사요의 석사학위 논문 중에서)

실제로 수업에 오면서 싸웠던 커플도 있었는데, 수업을 마치고 집에 돌아갈 때는 누구도 화해를 시도하지 않았지만 이미 부부는 언제 싸웠냐는 듯 몸을 밀착시키고 화기애애한 모습으로 집에 돌아갔다. 그들의 뒷모습을 보고 얼마나 흐뭇했는지 모른다. 아직 댄스 스포츠와 같은 운동이 옥시토신 분비를 높이는지에 대한 체계적 연구는 없다. 사실 옥시토신이 공감 능력을 높이고 상대에 대한 배려와 긍정적 소통을 유발하고 관계에서 애착을 형성한다는 사실을 생각해 볼 때, 부부 혹은 연인끼리 함께 하는 댄스 스포츠와 커플 요가 등이 부부와 연인 간의 옥시토신 분비를 자극하리라는 예상을 쉽게 할 수 있다.

옛날에는 춤바람만큼 무서운 게 없었다. 몸도 잃고 돈도 잃고 가정도 잃었다. 그런데 부부가 서로와 춤바람이 나면 어떨까? 아마 이런 춤바람 난 부부의 가정은 세상에서 가장 행복한 천국이 될 것이다.

생활 속 옥시토신 올리기

사랑하는 사람과 탱고를 배워 보세요. 여러분이 오늘 알 파치노가 되는 겁니다.

7부

The
Oxytocin
Odyssey

옥시토신
라이프스타일 2

옥시토신 라이프스타일은 의외로 매우 단순합니다. 복잡한 생활 습관을 단순하게 바꾸는 미니멀리즘이라고 할까요? 실천하기도 쉽습니다. 여러분에게 주어진 것들을 감사해 보세요. 감동적인 영화나 드라마를 보세요. 노래방에서 친구와 함께 합을 맞춰 노래를 불러 보세요. 이런 행동은 모두 우리 몸에 옥시토신 수치를 팍팍 올려줄 거예요. 이런 삶을 살아간다면, 꼭 옥시토신이 아니더라도 저절로 건강해지고 지금보다 더 나은 사람이 될 것 같습니다. 여러분은 이미 좋은 사람입니다. 여러분의 옥시토신은 이미 그걸 알고 있을 겁니다. 더 좋은 삶, 더 행복한 삶을 살기 위해 혼자가 아닌 가족과 친구 그리고 동료와 함께 살아가야 합니다. 사실 이것이 옥시토신 라이프스타일의 핵심입니다. 앞서 못다 한 옥시토신 라이프스타일을 계속 이야기해 드릴게요.

28장
까면 올라간다: 뒷담화 vs 뒷다마

⌣

세상에서 제일 재미있는 시간은 뒷담화 시간이다. 여기엔 이견이 있을 수 없다. 직원들이 모여 대머리 부장님이 옷 입는 스타일을 품평하고, 학생들이 모여 교수님의 강의 습관을 흉내 내며, 오전이면 동네 카페에 아줌마들이 삼삼오오 모여 남편 흉을 보고, 아저씨들은 술자리에 모여 고등학교 때 잘나갔지만 지금은 별로인 친구 뒷담화를 깐다. "아니 뭐, 나는 뒷담화 같은 거 좋아하지 않아. 절대 안 해."라며 딱 잡아떼던 사람도 정치인 이야기라도 나오면 두 팔을 걷어붙이며 대통령 흉보기에 참전한다.

점잖던 사람도 한 순배 술이 돌고 나면 본격적으로 주변인을 하나씩 도마 위에 올려놓고 날카로운 혓바닥으로 정교하게 포를 뜬다. 하다못해 전직 미국 대통령의 바람머리 헤어스타일이나 망측스러운 입술 모양의 특이한 발음 습관까지 소환한다. 이 모든 것이 뒷담화라고? 사실 우리가 친구나 직장 동료, 사적으로 만나는 사람과 나누는 이야기의 대부분은 뒷담화로 구성되어 있다. 믿거나 말거나 뒷담화는 이렇게 일상 언어의 대부분을 점령한다. 그도 그럴 것이 뒷담화야말로 인간을 가장 인간으로 만드는 대표적 사회 행동이기 때문이다.[1]

뇌를 평온하게 만드는 뒷담화의 위력

우리는 뒷담화하면서까지 깊은 생각을 하진 않을 거로 생각하지만, 사실 뒷담화를 하는 중에도 인간의 머리는 핑핑 돌아간다. 상대의 눈을 쳐다보며 대화를 경청하는 것 같이 고개를 끄덕이지만, 머릿속으로는 '그러니까 넌 지금 나보고 그가 나쁜 사람이라는 말에 동의하란 말이지? 그런데 그렇게 나쁜 놈은 아닌데.' 혹은 '그 개××, 너도 그 놈을 개××로 생각하는구나.'라는 말이 뱅글뱅글 돈다. '그래, 니 똥 굵다.' 하다가도 '뭐, 꼭 그렇게 나쁜 놈으로 볼 필요는 없잖아?'하며 상대방의 말을 듣고 대꾸할까 말까 하는 순간에도 몇 번씩 상상 속에서 단두대에 사람을 올렸다 내렸다 한다. 이렇듯 우리는 남 이야기를 하면서도 엄청난 양의 뇌 활동을 수행한다. 그러면서 뒷담화는 피아彼我를 구분하고 단결과 유대를 결정짓는 중요한 의식이 된다.

어찌 보면, 이런 인간의 뒷담화가 유인원에게는 그루밍grooming일지도 모르겠다. 유인원은 하루 일과 중 20퍼센트의 시간을 동료 유인원의 피부에서 이를 잡는 데 허비한다고 한다. 그러면서 털도 고르고 손으로 쓰윽 쓰다듬어 주기도 한다. 이를 그루밍이라고 하는데, 유인원은 이렇게 상대의 털을 고르며 서로의 유대감을 확인한다. 그루밍을 하는 동안 유인원의 체내에서는 엄청난 화학반응이 일어난다. 엔도르핀이 분비되고 도파민은 올라간다. 반대로 코르티솔을 내려간다. 이런 신경전달물질의 변화는 유인원이 일상에서 겪는 스트레스 지수를 낮춰주며 평온한 정서를 유지해 준다. 심박수는 내려

가고 긴장은 풀어진다. 그루밍을 통해 공감과 친밀감을 느낀다. 이렇듯 그루밍을 나누는 고릴라의 시간이 자기편과 상대를 가르고 뒷담화를 시전하는 인간의 시간을 그대로 닮은 것은 매우 의미심장하다.

유발 하라리^{Yuval Noah Harari}는 『사피엔스』에서 인지 혁명에서 가장 중요한 것으로 뒷담화를 꼽았다. "뒷담화는 악의적인 능력이지만, 많은 숫자가 모여 협동하려면 뒷담화가 필요하다. 호모 사피엔스가 7만 년 전 획득한 능력은 이들이 몇 시간이고 계속해서 수다를 떨 수 있게 해주었다." 그에 따르면, 유인원은 1대1로밖에 그루밍을 할 수 없지만, 사람은 1대4의 관계로도 효과적으로 뒷담화를 나눌 수 있다고 한다. 이에 관해 유인원의 뇌와 무리의 크기를 조사한 던바^{Dunbar} 교수는 유인원이 속해 있는 집단의 크기가 클수록 집중력과 맥락적 해석, 언어 능력 등 인지 능력과 관련한 신피질의 크기가 크다는 것을 발견했다. 어쩌면 우리는 다른 사람을 만나 끊임없이 뒷담화하면서 더 똑똑해진 건 아닌지 모르겠다.[2]

뒷담화와 옥시토신의 상관관계

유인원이 그루밍을 할 때와 같이 인간도 뒷담화를 하면 코르티솔이 감소할까? 벨기에의 루드니키^{Konrad Rudnicki} 교수는 66명의 피실험자를 모아 뒷담화를 하도록 요구한 다음, 코르티솔과 엔도르핀 수치, 교감신경과 부교감신경의 활성화 정도를 확인했다. 그랬더니 뒷담화한다고 해서 엔도르핀이 증가하지는 않았지만, 코르티솔은 눈에 띄게 감소하는 경향을 보였다. 더 나아가 뒷담화에 긍정적인 태도를 가진 사람은 코르티솔 감소 효과가 더 두드러졌고 부교감신경이 훨씬 높다는 사실도 관찰했다. 더 재미있는 연구는 같은 해 이탈리아의 브론디노^{Natascia Brondino} 교수 연구팀의 결과다. 이 연구에서는 여자 대학생만을 대상으로 연구를 진행했으며, 서로 감정적으로 지지하지만 뒷담화는 아닌 대화를 하게 했다. 그랬더니 코르티솔 레벨이 유의미하게 감소했다. 그리고 이번에는 뒷담화를 하게 했더니 코르티솔이 감소할 뿐 아니라 옥시토신도 유의미하게 증가했다.[3]

여기까지 논문을 읽고 나는 무릎을 탁 쳤다. '아, 옥시토신을 올리려면 함께 뒷담화에 동조해야 하는구나.' 돌이켜보면 아내가 직장 상사의 뒷담화를 할 때 난 한 번도 본 적 없는 직장 상사 편을 들다 아내한테 구박받은 적이 있다. "당신은 도대체 누구 편이야?" 맞다. 내가 굳이 그 사람 편을 들 필요가 뭐가 있나? 원래부터 남편은 '남의 편'이라더니 이럴 때 보면 남자라는 동물은 조상님도 시키지 않는 개방정을 떨다가 괜히 긁어 부스럼만 만든다. 아내가 뒷담화를 깔 땐 이렇게 대응해야 한다. 공식이다. 남성 독자라면 다들 외워라. "그 사람 미친 거 아냐? 왜 아무 잘못 없는 사람을 이렇게 힘들게 하는데? 내가 가서 뭐라고 할까?" 그러면서 아내의 손을 꼬옥 잡는 걸 잊지 말라. 서로 바라보는 눈빛에 스파크가 튀며 부부의 옥시토신 수치는 올라간다.

사실 우리가 다른 사람에 대해 긍정적인 대화를 할 때는 도덕적 만족감은 높아지지만, 스트레스가 해소되거나 상대와 유대감이 깊어지지는 않는다. 반대로 남에 대해 부정적인 이야기를 할 때 갑자기 우리는 모종의 같은 편이 된 것이다. '자, 이제 우리는 한 배를 탄 거야, 알았지?' 공범의식이라고 할까, 아니면 동료의식이라고 할까? 그래서 우리는 뒷담화를 이런 말로 시작한다. "너에게만 하는 이야기인데!" "이 이야기 나한테 들었다고 하지 마." "절대 다른 사람에게는 말하면 안 된다, 알았지?" 그런데 또 우리 주위에는 언제나 그 말을 다시 옮기는 사람도 있기 마련이다. 그렇게 옥시토신을 높이려다가 자칫 주변의 인간관계가 모두 꼬여 코르티솔이 올라갈 수도 있으니 조심하자.

29장

부르면 올라간다: 독창 말고 합창

자신을 런던에서 온 휴대폰 판매원이라고 소개한 한 사내가 무대 위에 올랐다. 2007년, 영국의 유명 TV 오디션 프로그램 '브리튼즈 갓 탤런트'의 무대였다. 이 사내는 시골에서 갓 올라온 지극히 평범하고 보잘것없는 남자로 보였지만, 그가 입을 열어 「네순 도르마」의 첫 소절을 부르는 순간 그 자리에 있던 심사위원과 모든 방청객, 그리고 해당 영상을 보던 영국 전역의 시청자들은 탄성을 자아냈다. 그의 목소리는 평생 오페라는커녕 노래라는 건 한 번도 정식으로 배운 적이 없는 외판원이 내는 음색이라고 믿기지 않는 천상의 보이스였다.

여러분도 잘 아는 폴 포츠Paul Potts의 이야기다. "무대 위에 섰을 때, 나는 음악에 내 몸과 영혼을 맡기게 되었어요. 그 순간부터 음악은 내 삶의 핵심이 되었어요." 이전까지 대중에게 철저히 무명이었던 폴은 오페라 한 소절로 브리튼즈 갓 탤런트의 무대를 뒤집어 놓았고 심사위원과 방청객들의 눈물을 흘리게 했다. 이후 그는 글로벌 스타로 거듭났고, 그의 음악은 수많은 이들에게 희망과 위로를 주었으며, 그의 열정은 모든 꿈은 현실이 될 수 있다는 가능성을 보여주었다. 이처럼 노래는 우리의 마음을 파고드는 마력을 갖고 있다. 우리는 노래 하나로 울고 웃으며 절망 속에서 희망을 찾는다. 그런데 이 노래가 독창이 아닌 합창이라면 어떨까?

친해지고 싶다면 합창에서 답을 찾아

아이스브레이킹ice braking이라는 표현이 있다. 모르는 사람끼리 처음 만나 '저 인간은 어떤 인간일까?' 아직 경계심을 풀지 못하고 어색할 때 하는 대화나 게임, 혹은 가벼운 활동을 의미한다. 어떤 사람들은 괜히 어색한 분위기를 깬답시고 어디서 주워들은 아재 개그 몇 마디 던지다가 도리어 분위기를 급랭시키는 경우도 종종 있다. 그런데 사회적 유대감을 높이는 활동으로 합창만큼 멋진 게 따로 없다. 이와 관련한 재미있는 연구가 있다. 영국 옥스퍼드대학에서 실행한 연구인데, 커뮤니티 활동으로 합창을 선택한 사람과 공예와 글쓰기를 선택한 사람을 대상으로 과연 이런 취미 활동이 서로 얼마나 가깝게 느끼는지, 나아가 통증역치는 어떻게 바꾸는지 조사했다. 해당 수업을 시작하고 1개월, 3개월 그리고 7개월에 각각 참가자들의 통증역치를 측정했다.

그 결과, 합창에 참여한 사람들은 1개월 지난 시점에서 공예와 글쓰기를 참여한 사람들과 비교해 월등하게 서로 가깝다고 느꼈다. 반면 이런 차이점은 3개월과 7개월이 지난 시점에서는 집단 간 차이가 사라졌다. 이렇게 집단 간 차이가 사라졌던 이유는 합창의 효과가 없어서가 아니라 다른 집단 활동에 참여한 사람들도 시간이 지나면서 자연스레 서로 친밀하다고 느꼈기 때문이다. 이 논문의 저자는 이렇게 서로 가깝게 느끼는 이유로 옥시토신과 엔도르핀을 제시하지만, 실제 해당 호르몬을 과학적으로 측정하지는 않았다.[1]

그렇다면 합창에 참여한 사람들이 서로 유대감을 느낀 이유가 '함께' 노래해서일까, 아니면 그냥 노래하는 것 자체가 옥시토신을 높이는 것일까? 이와 관련해서 역시 재미있는 연구가 있다. 이 연구는 캐나다 토론토에서 진행된 연구인데, 원래 합창단에 있던 노인 합창단원 9명을 대상으로 한 번은 독창을 하게 했고, 한 번은 합창을 하게 했더니, 합창할 때만 옥시토신이 증가한 것을 관찰했다. 게다가 합창할 때 훨씬 긍정적인 기분과 감정을 경험했다는 것이다. 하지만 합창과 독창 모두 코르티솔 수치는 감소시켜서 스트레스 수준을 낮춘 것으로 확인했다.

그리고 추가적으로 긍정적인 감정과 옥시토신 및 코르티솔과의 상관관계를 조사한 결과, 긍정적인 감정은 옥시토신과만 상관관계를 보였다. 사실 눈맞춤만 해도 옥시토신 수치가 올라간다는 것을 고려하면, 함께 노래하며 서로의 음률과 음량을 확인하고, 지휘자나 다른 합창단원과 끊임없이 눈을 마주치며 자신의 음색을 조절하다 보면, 당연히 옥시토신 수치가 올라갈 것 같긴 하다. 실제로 합창할 때 통증역치가 올라간다는 연구도 있다.[2]

송 포 유, 그대에게 노래를

앞선 연구 결과를 반영한 재미있는 영화가 있다. 「송 포 유Song for You」라는 영화다. 난 우연히 비행기에서 이 영화를 보았는데, 이즈음 막내누나를 하늘나라로 먼저 보내서 그랬는지 옆 사람에게 민망할 정도로 울면서 봤다. 이 영화는 정말 상상하기 어려울 정도로 까칠한 남편 아서(테렌스 스템프)와

옥시토신 이야기

노래를 좋아해 합창단에서 활동하던 아내 마리온(베네사 레드그레이브)의 이야기다. 아서는 아내를 합창단 연습에 바래다주고 주로 밖에서 기다리는 사람이었다. 그런데 말기암으로 죽어가는 아내의 소원으로 합창단에서 함께 노래하기로 약속한다.

합창단원은 모두 고집불통의 아서를 인내심을 가지고 아껴주고 설득하며 함께 합창 연습을 한다. 결국 죽은 아내를 대신해서 아서는 합창대회에 나가게 된다. 스포일러가 될 수 있어서 자세한 줄거리는 말할 수 없어서 속상할 뿐이다. 여기에 젊고 에너지 넘치는 합창단 리더 엘리자베스, 그리고 아버지와 관계가 매우 나쁜 아들 제임스 간의 다이내믹한 관계도 재미 중 하나다.

이 영화는 내 인생영화다. 이 글을 쓰면서 유튜브에서 예고편만 다시 봤는데도 눈물이 주르륵 난다. 어쨌든 영화를 볼 때는 몰랐지만, 독창보다는 합창이 체내 옥시토신 수치를 높인다는 연구 결과를 알고 난 다음, 이 영화의 장면 하나하나를 다시 보니 합창이 왜 우리 사회성을 높이고 면역력을 강화하는지 이해되기 시작했다. 사실 이 영화 말고도 음악과 합창이 우리에게 힐링을 가져다준다는 영화와 스토리는 즐비하다. 우리나라 영화 「하모니」가 그렇고, 우피 골드버그 주연의 명작 「시스터 액트」가 그렇다.

아내와 연애 시절, 친구들을 집으로 초대해 함께 밥을 먹고, 피아노를 치는 아내 곁에 모두 둘러서서 화음을 넣으면서 노래를 부르며 서로의 눈을 맞추던 때가 생각난다. 지금은 처남인 아내의 둘째 오빠와 교회 특송을 준비하며 함께 부르던 노래와 화음, 그리고 음이탈을 해서 깔깔 웃으며 행복해했던 감정들이 너무 선명하게 기억난다. 이민 생활로 힘들어하던 교회 어른들이 성가대 연습을 하면서 체내 코르티솔 수치를 낮추고 대신 옥시토신 수치는 높였던 게 아니었을까? 조심스레 '음악이 약이다'라는 생각을 해본다.

30장
눈맞으면 올라간다: 반려견이 주는 선물

2015년 「사이언스」에 매우 흥미로운 논문이 하나 발표되었다. 반려견과 눈만 맞춰도 옥시토신 분비를 촉진한다는 것이다. 개인적으로 세상에서 가장 기분 좋은 순간 중 하나는 개를 쓰다듬으면서 눈을 맞추는 시간이다. 사실 내가 어렸을 때만 해도 개는 집밖에 하루 종일 묶여 지냈다. 개를 키우는 목적이 집을 지키는 것이었기 때문이다. 사료도 따로 존재할 리 없었다. 온 가족이 먹다 남긴 밥과 반찬을 말아 개에게 줬기 때문이다. 그래서 이 시절 키우던 개는 '반려견'이라는 말이 전혀 어울리지 않는 존재였다. 이후 부모님이 아파트로 이사하시고 나 역시 유학을 가면서 한 번도 집에서 반려견을 키운 적이 없었다. 그런데 둘째 아들이 5년 전부터 개를 키우자고 노래를 불렀다. 아내는 개는커녕 동물 자체를 싫어했기 때문에 집안에서 개를 키운다는 건 상상할 수도 없는 일이었다.

그러나 자식을 이기는 부모는 없다. 둘째는 개를 키우겠다고 난리를 부렸고 아이의 지속적인 생떼에 아내가 점점 지쳐갈 때쯤 「개는 훌륭하다」라는 TV 프로그램을 보면서 마음이 긍정적으로 바뀌었다. 개를 키우면 무엇보다 아이에게 책임감과 함께 정서적 유대를 주어 좋다는 거였다. 결국 아내와 나는 아들에게 '하루 두 번 산책을 꼭 시킬 것'이라는 약속을 굳게 하고 어렵게 반려견을 입양했다. 그렇게 '구름이'는 우리 가족의 일원이 되었다. 물론 이후 모든 산책과 보살핌은 아내와 내 몫이 되었지만 말이다. 나는 구름이가 처음부터 마음에 들었다. 퇴근하면 쪼르르 달려와 꼬리를 흔드는 게 너무 예뻤다. 아들 둘을 키우는 것과는 또 다른 기쁨의 연속이었다.

눈맞춤이 옥시토신을 올려준다

구름이가 어렸을 때는 쓰다듬어 달라고 내 옆에 앉아 있으면서도 자꾸 내 눈을 피했다. '개들은 원래 눈을 잘 못 맞추나?'라고 대수롭지 않게 여겼다. 그런데 구름이가 좀 더 크기 시작하면서 나와 눈을 마주치기 시작했고 그렇게 서로의 눈을 한참 바라보고 있으면 마치 뭔가 교감하는 것 같은 사이가 되었다. 이후 「사이언스」에 실린 해당 논문을 보면서 그 과정을 이해하기 시작했다. 나가사와 박사는 총 30마리의 반려견과 견주 30명을 실험실로 불러 서로 교감을 갖게 한 다음 옥시토신 수치를 확인하였다.

이미 나가사와 박사는 2009년에도 반려견과 유대 관계가 깊을수록 주인과 눈을 마주치는 시간이 길어진다는 사실을 확인했고, 이번 연구는 유대감과 눈맞춤 시간의 결정 요인이 옥시토신으로 정해진다는 가정에 집중했다. 아니나 다를까 반려견과 견주 간의 눈맞춤 시간이 길수록 주인의 옥시토신 수치가 증가하는 것을 확인했다. 그뿐만 아니라 반려견이 옥시토신 수치 역시 주인이 올라가는 정도에 따라 함께 올라가는 것을 관찰했다. 이 연구가 재미있는 것은 동일한 연구를 늑대와 늑대 주인에게 수행했을 때는 옥시토신 수치가 증가하지 않았다는 사실이다. 최근에는 반려견이 주인과 떨어져 있다가 만났을 때 눈물을 흘리는 데도 옥시토신이 관여한다는 사실을 증명했다.[1]

이렇게 사람에게서 옥시토신이 증가하는 이유가 꼭 반려견과의 눈맞춤 때문인지 확인하기 위해 반려견의 옥시토신 수치를 올린 다음 반려견과 주인과의 교감 정도를 관찰하였다. 결과는 예상대로였다. 반려견의 옥시토신 상승은 주인의 눈맞춤 시간을 늘렸을 뿐 아니라 주인의 옥시토신 수치까지 올렸다. 이 연구의 결과는 기존에 아버지에게 옥시토신을 흡입하게 하였더니 아이와 눈맞춤 시간이 늘어났을 뿐 아니라 아이의 옥시토신 수치 역시 증가했다는 연구 결과와 일맥상통한다.

우리가 다른 사람을 만나고 소통하고 교감할 때, 유난히 만나고 나면 힘이 나고 마음이 따뜻해지는 사람이 있는가 하면, 만나고 나면 신경이 오히려 예민해지고 괜히 만난 거 같아 짜증만 나는 사람이 있다. 이렇게 느끼는 이유가 어쩌면 옥시토신 때문이 아닐까? 진지하게 생각해 볼 문제다. 엄마에게 자녀의 사진을 보여줄 때와 반려견 사진을 보여줄 때 MRI를 통해 뇌에서 감정과 보상, 애착을 주관하는 신경망이 자극되는 사실을 생각해 보면, 반려견은 이미 우리의 가족 중 일원이 된 건 아닐까? 나가사와의 연구는 자폐아와 PTSD, 우울증, 그리고 불안장애가 있는 사람들에게 테라피 도그 therapy dog가 효과가 있을 수 있다는 점을 시사한다.[2]

반려견이 우리에게 주는 선물

하루는 연세대학교에서 은퇴 교수와 보직 교수를 대상으로 옥시토신 강의를 하고 함께 점심을 먹는 시간이었다. 교수님 중에 한 분이 오시더니 나에게 이런 말씀을 하신다. "교수님 말씀이 맞는 것 같아요. 저도 파양된 개를 입양했는데, 처음에는 눈을 못 마주치더니 저와 함께 침대에서 잠을 자기 시작하면서 눈을 마주치더군요. 마치 저를 믿는 것처럼요. 그리고 다른 개들을 보고 짖는 것도 많이 사라졌어요." 물론 반려견이 자신을 사랑해 주는 주인을 만나 정서적으로 많이 안정되면서 훨씬 온순해졌을 수도 있겠지만, 실제 옥시토신 수치를 올려주면 반려견이 훨씬 더 주인에게 충성하고 사회성도 좋아진다는 연구 결과를 볼 때, 그분의 이야기가 맞는 말씀이라는 생각이 들었다. 그리고 낯선 사람과 한 마디도 섞지 못하는 사람들도 반려견과 함께 산책하는 다른 견주와 스스럼없이 이야기 나누는 것을 볼 때, 어쩌면 반려견을 사랑하는 견주는 옥시토신 수치가 높은 것은 아닐지 조심스럽게 생각해 본다.

**생활 속
옥시토신
올리기** 오늘은 하루 종일 집에서 여러분만 기다려 온 반려견과 눈을 맞춰보세요. 반려견이 없다면 이번 기회에 한 마리 입양하는 것을 고려해 보면 되겠지요. 물론, 입양은 신중에 충분히 신중에 대한 학습과 고민을 한 후에 해야겠지요.

옥시토신 가족 건강

옥시토신은 가족 건강을 지키는 파수꾼이다. 부부의 사랑스러운 허그는 배우자의 혈압을 낮추고, 과도한 식욕을 억제하며, 스트레스 지수를 낮춘다. 바로 사랑스러운 허그가 옥시토신 분비를 촉진하기 때문이다. 이렇게 올라간 옥시토신 수치는 부부의 마음을 더욱 관대하게 하고, 서로에 대한 사랑의 감정을 높이기에 부부 관계를 더욱 친밀하게 한다. 부모와 자녀와의 허그 역시 옥시토신을 높인다. 특히 허그와 함께 서로에 대한 감사와 사랑에 대한 표현은 옥시토신을 높이고, 공부하는 자녀의 편도체를 안정화하며, 전두엽을 활성화하여 기억력과 집중력, 추리력, 문제해결능력을 높인다.

개인적으로 친구 중에 저녁만큼은 꼭 집에서 먹는다며 기를 쓰고 집으로 돌아가던 친구가 있었다. 그때는 나를 두고 집으로 돌아가는 친구가 야속했는데, 지금 생각해 보면 그 친구가 백번 천번 맞는 것 같다. 온 가족이 둘러 앉아 함께 식사를 나누면, 옥시토신 수치가 올라간다. 함께 식사할 때는 잔소리와 불평을 늘어놓는 게 아니라면 서로에 대한 감사 표현도 좋지만, 연예인 뒷담화도 좋고, 그냥 일상을 이야기하는 것도 좋다. TV 이야기도 좋다.

온 가족이 함께 합창이나 밴드를 하는 것도 좋다. 하지만 그렇게 하려면 두세 가족이 합쳐야 가능하기에 그런 구성이 안 된다면 밥 먹고 동네 노래방에라도 가서 떼창을 하는 것도 좋다. 그리고 온 가족이 함께 동의하에 반려견을 키우는 것 역시 가족 구성원의 옥시토신을 높이는 데 도움이 된다. 물론 충분히 숙고하고 반려견에 대한 훈련, 그리고 관련 지식을 충분하게 숙지한 후에 입양해야 한다. 이때 또한 중요한 것은 입양하고자 하는 반려견의 특성과 가족 구성원 간의 특성이 잘 맞아야 한다는 점이다. 아니면 자칫 옥시토신을 높이려다가 스트레스만 높일 수 있기 때문이다.

31장

감사하면 올라간다: 감사의 비밀

내가 인간관계와 관련해서 제일 좋아하는 말 중 하나는 '감사는 더 큰 감사를 낳는다.'라는 말이다. 나는 누군가에게 선물을 받을 때 선물의 가치는 가격이 아니라 선물과 함께 딸려 온 '감사 카드'에 있다고 믿는다. 선물이 꼭 비싼 게 아니라고 해도 감사의 마음이 담긴 정성스러운 카드 한 장이 끼워져 있다면, 그 선물은 세상에서 둘도 없는 보물이 되어 나를 감동하게 한다. 아무리 비싼 명품이라 해도 그 안에 감사 카드가 없으면, 그 선물은 물론 고맙지만, 누구에게나 똑같은 기성품처럼 느껴진다. 그 선물이 유용할지는 몰라도 감동을 주진 않는다.

사실 작년 초에 일 년 계획을 세우면서 나에게 도움을 주신 수많은 분의 얼굴을 떠올리며 비록 손 편지는 아니지만 감사의 마음을 담은 장문의 이메일을 여러분에게 보내드린 적이 있다. 한 분, 한 분의 얼굴을 떠올리며 그분들께서 나에게 어떤 도움을 주셨는지, 그리고 그 도움들의 결과로 어떤 일들이 있었는지를 구체적으로 적어 보내드리며 나의 입가엔 매우 커다란 미소가, 그리고 심지어 어떤 경우에는 눈물이 나왔다. 나에게 매우 행복하고 의미 있는 시간이었으며, 그분들에게 받은 답장에서도 행복이 느껴지는 시간이었다.

감사함은 뇌도 바꾼다

나는 아들 둘을 키우고 있다. 물론 내가 키우는 건 아니고 스스로 잘 자라주고 있다. 고마운 일이다. 지금은 용케도 큰아들이 캐나다에서 자기보다 8살 어린 고3짜리 동생을 건사하며 지내고 있다. 아들 둘이 그렇게 부모의 품을 떠나준 덕분에 평생 애들과 남편 뒷바라지를 하느라 한 번도 자신의 전공을 살려 일을 해보지 못했던 아내가 한국에서 일을 시작했다. 얼마나 감사한 일인지 모른다. 그런데 애들이 우리와 함께 살 때 주일이면 돌아가며 감사의 기도를 드리던 시절이 있었다. 개인적인 요구와 바람을 전하는 이기적인 기도가 아니라 서로에게 감사하고 지금 우리에게 주어진 환경과 가족, 그 밖에 감사의 제목을 찾아 고마움을 표현하는 기도였다. 참 신기한 건 그렇게 돌아가면서 감사의 기도를 드린 주에는 둘째 아들의 행동이 훨씬 능동적이고 바람직했다. 사춘기의 반항도 훨씬 낮았다. 당시 난 속으로 '설마 우리가 감사 기도를 드린다고 아들의 사춘기가 잠잠해졌을까?'라고 의심했다.

그러나 서던캘리포니아대학의 안토니오 다마지오Antonio Damasio 교수의 연구 결과를 보고는 깜짝 놀라고 말았다. 다마지오의 연구가 평소 내가 어렴풋이 느끼고 있던 부분을 실증적으로 입증해 주었기 때문이다. 다마지오 교수와 연구팀은 우리가 감사할 때 도덕성과 가치 판단을 주관하는 뇌 부위가 자극될 것이라는 가설을 세웠다. 이를 입증하기 위해 그는 피실험자들에게 과거 나치의 포로수용소에서 목숨을 잃을 뻔했으나 주위의 도움으로 기적적으로 살아난 이들의 인터뷰 영상을 보게 했다. 그러면서 fMRI 촬영을 통해 그들의 뇌를 관찰했다. 그 결과, 연구에 참여한 이들이 느낀 감사의 정도는 내측전전두피질mPFC과 전대상피질ACC의 활성화 정도와 매우 높은 상관관계를 보였다. 내측전전두피질은 우리가 어떤 일을 계획하고, 수행하며, 충동을 억제하고, 자신에게 일어난 상황에 의미를 부여하며, 집중력을 관할하는 매우 중요한 뇌 부위다. 또한 감사할 때 내측전전두피질과 더불어 전대상피질이 활성화되었는데, 전대상피질은 감정을 조절하고, 통증을 인지하며, 보상에 대한 기대와 의사결정, 충동성 억제와 함께 도덕성에 지대한 영향을 미치는 부위로 알려져 있다. 둘째 아이가 감사 기도를 드렸을 때 일상이 모범적으로 바뀐 건 어쩌면 이러한 뇌의 변화 때문이었을까?[1]

감사는 옥시토신을 부른다

앞서 나는 선물을 받을 때 선물 자체보다는 함께 딸려 온 감사 카드에 의미를 둔다고 했다. 실제 이와 관련되어 일본의 츠쿠바대학에서 수행된 연구가 있다. 한 직장 동료가 다른 동료에게 감사의 내용이 담긴 손편지를 작성해서 큰 소리로 읽도록 하고 그 편지 내용을 듣는 사람의 뇌 활성화를 조사했더니 전두엽이 활성화되었을 뿐 아니라 화난 감정과 우울감, 피로감, 불안감이 감소했고 정서적으로 더 긍정적인 상태로 변했다는 것이다. 한 사람의 편지 한 통으로 우리 삶은 이렇게 드라마틱하게 바뀔 수 있다. 인간이 사회적 동물이라고 하는 말의 전제는 바로 상호성에 있다. 인간은 감정을 서로에게 표현하고 그런 표현에 반응하는 동물이다. 부정하거나 저항하지 말라, 우린 그렇게 생겨 먹었다. 우린 표현에 반응한다.[2]

최근 큰마음을 먹고 둘째 아들을 여름 캠프에 등록해 주었다. 난 무사히 캠프를 다녀온 아들과 통화하면서 내심 적지 않은 비용을 지출한 것에 대해 감사의 표현을 기대했다. 아들은 정반대의 반응을 보였다. "왜 이런 형편없는 캠프를 등록했냐?"며 원망과 불평을 쏟아내는 게 아닌가. 순간 욱하며 한마디 하려는 걸 초인적 인내심을 발휘하여 겨우 참았다. '아냐! 감사의 대화를, 긍정의 대화를 끌어내야지.' 나는 심호흡하며 아들에게 이렇게 말했다. "그래도 모르는 친구들과 함께 생활해 보니 좋았지? 재미있었지?" 등등의 이야기를 하자 그제야 아들은 자기 경험에서 긍정적인 부분을 찾기 시작했다. 한 사람이 진심으로 상대에게 감사하면, 그 감사의 표현을 듣는 사람의 마음이 따뜻해지고 상대에게 더 큰 감사를 유발할 만한 일을 해주고 싶은 게 인지상정이다.

연구도 이를 뒷받침한다. 감사의 표현을 들은 사람은 자신에게 감사를 표현한 사람뿐만 아니라 상관없는 다른 사람에게도 더욱 친절한 행동을 하더라는 것이다. 결국 감사는 더 큰 감사를 낳고, 그 감사는 주변으로 퍼져 결국 세상을 더 살만한 세상으로 만든다. 이는 영화 「아름다운 세상을 위하여」에 등장하는 11세 소년 트레버의 아이디어를 닮았다. 트레버는 사회 선생님이 수업 시간에 학생들에게 내준 '우리가 사는 세상을 좀 더 나은 세상으로 바꿀 수 있는 방법 찾기'라는 숙제를 일상에서 수행하기로 마음먹는다. 트레버는 연쇄반응을 일으킬 수 있는 감사와 보답의 네트워크를 구상한다. 세 명의 사람에게 선행을 베풀고 그들에게 "나에게 감사하지 말고 다른 사람에게 되갚으세요."라고 말한다. 이를 '선불로 내기Pay it forward'라고 한다.[3]

재미있는 사실은 내측전전두피질과 전대상피질에 옥시토신 수용체가 많이 발현된다는 사실이다. 어쩌면 체내 옥시토신이 많은 사람이 감사 표현을 더 자주 한다는 말이 될 수도 있고, 다른 의미로 감사의 표현을 주고받을 때 옥시토신이 올라갈 수도 있다는 이야기도 될 수 있다. 폴 잭 교수 연구 팀은 65세 이상의 노인 41명에게 10일간 옥시토신을 흡입하게 하고 다양한 심리-생리학적 검사를 했다. 가장 유의미한 변화를 불러온 것은 감사하는 마음이었다. 사실 우리 몸에서 옥시토신 분비에 관여하는 CD38 유전자가에 변이가 있거나 옥시토신 수용체 rs3796863에 변이가 있으면 사회성이 떨어지고 자폐 성향이 있을 확률이 높다는 건 이미 잘 알려진 사실이다. 그런데 최근 한 연구에서 커플에게 감사 훈련을 시키고 얼마나 많은 시간을 자발적으로 함께 하는지 조사해 보니, 남녀가 삶의 거의 모든 영역에서 함께하는 시간이 늘어났다는 사실을 발견했다. 훈련은 간단했다. "만약 당신의 배우자가 당신에게 감사할 만한 일을 한다면 시간을 내어 '감사합니다'라고 표현하십시오." 이렇게 감사 훈련으로 남녀가 함께 지내는 시간을 늘리고 서로에게 더욱 긍정적인 감정을 느끼게 하는데, CD38이 관여한다는 사실을 과학적으로 증명했다. 재미있는 사실은 CD38이 우리 면역력하고도 매우 밀접한 관계가 있다는 점이다. 어쩌면 우리가 감사하는 마음을 가질 때마다 면역력이 향상되고 덩달아 몸도 건강해지는 것일지 모르겠다. 이제 면역력을 높인다고 건강식품만 열심히 먹지 말고 평소 가까운 가족과 친구에게 먼저 고맙다고 감사하다고 고백하기를 바란다.[4]

옥시토신 감사법

감사는 인생에서 중요한 정서 중 하나다. 감사는 더 큰 감사를 낳는다. 우리 중에 감사의 제목이 없는 사람은 없다. 감사하지 않는 사람만큼 불행한 사람은 없다. 감사하다 보면 감사할 만한 일이 더 많이 생긴다. 감사는 라이프스타일이자 습관이다. 늘 불평의 원인을 찾아 구시렁대는 사람이 있는가 하면, 늘 감사의 제목을 찾아 감사하는 사람이 있다.

감사하는 사람 곁에는 그 사람을 위하는 사람이 많지만, 불평하는 사람 곁에는 그 사람을 위하는 사람이 없다. 감사는 하는 사람과 듣는 사람 모두에게서 옥시토신 수치를 올리고 전전두엽을 활성화한다. 감사의 마음으로 전전두엽이 활성화되면, 자신이 처한 상황을 객관적으로 판단하고 문제를 제대로 해결하는 방향으로 스스로 발전해 나간다.

어떻게 하면 감사하는 사람이 될 수 있을까? 정기적으로 만나는 사람과 '감사클럽'을 만들어 보자. 그냥 만나면 수다나 떨면서 감사할 제목을 함께 나누고 서로를 습관적으로 응원하는 클럽이다. 감사클럽은 배우자, 직장 동료, 혹은 친구와 시작할 수 있다. 두 명도 좋지만 최소 세 명은 되어야 하고, 아무런 일이 없어도, 혹 무슨 일이 있어도 정기적으로 만나야 한다. 한 달에 한 번이든 일주일에 한 번이든, 날마다든 정기적으로 만나 감사의 제목을 나누어 보자.

감사하는 사람이 되는 가장 좋은 방법은 정기적으로 자신에게 소중한 사람에게 감사 편지를 쓰는 것이다. 손편지가 제일 좋다. 힘들다면 이메일도 좋고 카톡도 좋다. 꼭 비싼 게 아니더라도 카카오 선물이나 쿠폰으로 커피 한잔이라도 함께 보내면 감사의 효과가 두 배 이상은 될 것이다. 자, 지금부터 실천하자. 다들 휴대폰을 들어라.

32장

들으면 올라간다: 스토리텔링

⌣

인간은 이야기꾼, 즉 스토리텔러storyteller다. 인류의 역사는 스토리텔링의 힘을 통해 문명을 일으키고 종교를 발명하고 도시를 건설했다. 스토리텔링은 인간의 본능이자 속성이다. 인간이 언어를 사용하기 시작한 이래로 스토리텔링은 인간의 본능 중 하나로 자리 잡았다. 우리는 정보를 신화나 전설 같은 스토리 형태로 전달하기 좋아하며 이를 통해 공동체는 공통의 아이디어와 경험, 지식을 전수하고 공유한다. 문명은 세대 간 위대한 건축물로 전수되지 않는다. 아버지가 아들에게 물려주는 건 스토리다. 우리가 누군지, 우리가 어디서 왔는지, 우리가 어디로 갈 것인지 아버지는 비의적 내러티브를 아들에게 물려준다. 우리는 우리의 정체성과 가치관을 이야기를 통해 구축하며, 문학과 예술, 영화, 음악 등 모든 예술 형식은 스토리텔링을 기반으로 자문화를 구축한다. 『일리아드』, 『오디세이』로부터 무수한 영웅의 이야기, 혁명의 서사, 정치적 슬로건 등은 사회를 구성하고 다양한 계층과 인물을 합종연횡시키는 불쏘시개가 되어왔다.

스토리텔링의 힘

언젠가부터 나는 대중 강의를 할 때면 개인 이야기를 먼저 하기 시작한다. 이유는 간단하다. 사람들은 이야기를 좋아하기 때문이다. 처음에는 내가 받은 교육과 그간 이룬 성취를 들려주며 청중에게 '내 강의가 신뢰할 만합니다.'라는 확신을 주려고 했다. 그러면 '그래, 너 잘났다.'라는 표정이 청중 사이에서 여과 없이 드러났다. 그런데 내가 ADHD로 고생한 이야기나 학교 때 열등생으로 공부를 지지리도 못했던 이야기, 심지어 괜히 친구와 싸우다가 맞아서 턱뼈가 부러져 병원에 입원했던 이야기 등 내가 겪었던 난관을 이야기하면 단 한 명의 조는 사람 없이 모두 눈이 초롱초롱 빛났다. 아마 스스로 내 이야기에 공감하는 게 아닐까 한다.

너무 욕심을 부려 하나라도 더 청중을 가르치려고 하는 순간 내 강의는 여지없이 망가지고 만다. 반면 중간중간 내 이야기를 섞어주면 청중의 집중력이 앞에 놓인 칠판도 뚫을 기세다. 학교 선생님이 수업 시간에 첫사랑 이야기를 종종 했던 이유도 같은 맥락일 것이다. 이렇듯 개인적인 스토리는 앞으로 이어질 조금은 전문적이고 빡빡한 주제의 이야기를 무리 없이 삼킬 수 있을 정도의 분위기를 청중에게 조성해 준다.

나는 모든 강의가 스토리텔링이 되어야 한다고 생각한다. 그렇게 생각한 결정적인 계기는 미국 보스톤에 소재한 조슬린당뇨병센터에서 센터장으로 있는 론 칸Ronald C. Khan 교수의 강의를 들으면서부터였다. 칸 교수는 주로 비만과 인슐린, 당뇨병의 발병 과정에 관한 강의를 하는데 그의 스토리텔링은 압권이다. 강의를 듣는 한 시간 내내 한 편의 다큐멘터리를 보는 것 같고,

강의가 클라이맥스에 도달할 때쯤에는 듣는 내가 온몸에 닭살이 돋고 정신이 찌릿찌릿할 정도다. 그렇게 강의가 끝나고 나면 나도 모르게 혼자 일어나 존경의 기립 박수를 칠 뻔한 적이 한두 번이 아니었다. 어찌 보면 재미도 없고 자칫 지루해질 수 있는 의학 이야기를 자기 경험과 환자의 투병기를 섞어 한편의 서사로 만드는 것을 보고 역시 '대가는 대가구나.'라고 생각했다. 이렇듯 스토리는 말하는 사람과 듣는 사람, 그리고 쓰는 사람과 읽는 사람의 감정을 연결하는 무한한 에너지를 만들어 낸다.

스토리와 옥시토신이 몸에서 벌이는 작당

혹시 감동적인 이야기를 들려주거나 공감과 감동을 주는 짧은 영상을 보여주면 사람들의 옥시토신이 올라갈까? 브라질에 있는 한 병원 중환자실에 입원해 있는 평균 7살의 아동 환자 81명을 반으로 나누어 한 집단에게는 재미있는 이야기를 들려줬고, 다른 집단에게는 스토리 없는 수수께끼를 들려주었다. 그리고 아이들의 혈액을 채취해 옥시토신과 코르티솔, 통증 정도를 분석했고 병원과 치료에 대한 느낌도 물어봤다. 그 결과 재미있게도 두 집단에서 모두 코르티솔과 통증 정도가 감소했지만, 옥시토신은 오로지 재미있는 이야기를 들은 집단에서만 올라갔다. 그리고 스토리텔링을 들은 아이들에게서 의사와 간호사 그리고 병원에 대한 긍정적 정서도 더 많이 발견되었다. 다른 말로, 병원과 의료진에 대한 신뢰도가 올라갔다는 이야기다. 어쩌면 이러한 긍정적 정서가 아이들이 병원 치료를 훨씬 잘 받을 수 있고 치료 성적도 더 좋게 만들지 않았을까?[1]

이렇게 옥시토신이 스토리텔링에 반응하는 건 병원에 있는 환자만이 아니다. 미국 위스콘신의과대학의 폴락 교수는 연구팀과 함께 7살에서 12살

짜리 여아와 엄마를 대상으로 매우 흥미로운 연구를 진행했다. 먼저 아이들에게 대중 앞에서 발표와 어려운 수학 문제를 풀게 하면서 스트레스를 주었다. 이윽고 한 집단은 엄마와 만나게 했고, 다른 집단은 만나는 대신 엄마와 전화 통화를 하게 했다. 당연히 엄마와 만나 스킨십과 따뜻한 위로를 들은 아이들의 옥시토신이 증가했지만, 실제 엄마와 만나지 않았어도 일정 시간 동안 전화 통화를 했던 아이들에게서도 옥시토신이 올라간 것을 확인했다. 불안하고 힘들 때 엄마의 따뜻한 위로와 말 한마디가 아이에게 안정감을 준 것이다.[2]

아직 연구가 없긴 하지만, 엄마의 목소리를 듣는 어린 자녀에게서만 옥시토신이 올라갈까? 혹시 오늘 하루도 외롭게 하루의 일과를 견디며 자녀 생각에 하루에 몇 번이나 전화를 들었다 놨다 하는 엄마, 그러나 혹시 자녀에게 방해될까 결국 전화를 못 하는 엄마, 그러다 오랜만에 걸려 온 자녀의 전화를 받고는 그저 "엄마 오늘 밥 잘 먹었어?"라고 안부에 울음을 터뜨리는 엄마라면 옥시토신도 올라가진 않을까? 핸드폰에 '엄마'라는 이름이 뜰 때, 주저 없이 받아 "엄마! 식사는 하셨어요? 오늘 뭐 하셨어요?"라고 반갑게 받으면 어떨까? 꼭 가족이 아니더라도 누군가 신뢰할 만한 사람과 자신의 이야기를 털어놓고, 그 사람의 이야기를 들어주고, 힘든 일이 있으면 함께 울어주고, 속상한 일이 있으면 함께 속상해하고, 상대방을 힘들게 한 사람이 있으면 함께 그 사람을 욕해주면 어떨까?

주위에 이렇게 이야기를 털어놓고 할 수 있는 사람이 없으면 어떻게 할까? 가끔 좋은 영화를 보는 것으로 대신해도 좋다. 내 생각에 닥치는 대로 때려 부수는 액션영화나 스릴러 같은 영화는 도파민을 올릴 것 같고, 옥시토신 수치를 올리려면 로맨틱코미디나 감동적인 휴먼 드라마 같은 게 좋을 것 같다. 다만 여러 편의 드라마를 끊지 못하고 계속 보다간 자칫 수면 부족과 무력감으로 코르티솔과 우울 지수가 더 올라갈 수도 있으니 절제하기 어려우면 시리즈물보다는 영화가 더 나을 것이다.

음악의 효능

음악은 제2의 언어라는 말이 있다. 모름지기 훌륭한 가수는 대화하듯 노래를 부른다는 말이 있다. 그런 면에서 음악도 스토리텔링의 하나라고 할 수 있겠다. 흥미롭게도 음악 역시 옥시토신을 올린다는 연구가 있다. 개심술을 마친 환자를 대상으로 차분한 음악을 들려줬더니 옥시토신과 산소포화도가 올라갔으며, 환자 심리가 더 안정되었다는 보고가 그것이다. 이번에는 환자가 아닌 26명의 일본 성인 남성을 대상으로 느린 템포의 음악과 빠른 템포의 음악을 각기 들려주고 이들의 체내 옥시토신과 코르티솔 수치를 확인했더니, 느린 템포의 음악은 옥시토신을 올리지만 빠른 템포의 음악은 옥시토신을 올리지 않는다는 사실도 밝혀냈다. 반면 빠른 템포의 음악은 코르티솔을 낮추지만, 느린 템포의 음악은 코르티솔을 낮추지는 않았다. 이 연구로 느린 템포의 음악이 성인의 심박수를 낮추며 더불어 부교감신경을 활성화한다는 것을 발견하기도 했다.[3] 음악이 우리에게 치료제 역할을 할 수 있다는 사실을 보여준 연구라고 할 수 있겠다. 또한 드라마나 영화가 성공하려면 OST가 매우 중요한 역할을 하는 것이 아닌가 생각하게 된다.

실제 현대인에게 최근 가장 많이 발생하는 질환이 암과 당뇨병, 심혈관 질환인데, 이런 질환은 인슐린 저항성에 뿌리를 두고 있기 때문에 부교감신경을 활성화하면 인슐린 저항성이 개선되어 치료에 도움을 받는다. 부교감신경이 활성화되면 불안과 우울 같은 정신과질환 역시 개선된다.[4] 따라서 이런 차분한 음악을 듣는 것 자체가 옥시토신을 올리고 부교감신경을 활성화할 수 있다. 음악이야말로 큰돈 들이지 않고 언제 어디서든 손쉽게 해볼 수 있는 치료법 아닐까? 혹시 직장이나 학교에서 스트레스받는 일이 있을 때 잠시 귀에 이어폰을 끼고 느린 템포(60~80bpm)의 음악을 들어보는 건 어떨까? 지금 이 글을 쓰면서 유튜브에 60~80bpm의 노래를 검색했더니 노라 존스의 음악이 흘러나온다. 그녀의 담백한 목소리가 전해주는 촉촉한 감성이 내 고막을 사정없이 간질인다. 음악감상실이 뭐 별건가? 여기에 좋은 시 한 편을 함께 곁들이면 훨씬 멋진 음악 감상이 되지 않을까 한다.

옥시토신 이야기

33장

코르티솔 말고 옥시토신 라이프스타일

스트레스는 우리를 살린다. 아니 이게 무슨 말일까? 스트레스가 우리를 살린다니? 스트레스는 우리를 죽이는 거 아닌가? 사실 스트레스 자체는 생물학적으로 나쁜 게 아니다. 만성 스트레스가 우리에게 문제가 될 뿐이다. 스트레스 분야 세계 최고 전문가인 로버트 새폴스키Robert M. Sapolsky 교수는 그의 저서 『왜 얼룩말은 위궤양이 생기지 않을까?Why zebras don't get ulcers』*에서 얼룩말이 사자에게 쫓겨 다니며 스트레스를 많이 받는 상황에서도 왜 위궤양 없이 잘 살아가는지 그 이유를 설명하고 있다. 자, 얼룩말이 사자에게 쫓기는 상황에 부닥쳤다면, 얼룩말에게 어떤 생리적 변화가 일어날까?

일단 죽느냐 사느냐 중차대한 위기 상황에서 중요하지 않은 기능부터 한번 쳐내 보자. 생식 기능? 지금 잡아먹히게 생겼는데 교미가 중요할까? 소화 기능? 남의 밥이 될 처지인데 밥타령하게 생겼나? 면역력? 성장? 뭐 이러

* 한국에서는 『스트레스: 당신을 병들게 하는 스트레스의 모든 것』 라는 제목으로 출간되었다.

거는 지금 하나도 중요하지 않다. 당장 지금 사자에게서 멀리 도망치지 못하면, 그대로 끝장이기 때문이다. 지금 당장 필요한 건 모든 혈액을 다리 근육으로 보내는 것이다. 그 밖의 장기로 가는 혈액은 모조리 차단해야 한다.

선택과 집중! 그렇게 하려면 심박수가 빨라지고 혈압이 올라가야 한다. 자, 우리 몸에 이런 변화가 일어나도록 하는 호르몬이 바로 스트레스 호르몬, 코르티솔이다. 물론 코르티솔뿐만 아니라 아드레날린 역시 분비되어야 하며 교감신경을 활성화해야 한다. 이런 위기 상황에서 무사히 벗어나면, 얼룩말은 스트레스 호르몬과 아드레날린 분비를 낮추고, 부교감신경을 활성화해서 혈액이 장기와 기타 기관에 다시 흐르도록 한다.[1]

유스트레스와 디스트레스

'스트레스의 아버지'로 불리는 캐나다의 내분비학자 한스 셀리예Hans Hugo Bruno Selye 박사는 『생활의 스트레스The Stress of Life』에서 적절한 스트레스가 활력에 도움을 준다고 주장했다. 몬트리올대학의 교수로 있으면서 그는 신체가 외상이나 전염병 등의 자극을 받으면 뇌하수체에 특이한 반응이 일어난다는 '스트레스 학설'을 제창했다. 그는 실험용 쥐를 대상으로 스트레스에 대한 신체 생리적 반응을 연구했는데, '일반적응증후군general adaptation syndrome'이라는 3단계 이론으로 스트레스를 설명했다.

제일 먼저 스트레스를 받으면 부신수질에서 아드레날린을, 부신피질에서 코르티솔을 분비한다. 이러한 스트레스 호르몬 때문에 호흡이 빨라지고 땀의 분비가 늘면서 불안감이 증가한다(경고반응기). 그럼에도 스트레스가 사라지지 않고 계속 지속되면 호르몬을 통해 스트레스에 저항하게 된다(저항기). 마지막으로 스트레스가 사라지면 부교감 신경계가 작동하면서 이완과 휴식,

회복의 과정을 거친다(소진기). 셀리예 박사는 스트레스를 빨리 제거하지 않으면 건강에 치명적인 독으로 작용한다는 사실을 임상으로 밝혀냈다.[2]

그런데 셀리예 박사는 스트레스가 질병을 일으키기도 하지만 삶에 긍정적인 역할을 할 수도 있다는 독특한 주장을 내세웠다. 이어서 부정적인 스트레스를 '디스트레스distress'라고 불렀고, 긍정적인 스트레스를 '유스트레스eustress'라고 명명했다. 그는 유스트레스가 첫 키스나 첫 경험 직전의 흥분과 떨림, 중요한 축구 경기나 콘서트를 앞둔 기대감, 해외여행을 앞두고 일정을 짤 때 느끼는 감정처럼 인생에 활력을 불러온다고 주장했다. 반면 디스트레스는 가족의 죽음이나 이별, 일의 압박, 잦은 다툼, 이웃집의 소음처럼 지속적으로 불쾌하고 불편한 자극에서 느껴지는 스트레스의 하나다. 그는 스트레스를 짧은 단위로 나눠 사이사이에 휴식을 취하고, 세상을 향한 관점과 자세를 바꿔 유스트레스를 늘리라고 조언한다. 그러면 스트레스는 만병의 근원이 아니라 인생에서 만나는 멋진 선물이 된다는 얘기다.[3]

현대인이 길거리에서 호랑이를 만나거나 사자와 맞닥뜨리는 일은 없다. 동물원에서 탈출하지 않는다면 확률 제로에 가깝다. 물론 최근 길거리에서 무차별 칼부림을 하는 사건들이 많아져 새로운 스트레스 상황에 놓이긴 했다. 대체 현대인은 언제 얼룩말이 사자를 만나는 것 같은 생존의 위협을 느낄까? 바로 가정에서, 학교에서 그리고 직장과 사회에서다. 한 학생이 왕따를 당하거나, 혹은 친구들 무리에 섞여서 일정한 관계를 유지해야 한다는 스트레스를 받으면, 코르티솔 분비가 치솟는다. 이처럼 청소년기에 스트레스를 많이 받으면 성장 자체가 억제될 수 있다는 연구도 있다. 아마도 성인에게 가장 큰 스트레스는 직장에서 겪는 업무 스트레스와 인간관계일 것이다. 끊임없이 성과 위주의 압박이 주어질 때, 직장 내 괴롭힘, 상사의 야발과 동료와의 경쟁과 시기, 질투, 음해는 마치 얼룩말이 사자를 만나는 것과 같은 스트레스를 유발할 수 있다.

　문제는 얼룩말이 사자로부터 받는 스트레스는 고작 몇 초 길어야 몇 분인데, 우리는 매일 지속하는 스트레스를 경험한다는 것이다. 만약 직장에서 받은 스트레스를 건강한 가정 혹은 즐거운 취미 활동과 여가로 풀 수 있다면, 더없이 좋은 일이다. 만약 가정에서 우리를 지지해 주는 사람, 혹 우리를 위로해 주고 함께 직장 상사의 뒷담화를 할 수 있는 친구가 없다면, 나아가 어떤 즐거운 여가 활동도 참여할 친구나 지인이 없다면, 그건 매우 심각한 건강 위협이 될 수 있다. 여기에서 말하는 건강은 신체적 건강뿐 아니라, 심리적, 사회적 건강까지 포함하는 것이다. 디스트레스를 유스트레스로 바꿔 주는 비결은 옥시토신 라이프스타일을 내 일상에 장착하는 것이다. 당장 내 몸에서 옥시토신을 펌프질할 수 있는 삶을 찾아야 한다. 그러면 코르티솔은 감소하고 옥시토신은 올라갈 것이다.

건강하지 않은 삶　　　　　건강한 삶

■ 코르티솔　■ 옥시토신

코르티솔 라이프스타일에서 옥시토신 라이프스타일로

스트레스 압살자, 옥시토신

스트레스와 옥시토신은 매우 밀접한 관계가 있다. 먼저 스트레스 호르몬을 분비하는 곳과 옥시토신을 분비하는 곳이 붙어 있다. 사실 스트레스 자체가 옥시토신을 올릴 수도 있다. 개인이 건강하다면, 스트레스를 받는 상황에서 코르티솔과 함께 옥시토신이 올라가 스트레스를 줄여주고 코르티솔 수치도 떨어뜨리는 역할을 한다. 하지만 체내 코르티솔 수치가 올라갈 때 옥시토신 수치도 함께 올라가지 않으면, 개인은 스트레스로 인한 다양한 신체적, 정신적, 사회적 건강의 위협을 받는다. 옥시토신 라이프스타일이 중요한 이유다. 제아무리 스트레스가 삶의 긴장과 에너지를 가져다준다고 해서 개인의 수용 한계를 넘어서는 스트레스를 풀지 않고 가만히 두면 큰일 난다. 장기간의 스트레스는 만병의 근원이기 때문이다.

우리의 라이프스타일을 옥시토신 라이프스타일로 바꿔야 한다. 학교 혹은 직장에서 스트레스를 만나면 당장 친구와 만나 맛있는 음식을 먹고 수다로 풀어라. 주말이면 함께 야외 스포츠를 즐기고, 감성 카페에서 브런치와 함께 직장 상사 뒷담화도 까고, 각종 동호회에 가입해 취미 활동도 하면서 스트레스를 날려버려야 한다. 함께 할 친구가 없다고 포기하지 말고, 부모님이라도 찾아 뵙고 마사지라도 해 드리고, 동네 스포츠 클럽에라도 가입하고, 운동이 싫다면 동네 문화강좌나 독서클럽 등 새로운 사람과 함께 할 수 있는 다양한 커뮤니티 활동에 참여해야 한다. 그리고 빼놓을 수 없는 옥시토신 라이프스타일은 종교활동이다.

가장 중요한 점은 다음 장에서 자세히 언급하겠지만, 내 삶에 스트레스를 주는 환경에서 스스로 바꿀 수 있는 것과 없는 것을 나누는 것이다. 바꿀 수 있는 것은 당장 바꾸고, 바꿀 수 없는 상황이라면 받아들이거나 다른 대안을 찾을 수 있도록 노력해야 한다. 예를 들어, 직장에서 상사가 지속해서 괴롭힌다 해도 직장을 바꿀 수 없다면, 차라리 그를 내 동료로 삼아보라. 성경에 "불의의 재물로 친구를 사귀라."(누가복음 16장 9절)는 말도 있지 않은가? 한 마디로 원수의 머리에 숯불을 쌓아두는 것이다.

나 역시 비슷한 경험이 있다. 예전에 대학원을 다닐 때 나를 계속 괴롭혔던 직원이 있었다. 내 앞에서 자꾸 빈정거리며 나를 괴롭히는 그를 볼 때마다 큰 스트레스를 받았다. '으이구, 저 자식을 흠씬 패버릴까?' 잠시 나쁜 생각도 해봤지만, 생각을 고쳐먹기로 했다. 그리고 크리스마스 때 그에게 부담 가지 않는 수준의 선물과 감동적인 카드를 하나 작성해서 주었다. 그날 이후, 그는 180도 다른 사람이 되었다. 그는 친한 친구가 되었고 지금도 좋은 관계를 유지하고 있다. 물론 이런 경우가 흔하진 않겠지만, 스트레스를 계속 받는 상황에서 뭔가 긍정적으로 할 수 있는 일을 해보면 좋을 것 같다. 이것이 옥시토신 라이프스타일이다. 그렇게 살다 보면, 삶의 태도가 바뀌고, 삶의 환경이 바뀌며, 나아가 우리를 힘들게 하는 상황도 곧 바뀔 것이다.

	옥시토신↑	옥시토신↓
코르티솔↑	옥시토신과 코르티솔 모두 높을 때 건강 유지	옥시토신은 낮은데 코르티솔이 높을 때 건강 위협
코르티솔↓	옥시토신은 높은데 코르티솔은 낮을 때 건강 개선	옥시토신과 코르티솔 모두 낮을 때 건강 유지

체내 옥시토신과 코르티솔의 관계

옥시토신 스트레스 관리법

스트레스가 건강에 해롭다고 스트레스 없는 삶을 산다는 건 불가능하다. 스트레스를 받지 않으려고 애쓰는 것부터 스트레스이기 때문이다. 어쩌면 스트레스는 제거하는 게 아니라 관리하는 게 아닐까? 스트레스를 관리하는 법에 어떤 게 있을까?

먼저 모든 일을 즐겁게 자원하여 하는 것이다. 스트레스를 일부러 받을 필요는 없다. 똑같은 일을 하더라도 내가 좋아서 하는 일은 스트레스를 받지만 즐겁다. 반면 내가 하고 싶지 않은 일을 억지로 할 때, 일을 해도 별로 인정받지 못하거나 일 때문에 더욱 스트레스를 받을 때는 최악이다. 우리가 매사에 하는 일을 리스트로 정리했을 때, 하고 싶은 일과 해야만 하는 일의 비율이 7:3이 되는 게 최적이라고 생각한다. 우리가 하고 싶은 일만 하고 사는 건 불가능하고 어떻게 보면 유치한 일이다. 반면 내가 하고 싶은 일이 3이고, 해야만 하는 일이 7이면, 일의 효율도 떨어지고 스트레스 지수 역시 올라갈 수밖에 없다. 물론 단기적으로 이런 상황이 생길 수 있고, 그럴 때는 당분간 인내하고 버텨야 할 수도 있다.

스트레스를 낮출 수 없다면 옥시토신을 높여야 한다. 스트레스 받는다고 연락 끊고 혼자 있으면서 인스턴트 음식으로 끼니를 때우면, 체내 옥시토신 수치는 더욱 떨어지고 몸과 마음까지 모두 망가지고 만다. 스트레스를 받을수록 옥시토신을 올리는 라이프스타일을 살아야 한다. 친구들과 만나 수다도 떨고, 맛집 탐방도 하고, 목욕탕에 가서 때도 밀면서 마사지도 받고, 동아리/사회 활동도 더 해야 한다. 그래야 스트레스로 올라간 코티르솔을 낮추고, 우리 몸과 마음을 지킬 수 있다.

8부

The Oxytocin Odyssey

내러티브의 힘

내러티브는 삶의 이야기입니다. 한 사람의 내러티브는 또 다른 사람의 공감을 일으키고, 그 공감은 새로운 내러티브를 찾아 삶의 여정을 떠나도록 만듭니다. 내러티브는 시장을 만들고 광장을 트고 도시를 세우고 거대한 문명을 만들었습니다. 그래서 내러티브가 있는 삶은 흥미진진합니다. 나의 내러티브가 너의 내러티브와 만나 새로운 내러티브가 만들어집니다. 나와 너, 그리고 우리의 내러티브가 만들어지게 하는 호르몬이 바로 옥시토신입니다. 나아가 우리의 내러티브가 우리의 가정과 학교, 직장을, 그리고 더 나아가 우리 사회를 더욱 살맛 나게 만드는 것입니다. 여러분은 이런 내러티브가 있으신가요? 이번에는 저의 개인적인 내러티브를 소개할까 합니다. 조금은 부끄럽지만 저의 이야기를 통해 여러분을 만나고 싶기 때문입니다. 그리고 언젠가 저는 여러분의 내러티브를 듣게 될 날을 고대합니다. 저에게 여러분의 내러티브를 들려주실 수 있으신가요?

34장
내러티브를 바꾸면 인생이 바뀐다

⌣

　내러티브는 이야기다. 단순한 이야기가 아니라 한 개인이 어떻게 살았는지 말해주는 이야기다. 물론 우리가 일상에서 만나는 많은 내러티브는 허구에 가깝다. 영화가 그렇고, 연극이 그렇고, 그림이 그렇고, 때로는 음악이 그렇다. 난 예술에는 문외한이지만 최근에 대학원생들 손에 이끌려 이중섭 작품전을 관람한 적이 있다. 사실 이중섭은 한국인에게 유명한 화가였고, 특히 소를 그린 여러 점의 그림이 너무 유명해서 한껏 기대하고 관람을 시작했다. 그런데 무슨 엽서에 찍찍 낙서를 그린 것 같은 손바닥 만한 그림들을 보면서 속으로 '뭐 이런 건 나도 그리겠네.'라고 생각했다. 그러다 그가 제주도에서 아내와 함께 있으면서 그렸다는 그림을 보면서 특이하다는 인상을 받았고, 담배 포장지에 나오는 아이들의 그림을 보는 순간 마음에 감동이 있었다. 그리고 바로 핸드폰으로 이중섭과 그의 작품의 의미를 깨닫기 시작하는 순간, 마음의 작은 감동이 큰 파도가 되어 나의 심금을 울렸다.

이중섭은 일제 강점기에 유복한 집안의 자녀로 태어나 그림에 소질을 보이다 일본으로 유학을 가서 진정으로 사랑하는 일본인 아내를 만난다. 일본인에 대한 경멸심을 가진 조선으로 돌아와 교사로 근무하던 이중섭은 아내를 불편해하는 주변 사람의 시선과 이를 불편해하는 아내 사이에서 미묘한 감정선을 그림으로 털어낸다. 이북이 공산화되면서 부르주아로 몰려 겪은 고초, 그리고 한국전쟁이 터지며 온 가족과 사선을 넘나들며 한반도의 끝자락 제주도까지 피신한다. 먹을 게 없어 바닷가에서 게를 잡아먹으며 온 가족이 잠시 즐거웠던 시절, 그리고 더 이상 가난을 피할 수 없어 가족 모두를 아내의 나라 일본으로 보내고 곧 뒤따라가겠노라 다짐했던 이중섭. 사랑하는 아내와 눈에 넣어도 아프지 않을 아이들에게 거의 매일 엽서에 그림과 편지로 외로움을 달래며 가족이 다시 만날 날을 그리던 이중섭. 그의 인생은 더 어렵게 꼬여갔고, 결국 알코올 중독에 건강이 급격히 악화되어 그토록 그리워하던 가족을 눈물로 담아내다 그렇게 허망하게 세상을 떠났다.

그의 편지와 내러티브를 접하면서 갑자기 뭉클해지기 시작하자 그의 그림이 이전과는 전혀 다른 시각으로 보이기 시작했다. 살기 위해 어쩔 수 없이 잡아먹었지만 그게 못내 미안했던 이중섭은 게에게 자신을 용서해달라고 빌며 그림으로 위로를 전한다. 아이들과 함께 낚시하는 그림, 온 가족이 손을 잡고 뺑 둘러서서 해맑게 웃는 그림을 보며 나는 나오는 울음을 주체할 수 없었다. 혹시 학생들이 볼까 구석에 앉아서 감정을 추스르려고 애썼지만 북받친 서러움이 전신을 휘감으며 주책맞게 울었다. 한 집의 가장으로서 이중섭이 짊어져야 했던 삶의 무게와 모든 게 불확실했던 시대에 아픔과 절곡折曲을 온몸으로 견디었던 한 인간의 인내에 절로 고개가 숙어졌다. 그러면서 이중섭과는 비교할 수 없지만 캐나다에 가족을 두고 힘들어했던 지난 1년간의 기러기 시절의 내가 떠올랐던 것일까? 모든 게 풍족해도 모든 게 부족해 보였던 극도의 외로움과 고독이 폐부와 모골을 찌르는 듯한 아픔이 있었다. 이중섭의 그림 속에 표현된 삶의 내러티브가 이해되는 것을 넘어서 온 마음으로 느껴졌다.

경험 자아와 기억 자아

내러티브의 힘이었다. 그때의 기억이 너무나 충격적이어서 아내와 아들을 데리고 가서 한 번 더 관람할 정도였다. 다시 한번 찾은 이중섭은 또 다른 감동을 주었고 그가 그린 다른 그림들도 찾아보게 되었다. 이런 경험을 통해 나는 행동경제학을 창시한 노벨 경제학 수상자 대니얼 카너먼Daniel Kahneman 이 생각났다. 그는 인간을 경험 자아experiencing self와 기억 자아remembering self로 나눈 것으로 유명하다. 그는 우리가 그간 행복 연구를 하면서 이 두 가지 자아를 구분하지 못해 잘못된 연구를 해왔다고 고백했다. 경험 자아란 우리가 매 순간 어떤 일을 경험하면서 느끼는 자아를 의미한다. 음식을 먹으며 맛있다고 느끼고, 아내와 데이트를 즐기며 행복하다고 느끼고, 여행을 가서 아내와 행글라이더를 타면서 짜릿한 행복감을 느끼는 그런 자아다.

그런데 그 아내가 바람을 피워서 이혼했다고 가정해 보자. 헤어지고 나중에 알고 봤더니, 여행하던 그 순간에도 아내는 이미 다른 남자와 뒹굴며 애정행각을 벌이고 있었다는 사실이 확인되었다. 그렇다면 그에게 예전 아내와의 여행은 더 이상 행복한 경험이 아닐 것이다. 반대로 군대에서 자살을 생각할 정도로 육체적, 정신적 고통을 경험한 남자가 있다. 그런데 그는 제대한 지도 수십 년이 지났는데 맨날 군대 이야기만 늘어놓는다. 왜일까? 그 고통에서 의미를 발견했기 때문이다. 이렇게 지난 과거와 경험에 내러티브를 부여하는 자아가 바로 기억 자아다.[1]

옥시토신 이야기

대니얼 카너먼은 기억 자아를 다른 말로 스토리텔러, 즉 이야기꾼이라고 부른다. 그리고 최근 엄청난 대중과 학계의 반향을 일으키고 있는 책 『내면 소통』의 저자 김주환 교수는 더 나아가 배경 자아를 이야기한다. 결국 배경 자아가 복잡한 삶의 맥락 속에서 자신에게 일어나는 여러 가지 일을 해석하고 의미를 부여하여 에피소드들을 기억하게 한다는 것이다. 전적으로 공감한다. 그런데 우리는 혼자 사는 존재가 아니다. 우리의 내러티브는 혼자만 등장하는 독백이 아니다. 훌륭한 영화는 히어로와 함께 항상 빌런이 등장하고, 좋은 일과 나쁜 일이 갈마든다. 전신화상을 극복하고 모교 교수가 된 이지선 교수의 내러티브도 그렇다. 사고를 극복한 자신의 이야기를 '사고와 만났고, 그리고 성공적으로 헤어졌다.'라고 담담히 말하면서 수많은 사람에게 감동을 주었다. 오빠와 차를 타고 집으로 가는 길에 음주운전 사고를 당해 차가 폭발하여 온몸에 화상을 입었던 그녀는 기억 자아가 튼튼했기 때문에 살아났는지 모른다.[2]

내가 이지선 교수의 경험에 깊이 공감할 수 있었던 이유는 나 역시 대학교 1학년 시기에 사고로 전신 화상을 겪으며 생사의 갈림길에 선 적이 있기 때문이다. 건강을 되찾은 뒤에도 화상의 흉터에서 심적으로 자유로워지기까지 적지 않은 시간이 필요했다. 이처럼 누군가의 내러티브는 나의 내러티브와 만나 새로운 내러티브를 구성한다. 그리고 이런 내러티브는 현실이 되어 2003년 이지선 교수를 사석에서 처음 만나 20년이 지난 지금까지도 서로에게 의미 있는 관계를 이어가고 있다.

인생을 바꾸는 이야기

내러티브는 우리의 인생을 바꾼다. 난 1남5녀의 막내아들로 태어났다. 어렸을 때 외모에 대한 심한 열등감으로 학교를 겉돌았다. 공부는 늘 중하위권이었다. 그나마 내가 잘하는 건 운동과 싸움이었는데, 한 친구와 시비가 붙어 그가 휘두른 주먹에 턱뼈를 정통으로 맞아 뼈가 부서져 병원에 입원하는 치욕을 맛보았다. 병원에 입원해 있는 동안 매일 곰탕을 끓여와 아들을 용서해달라고 사정했던 친구의 어머니도 만나고 싶지 않았다. 학교로 다시 돌아가 지옥 같은 현실(싸우다가 맞아서 병원에 입원한 루저)을 맞닥뜨리고 싶지 않아서 퇴원하기 하루 전에는 세상이 이렇게 끝났으면 하고 바랐던 적도 있었다.

어린 시절 내 열등감의 원인 중 하나는 부모님의 교육 수준이었다. 1930년대 시골에서 태어난 부모님은 공교육을 거의 받지 못하셨다. 아버지는 국민학교 졸업 후 가정 형편으로 진학을 못 하시고 동네 서당에서 한문 공부를 하셨다. 하지만 아버지는 나를 항상 신뢰해 주셨다. 심지어 고등학생 시절 클럽을 출입했던 나에게 용돈까지 챙겨주시며 너무 늦게 오지만 말라고 하셨다.

공부도 그렇다. 내가 어려서부터 공부를 못했기 때문에 난 이해력이 떨어지는 학생의 심정을 너무나도 잘 안다. 그래서 난 성적이 낮은 학생들에게 이해시키는 일을 참 잘하는 편이다. 그 결과 연세대학교에서 매년 일곱 명 정도의 교수에게만 주는 우수업적교수상 교육 부분을 세 차례나 수상할 수 있었고, 그렇게 세 차례 수상한 사람에게만 주는 최우수강의상을 그 상이 제정된 이후 두 번째로 수상할 수 있었다. 나를 괴롭히던 ADHD는 나의 장점이 되어 멀티태스킹이 가능하게 되었고, 한 가지 일에 쉽게 싫증을 느끼는 버릇은 나로 하여금 장애인 체육과 연애 심리, 운동생리, 운동의학, 인공지능 등 다양한 분야에 전문성을 가진 교수가 되게 만들었다.

덕분에 연세대학교에서도 흔치 않게 나의 전공 분야인 스포츠 응용산업학과뿐만 아니라 의과대학 암예방센터와 인공지능대학원의 겸직교수로 강의와 연구를 진행하고 있다. 나아가 융합연구가 인기 있기 전인 캐나다 대학원 시절부터 체육과, 재활의학과, 의과대학, 공과대학과 공동연구를 진행하며 학위논문을 완성하기도 했다. 돌이켜보면 내 모든 단점이 장점이 되었고, 그 덕분에 나는 잘나고 못난 부분을 다 포함하여 지금의 내가 되었다. 만약에 부모님이 높은 교육 수준을 갖고 계셨더라면, 난 어떤 사람이 되었을까 종종 생각해 본다. 아마도 내 학교생활에 더욱 간섭하고 낮은 성적을 비난하며 잔소리만 많이 늘어놓으셨을 것 같다. 잔소리를 매우 싫어하는 내 성격을 고려하면, 자칫 삐뚤어졌을 수도 있을 것 같다.

최근 캐나다에서 고3인 둘째 아들을 맡아 열심히 뒷바라지해 주는 큰아들이 한국에 와서 나에게 두 가지 선물을 주고 갔다. 하나는 로퍼트 새폴스키 교수와 대니얼 카너먼 교수를 지적으로 소개해 준 일이고, 또 하나는 『죽음의 수용소에서』라는 빅터 프랭클Viktor Emil Frankl의 책을 선물로 주고 간 것이다. 그 책에는 다음과 같은 체스마스터에 대한 비유가 나온다. "체스마스터님, 세상에서 가장 중요한 체스 한 수는 뭡니까?" 참 바보 같은 질문이다. 체스라는 게임은 상대방이 어떤 수를 두는가를 보고 묘수를 생각하는 게임이기 때문이다.

우리네 인생도 이와 같다. "우리에게 가장 의미 있는 일은 무엇입니까?"라는 질문에 사람마다, 그가 처한 상황마다, 가장 의미 있는 일은 다를 것이고, 또 달라야만 한다고 생각한다. 이 세상을 살아가는 우리 모두는 이 세상을 살아가야 할 자신만의 의미가 있어야 한다. 없다면 그 의미를 찾아야만 한다. 그래서 이 책의 원제가 '의미를 찾는 인간의 탐구Man's Search for Meaning'다. 의미를 통해 프랭클은 마음의 상처를 치유했고 이를 로고테라피logotherapy라고 불렀다. 그 의미를 찾을 때 인생의 새로운 내러티브가 시작된다. 내 과거를 재해석해야 한다. 오늘의 실패가 갖는 의미를 내일에 가서 재해석해야만 한다. 그래야 나의 미래를 향한 내러티브를 새로 써 나갈 수 있다.[3]

난 옥시토신이 우리의 내러티브를 쓰는 데 도움이 될 것이라 굳게 믿는다. 옥시토신을 코로 마시라는 게 아니라 옥시토신을 올리는 라이프스타일을 말하는 것이다. 더 많은 사람을 만나고, 함께 밥을 먹고, 함께 대화하고, 더 이타적으로 행동하고, 봉사하고, 주변의 사람들을 돌아보고, 더 많은 스킨십을 나누고, 더 많이 감사하고, 함께 운동하고, 함께 와자지껄 떠들고, 함께 눈물 쏙 빠지게 웃고, 함께 좋은 영화를 보고, 멋진 맛집을 찾아다니고, 시간이 날 때마다 좋은 내러티브를 듣는 것 말이다. 그중에서 가장 중요한 것은 나만의 내러티브를 만드는 것이다. 왜냐하면 우리네 삶은 어제도, 오늘도, 그리고 내일도 의미를 기다리는 사건과 이야기 덩어리들이기 때문이다. 나의 내러티브와 너의 내러티브가 만나서 우리의 내러티브가 될 때, 우리는 보다 행복한 삶, 의미 있는 삶을 누릴 수 있기 때문이다.

자, 이제 당신의 옥시토신 이야기, 당신의 내러티브를 쓸 차례다.

생활 속 옥시토신 올리기
지금 나만의 내러티브를 적어 보면 어떨까요? 마치 드라마의 각 회를 에피소드라고 표현하듯이, 여러분의 내러티브를 총 몇 화까지 제작할 것인지 구상하고 각 에피소드의 제목을 붙여보세요.

35장

프로이트에서 아들러로
: 편도체에서 전두엽으로

⌣

"신체활동은 우울증에 좋을까요?"라는 질문에 일반적인 답변이라면 당연히 "좋습니다."일 것이다. 그런데 최근 우리 연구실에서 발표한 연구에 의하면 꼭 그렇지도 않은 것 같다. 직장에서의 신체활동은 많아질수록 오히려 우울증 유병률을 세 배까지 높이는 반면, 여가로서 즐기는 신체활동은 많아질수록 우울증 유병률이 반토막 난다는 결과를 얻었기 때문이다. 우리 연구실에서 발표한 또 다른 논문에 의하면, 앉아 있는 시간 역시 목적에 따라 우리 정신 건강에 미치는 영향이 다르다고 한다. 공부를 위해 앉아 있는 시간은 우울증 및 자살 생각과 상관이 없는 반면, 모바일기기로 SNS를 하는 시간이 늘어날수록, 특히 여학생에게서 우울감과 자살 충동 등의 위험이 커진다는 것이다. 우리가 어떤 행동을 할 때 우리가 그 행동에 어떤 가치를 느끼는가에 따라 그 행동이 우리 건강에 미치는 영향이 다른 셈이다.[1]

노동을 운동으로 만드는 법

쥐를 운동시키는 방법에는 트레드밀에서 뛰게 하는 방법과 쳇바퀴에서 뛰게 하는 두 가지 방법이 있다. 이렇게 운동을 시킨 쥐와 아예 운동을 안 한 쥐를 비교해 누가 가장 먼저 죽나 연구를 해 봤더니 트레드밀에서 뛴 쥐가 가장 먼저 죽었고, 그다음은 운동 안 한 쥐, 그리고 쳇바퀴에서 운동한 쥐가 마지막이었다. 왜 그랬을까? 트레드밀에서 뛰는 건 쥐 스스로 선택한 운동이 아니었다. 연구원이 일정에 맞춰 트레드밀에 쥐를 올려놓고 달리기 속도를 결정한 다음 무작정 기계를 돌렸다. 심지어 뛰는 시간도 결정했다. 쥐가 뛰고 싶지 않거나, 혹은 힘들어서 안 뛰면, 등 뒤에 전기 충격기가 기다리고 있었다. 게다가 쥐는 원래 야행성 동물인데, 쥐에게 운동시킨 인간 연구자는 자신의 생활 리듬에 따라 밤이 아닌 낮에 실험을 수행했다. 이걸 사람의 상황으로 이해해 보면, 새벽 2시에 조교가 몽둥이를 들고 와서는 우리를 팬티 차림으로 연병장에 집합해 놓고 강제로 PT체조를 시키는 것과 같다. 못 뛰면 몽둥이찜질이 기다리고 있다.

반면 쳇바퀴에서 운동하는 쥐는 달리기를 놀이로 생각한다. 운동의 시간과 강도를 쥐 마음대로 정할 수 있다. 안 뛰고 싶으면 안 뛰어도 된다. 러너스 하이Runner's High* 를 느낄 때까지 전력을 다해 뛰어도 되고, 땀도 나지 않았는데 쳇바퀴에서 내려와도 된다. 밥 먹고 뛰어도 되고 한숨 늘어지게 자고 싶을 땐 얼마든지 그만둘 수 있다. 안 뛴다고 벌로 전기 충격기가 기다리고 있거나 밥을 굶어야 하는 것도 아니다. 내가 했던 연구에서는 8~9센티미터쯤 되는 쥐가 일주일에 40킬로미터 이상을 달린다. 이 정도 거리라면 연대

---

* 미국의 심리학자인 맨델이 1979년 발표한 논문에서 처음 사용된 용어로 달리기 애호가들이 느끼는 도취감을 말한다.

가 있는 신촌사거리에서 관악산자락 서울대까지 갔다 오는 것보다도 더 먼 거리다. 당연히 억지로 뛰게 한다면, 달리기는 더 이상 운동이 아니라 노동이 된다. 맞다! 직장에서의 신체활동은 노동이고, 여가로서의 신체활동은 즐거움이다.[2] 같은 운동이라도 내 자의와 선택에 의한 것이냐가 중요하다.

다른 예를 들어보자. 만약에 100명이 마라톤을 뛰었다고 생각해 보자. 일반적으로 시합 성적이 좋을수록 시합이 끝난 후 테스토스테론 수치가 올라간다.* 그럼 50등이 2등보다 분비가 낮을까? '상황에 따라서 다르다.'가 정답일 것이다. 50등은 어쩌면 첫 마라톤으로 완주만 해도 좋겠다고 생각했는데, 무려 자신의 뒤에 50명이 더 있다는 것에 매우 고무되었을 수도 있다. 반면 2등은 1등을 목표로 지난 1년간 맹훈련을 했는데도 불구하고 1등에게 뒤진 것에 큰 스트레스를 받을 수도 있다. 이게 무슨 말일까? 맥락과 상황에 따라 똑같은 신체적 스트레스가 우리의 정신과 몸에 미치는 영향이 다르다는 말이다.

스탠퍼드대학교에 알리아 크럼Alia Joy Crum 교수는 하버드대학에서 대학원생으로 있을 때 훗날 학계에 매우 큰 영향을 미치는 연구를 수행했다. 호텔 청소 노동자들에게 노동이 운동이 될 수 있다는 사실을 알려준 것이다. 그러고는 자신이 얼마나 운동을 실천하고 있는지 조사한 뒤 저들의 체중과 혈압을 조사했다. 그랬더니 노동이 운동이 될 수 있다는 정보를 제공받은 호텔 청소 노동자는 스스로 더 많이 운동하고 있다고 생각했고, 체중과 혈압이 유의미하게 감소했다. 더 나아가 크럼 교수는 똑같이 스트레스를 유발하는 상황을 만들어, 한 그룹은 스트레스가 우리가 맞는 도전을 극복할 수 있도록 도와주는 것이라고 가르쳤고, 다른 그룹은 스트레스는 나쁜 것이니 되도록

* 오버트레이닝 상태에 들어가면 근육의 성장과 생성에 긍정적인 영향을 주는 테스토스테론은 감소하고, 스트레스 호르몬은 증가한다.

스트레스를 받지 말라고 가르친 뒤 참가자들의 호르몬 수치를 검사했다.

그랬더니 스트레스가 유익할 수 있다고 교육받은 노동자에게서 훨씬 더 긍정적 정서와 인지 유연성을 보였고, 우울감을 예방하고 면역기능을 개선하며 뼈와 근육을 튼튼하게 한다고 알려진 DHEA 호르몬 분비가 촉진된 것을 규명했다. 반대로 스트레스는 백해무익하니 무조건 피하라고 교육받은 노동자는 이러한 신체 변화가 나타나지 않았다. '피할 수 없다면 즐겨라.'라는 말이 있다. 적어도 이 실험 결과로 볼 때, 이 말은 과학적으로 입증할 수 있다. 우리가 스트레스 상황을 피할 수 없을 경우, 스트레스가 긍정적일 수 있다는 사실을 인지하는 것만으로도 스트레스를 잘 극복할 수 있다는 사실이다.[3]

주변 환경에 먼저 반응하는 뇌 부위는 편도체와 해마로 알려져 있다. 달리기는 심박수를 올리고 호흡을 가파르게 하며 땀이 나게 하는 등 신체적으로 볼 때는 큰 스트레스다. 이건 누구에게나 그렇다. 반면 달리기라는 행동을 왜 했는가에 따라 즐거울 수도 매우 힘들 수도 있다. 졸병 시절에는 구보가 그렇게 힘들었다. 이유는 간단하다. 원치 않는 일이고, 언제 끝날지도 모르겠고, 뒤처지면 뒤에서 고참이 욕을 바가지로 하고, 한 명이라도 뒤처지면 열 바퀴 더 뛴다고 협박하는 상황에서 뛰기 때문이다. 반면 구보를 이끄는 고참은 하나도 힘들지 않다. 자기가 뛰고 싶은 만큼 뛰고, 원할 때면 멈출 수 있고, 조금이라도 힘들면 막사로 돌아갈 수 있으니 말이다. 편도체는 몸에서 오는 신호와 주변 환경(협박 혹은 강제적 상황)에 반사적으로 작용하지만reaction, 그 행동에 맥락을 제공하고 의미를 부여해 적절하게 반응하게response 하는 것은 전두엽이 한다.

뇌의 구조를 보면 특이하게 편도체는 해마 옆에 있다. 우리가 만나는 사람이나 상황에서 느끼는 감정을 바로 해마에 저장해 두고 기억해야 하기 때문이다. 위협적인 상황, 우리를 해하려는 사람, 위험한 장소를 기억해야 살아남을 수 있다. 실제 편도체가 손상된 동물은 위협적인 상황에 즉각적으로 반응하지 못해서 야생에서 살아남을 확률이 급격히 떨어진다. 로버트 새폴스키 교수는 최근 여러 방송에 출연하여 자신이 평생 스트레스와 해마를 연구했는데, 사실은 전두엽을 연구했어야 했다고 소회한다. 결국 똑같은 상황을 맥락적으로 해석하는 것은 전두엽이 하는 일이기 때문이다. 전두엽이 중요하다. 파충류의 뇌에서 신인류의 뇌로 전환해야 한다. 화내지 말아야지 아무리 결심해도 화가 나는 상황이 되면 바로 화를 낸다.

프로이트는 히스테리의 원인을 트라우마로 보고, 트라우마를 일으키는 기억과 그때의 감정을 해소하는 것을 트라우마 치료의 관점으로 본다. 편도체와 해마 그리고 장기기억의 연결을 찾아 그 문제를 해결하는 것이다. 그리고 이런 과정을 위해 정신분석을 하는데, 과거의 상처 치료를 위해 그때 기억과 감정으로 돌아가는 데 오랜 시간과 노력이 동반된다. 반면 아들러는 트라우마를 부정하라고 조언하며, 미래지향적인 방법을 제시한다. 한마디로 요약하면 '걸림돌이 디딤돌이 될 수도 있다.'는 관점이다.

프로이트에서 아들러로

난 이 사례로 거의 모든 국민이 보았을 디즈니 애니메이션, 「이집트 왕자」의 주인공 모세를 소개하고 싶다. 모세는 이집트 왕국에서 태생이 히브리 사람이었다. 당시 히브리 사람이 낳은 1세 이하의 아이는 바로 죽어야 했기에 모세의 어머니는 눈물을 머금고 갓 태어난 아들을 강가에 유기하기로 마음먹는다. 차마 자기 손으로 죽일 수 없었을 것이다. 그녀는 앞뒤로 역청을 바른 갈대상자에 아기를 담아 그렇게 나일 강에 떠내려 보냈다. 마침 이집트 공주에게 발견된 모세는 궁에서 이집트의 왕자로 성장한다. 드라마틱한 반전이다.

그런데 대략 40세 정도 되었을까? 하루는 모세가 히브리 노예를 핍박하는 이집트 관원 하나를 맨손으로 때려죽인다. 어쩌면 자기 민족을 위해 자신이 나서야 하는 것이 아닐까라고 생각했을지 모른다. 영웅의 자의식 같은 것 말이다. 그런데 다음 날, 자신이 구하고자 했던 히브리 사람들끼리 싸우는 걸 목격하고 이를 말리자; 한 사람이 "왜! 어제 이집트 사람 죽인 것처럼 우리도 죽이게?"라며 욕하는 걸 보고 겁을 먹은 채 광야로 달아난다. 전날 이집트 사람을 죽인 게 이미 일파만파 퍼졌기 때문이다.

모세는 살기 위해 몇 날 며칠을 뒤도 돌아보지 않고 달아난다. 거기에서 아내 십보라를 만나 결혼하고 첫아들을 낳는다. 그리고 그 아들 이름을 '게르솜'이라고 짓는다. 게르솜이란 '내가 타국에서도 나그네가 되었다.'라는 뜻이다.* 한마디로 자괴감과 자기 연민에 찌든 모세의 푸념이 담긴 아들 이름이 그의 처지를 대변해 주는 것 같다. 이어 둘째 아들을 낳았는데, 둘째 이름은 '엘리에셀'이라고 지었다. 엘리에셀은 '하나님이 나를 바로의 칼에서 구원하셨다.'라는 뜻이다. 둘째를 낳을 때도 모세는 아무도 없는 광야에서, 그것도 자기 양도 아닌 장인의 양이나 치는 루저의 삶을 살고 있었다. 그런 절망적인 상황에서 모세는 전혀 새로운 해석을 시도한 것이다. 새로운 맥락이다. 이렇게 모세가 둘째 아들을 엘리에셀이라 이름 짓고, 얼마 지나지 않아 시내산에서 불붙은 떨기나무를 보고, 그곳에서 히브리 사람들을 이집트에서 끌고 나오라는 하나님의 위대한 소명을 받는다.

상황은 전혀 바뀌지 않았는데 자신의 과거에 대해 새롭게 해석하고 나니 새로운 미래가 보이기 시작한 것이다. 처음에는 자신의 의도를 몰라준 히

---

* 영어로 해당 이름을 보면 그 의미가 더 확실히 느껴진다. 'I am an alien in a foreign land.'

브리 사람, 바로(파라오), 그리고 하나님을 원망했던 모세였지만, 이 모든 과정이 결국 히브리 사람을 노예의 속박에서 해방하는 과정이었다는 하나님의 큰 그림을 보게 된다. 그러고 나니, 그의 미래와 비전이 보이기 시작한 것이다. 첫째 아들 게르솜이 모세가 자신에게 일어난 상황에 대한 반사적 생각(편도체)이었다면, 둘째 아들 엘리에셀은 맥락적 해석을 통해서 발견한 자신의 존재 이유(전두엽)였던 것이다. 과거지향적인 정신분석을 통한 트라우마 치료(프로이트)가 아니라 미래지향적인 관점에서 과거에 대한 재해석(아들러)이 이루어진 것이다. 모세의 내러티브가 바뀌니 아내가 바뀌고 가족이 바뀌고 민족이 바뀌고 세계 역사가 바뀌었다.

프로이트에서 아들러로 바뀌어야 한다. 편도체적 반사 작용이 아니라 전두엽적 맥락 해석과 의미 부여가 우리 인생을 미래지향적으로 바꾼다. 아들러는 자신의 선천적 장애와 매사에 형과 비교되는 열등감이 자신을 더 나은 사람이 되게 해주는 힘이라고 여겼다. 어려서부터 부모의 사랑과 양육을 못 받아 '난 옥시토신이 낮아서 좋은 아빠, 좋은 남편이 못 되는 거야.'라고 생각할 게 아니라, 그럼에도 불구하고, 아니 그렇기에 더욱 '난 내 자녀와 아내를 사랑하고, 더 밝고 좋은 가정을 만들 거야.'로 사고의 전환이 일어나야 한다. 옥시토신 라이프스타일을 살아야 한다. 그리고 더 밝은, 그리고 더 사랑이 가득한 미래를 꿈꾸어야 한다.

생활 속 옥시토신 올리기

인생에서 가장 힘들었던 순간을 떠올려 보고 새로운 의미를 부여해 보세요. 전에 보지 못했던 새로운 삶의 관점과 방향이 보이기 시작할 겁니다.

옥시토신 리더십

똑같은 일을 하더라도 내가 좋아서 할 때는 기쁨을 느끼며 스트레스도 적게 받지만, 반면에 자신이 싫어하는 일을 억지로 할 때는 같은 일이라도 훨씬 더 스트레스를 받는다. 그러나 억지로 일을 하는 상황에서도 언제, 어디서, 언제까지 일을 마무리할지에 대한 자율성을 가진다면 훨씬 덜 스트레스를 받게 된다. 그중에서도 가장 좋지 않은 경우는 자신이 싫어하는 일을 타율적으로 스트레스를 받으면서 하는 것이다. 이런 상황에서 동료와의 경쟁까지 요구된다면, 상황은 더욱 악화된다. 극단적인 예로 군대나 어릴 적 학교에서의 선착순 달리기가 있다. 선착순 달리기는 자율성이 없으며 스스로 통제할 수도 없다. 같은 거리를 달리더라도 각자의 운동 강도나 스트레스 정도는 다르다. 정말 잘 달려서 동료를 이기더라도, 그가 이긴 것은 적이 아니라 동료이기 때문이다.

우리 중에는 팀원이나 학생을 선착순 달리기처럼 경쟁적으로 다루는 리더가 있을 수 있다. 이러한 리더십은 나쁜 예이다. 반면에 '측은지심'을 기반으로 팀원을 신뢰하고 배려하는 리더도 있다. "나 때는 말이야."라며 불합리하게 많은 일을 시키지 않고, 자신의 어려움을 고려하며 팀원을 배려하는 역지사지의 리더십을 키워야 한다. 누군가가 나를 신뢰한다는 것만으로도 우리의 옥시토신은 상승한다. 리더는 감시하지 말고 격려하고, 지시하지 말고 지지하며, 일을 못 할 때 혼내지 말고 도와주며, 일을 잘할 수 있도록 환경을 조성해 주고, 스스로 할 수 있도록 도움이 되어야 한다. 서로를 배려하는 팀 분위기를 조성하되, 리더가 먼저 희생하고 솔선수범하며, 누군가 손해를 봐야 한다면 리더가 손해를 봐야 한다. 이것이 바로 옥시토신 리더십이다.

옥시토신 이야기

36장

인슐린에서 옥시토신으로
: 사랑이 약이다

당뇨병에는 두 가지 종류가 있다. 하나는 우리 몸이 인슐린을 만들지 못하는 1형 당뇨병이고, 또 하나는 인슐린이 없어서라기보다 제대로 작동하지 않아 생기는 2형 당뇨병이다. 우리 몸에서 제대로 인슐린이 작동하지 않는 상태를 인슐린 저항성이라고 한다. 주로 인슐린 저항성은 비만과 운동 부족으로 증가한다. 우리 세포가 기능을 제대로 하기 위해서는 에너지가 필요한데 결국 탄수화물과 지방, 단백질을 에너지원으로 사용하게 된다. 이 중에서 세포가 탄수화물(포도당)을 세포 내로 흡수해 에너지로 사용하려면 반드시 인슐린이라는 호르몬이 필요하다. 따라서 인슐린을 만들지 못하는 1형 당뇨병은 인슐린의 도움을 못 받아 세포가 당을 흡수하지 못하고 결국 혈중 당수치가 매우 높게 된다. 그렇게 에너지를 받지 못해서 살이 쭉 빠지다가 결국 사망하게 된다. 이를 해결하기 위해 밴팅Frederick Banting과 베스트Charles Best는 인슐린을 개에서 분리해 사람에게 투여할 수 있도록 하여 1923년 노벨 의학상을 받았다. 하지만 이때 사용하던 인슐린은 주로 동물의 췌장에서 추출한 인슐린으로서 대량 생산하기 어려웠고, 지속시간도 짧아 새로운 대안이 필요한 실정이었다.

인슐린 연구에서 옥시토신을 발견하다

1923년, 밴팅과 베스트를 만나고 돌아온 로즈Johnstone Rose 교수에게 인슐린 발견 소식을 들은 22살의 뒤비뇨 Vincent du Vigneaud는 성과에 매우 큰 감명을 받고 인슐린에 대한 연구를 시작한다. 원래 인슐린 합성뿐만 아니라 인슐린을 구성하는 시스테인cysteine과 이황화 결합에 관심을 갖고 연구하던 뒤비뇨는 인슐린보다 훨씬 작은 단백질인 옥시토신 합성에 도전하게 된다. 인슐린에서 시작한 뒤비뇨의 연구는 결국 옥시토신 합성으로 이어졌고, 그 공로를 인정받아 1955년 노벨 화학상을 받는다. 노벨상을 받은 건 옥시토신이 인류가 합성한 첫 펩타이드 호르몬이었기 때문이다.* 그리고 옥시토신 합성으로 옥시토신을 주사로 투여할 수 있게 되면서, 산모의 출산을 돕고 무수한 산모와 신생아의 생명을 구할 수 있게 되었다.[1]

물론 뒤비뇨의 성취와는 비교 자체가 불가하겠지만, 나 역시 인슐린 연구에서 최근 옥시토신 연구로 연구 영역을 확장하고 있다. 난 1995년 캐나다 앨버타대학교에서 석사과정을 시작하면서 당뇨병과 인슐린 저항성 연구에 집중했다. 특히 당뇨병 위험이 3~5배 높은 척수손상 장애인에게 왜 당뇨병이 많이 생기는지를 규명하는 연구를 진행하고, 이들의 인슐린 생성과 분비 능력을 규명하는 첫 연구를 진행하기도 했다. 특히 성공률이 떨어지는

---

* 우리 몸의 호르몬은 대부분 옥시토신 그리고 인슐린과 같은 펩타이드 호르몬과 성호르몬과 같은 스테로이드 호르몬으로 구성되어 있다.

췌장 이식보다 베타세포를 분리하여 주사 이식을 통해 1형 당뇨병 환자가 인슐린 주사 없이 당뇨병을 치료하는 기술을 제안한 에드먼드 라이언^{Edmond} ^{Ryan} 박사의 실험에 참여하여 첫 이식 수술의 성공을 규명하는 현장에 있기도 했다. 그리고 인슐린 분비 능력을 확인하는 실험을 척수손상 장애인에게 운동 전과 후에 실시하여 운동 효과를 검증하는 연구를 진행했다. 박사과정 때는 인슐린에서 비만을 조절하는 렙틴으로 연구 영역을 확장했고, 하버드 대학교에서는 렙틴이 뇌와 자율신경을 통해 말초세포에서 어떻게 작용하는지를 규명하는 기초 연구를 하기도 했다. 2005년, 연세대학교에 교수로 임용된 후부터는 비만과 인슐린 저항성, 운동을 주제로 다양한 연구를 신촌 세브란스병원과 수행했다.[2]

옥시토신으로 죽음의 문을 두드리다

그런데 2009년 어느 날 '치료 레크리에이션' 수업을 강의하면서 나는 뜬금없이 이렇게 말했다. "암환자가 남은 6개월을 병상에 누워 주사기를 주렁주렁 달고 죽을 날만 기다리는 것보다 자신에게 즐거운 일을 찾아 즐겁게 지내다 보면 똑같은 기간 동안 삶의 질이 더 높아지지 않을까요?" 그러다가 문득 그렇게 즐겁게 살다보면 더 오래 살 수 있지 않을까 하는 생각이 뇌리를 번뜩 스치고 지나갔다. 정말 준비 안 된 즉흥적인 아이디어였다. 그런데 난 강의 내용에 스스로 설득되어 연구실로 달려와 '운동'과 '암', '사망'이란 키워드를 의학 검색사이트에 입력하고 결과를 뽑아 보았다. 그랬더니 관련 연구들이 쏟아졌다. 유방암 환자가 일주일에 3시간 걷기 운동을 하면 유방암 재발이 반으로 줄어들고, 대장암 환자가 일주일에 6시간 걸으면 대장암 재발이 반으로 줄어든다는 게 아닌가? 난 속으로 '유레카!'를 외쳤다. 역

시 운동이 명약이다. 운동이 최고의 예방이다.[3]

　그러다 언뜻 '왜 운동을 하면 암의 재발이 반을 줄어들까?'라는 생각이 들었다. 환자가 비만인 경우 암 발병과 재발이 많은데, 그 기전이 비만이 당뇨병을 유발하는 기전과 흡사했다. 그런데 흥미롭게도 그 기전은 운동이 당뇨병을 개선하는 기전과도 동일했다. 난 무릎을 치며 이 연구는 내가 해야겠다고 다짐했다. 2011~2012년, 1년을 다시 하버드대학교로 돌아가 교환교수로 암 연구를 진행하고 돌아왔다. 그리고 지금까지 운동과 암 연구를 계속하고 있다. 대장암 환자가 수술 후 운동을 통해 치료가 빨라지고, 유방암 환자의 상지 기능이 운동을 통해 한 달 안에 정상으로 돌아오는 원인을 밝히는 연구를 진행했다. 나아가 배변 장애로 고생하는 직장암 환자가 운동만으로 거의 배변 관련 문제를 해결한다는 사실을 여러 임상 연구를 통해 규명했다. 관련 논문만 100여 편을 발표할 정도였다. 특히 운동이 암 환자의 재발을 예방하는 데에 운동의 인슐린 저항성 개선이 중요하다는 것을 규명했다. 물론 난 암환자만 연구한 것은 아니고, 척수손상 장애인, 심장재활 환자, 파킨슨 환자, 당뇨환자, 비만환자, 소아간질 환자 등 다양한 환자들을 대상으로 연구를 진행했다.

　내 연구 주제를 한마디로 요약하면, '운동이 약이다.'를 검증하는 것이다. 그리고 검증 결과를 근거로 다양한 건강 상태에 있는 사람을 대상으로 해당 질환을 치료하는 최적의 운동 프로그램을 만들고, 또 그 효과를 검증하여 누구나 스스로 할 수 있는 형태로 보급하는 것이다. 지금은 연세대학교 교육과학대학 스포츠응용산업학과의 교수로 재직하면서 신촌세브란스 암병원 암예방센터와 공과대학 인공지능대학원에서 교수를 겸직하고 있다. 최근 운동의 종류만큼 누구와 언제 운동하는지가 중요하다는 사실을 더 명확히 깨닫고 있다. 바로 옥시토신 때문이다. 옥시토신은 혼자가 아니라 함께 운동할 때 분비된다. 스킨십이 있는 운동이라면 더 좋다. 서로 눈을 마주치며 협력하는 운동이라면 금상첨화다.

2020년, 옥시토신 분야의 최고 권위자인 래리 영 교수는 자신의 논문에서 "사랑은 약이다. 사랑을 주는 사람과 받는 사람 모두에게 약이 된다."고 말한 칼 메닝거를 인용하면서 만약 그가 지금 다시 살아난다면 옥시토신과 질환 사이의 관계에 관한 연구 결과를 지지할 것이라고 말했다. 맞다. 운동은 약이다. 그런데 그보다 더 좋은 약은 사랑이다. 옥시토신이 그걸 증명해주고 있다. 이 글을 읽는 독자는 옥시토신 라이프스타일을 통해 몸에 옥시토신을 올리고, 더 많은 사람을 만나고, 더 많이 행복해지면 좋겠다. 혹시 이것이야말로 칼 메닝거가 삶의 본능인 사랑을 수용하고, 미움을 지워버리려고 했던 방법이 아니었을까?

**생활 속
옥시토신
올리기
끝판왕: 여행**

사색하는 여행은 혼자 가고, 옥시토신을 올리는 여행은 소중한 사람들과 함께 가야 합니다. 옥시토신을 올리는 라이프스타일을 열거하면, 다른 사람과 함께 맛있는 것을 먹고, 함께 운동하고, 뒷담화하고, 눈 맞추고, 다른 사람과 즐거운 활동을 하는 것인데, 이 모든 것을 포함한 활동이 있습니다. 바로 소중한 사람과 함께 하는 여행이지요.

대한민국 국민의 건강이 위험하다

세계보건기구에서는 건강의 세 요소로 신체적 건강뿐 아니라 정신적 건
강과 사회적 건강을 꼽습니다. 신체적 건강 중에 최근 두드러지게 증가하는
질환으로는 고혈압과 당뇨병, 암 외에도 염증성 장질환 같은 질병이 급증하
고 있습니다. 이와 더불어 정신적 건강과 사회적 건강에도 적신호가 켜졌습
니다. 우울증과 조울증은 흔한 질환이 되었으며, 조현병과 불안증, 수면장애
와 강박증 등 다양한 정신질환이 급증하고 있습니다. 1인가구의 증가와 비
혼, 저출산, 고령화 사회가 이어지면서 사회적 고립과 관계의 단절로 인한
독거노인과 고독사 문제도 심각한 수준입니다. OECD 국가 중에서 대한민
국은 벌써 십여 년 넘게 자살률 1위라는 오명을 쓰고 있습니다. TV에서는
각종 부부 갈등과 세대 갈등을 보여주는 프로그램이 속속 등장하고 이웃과
의 갈등, 지역 갈등, 남녀 갈등까지 기존의 사회적 건강 문제에 최근 코로나
로 인한 사회적 거리두기까지 겹치면서 대한민국 국민의 건강이 다양한 차

원에서 위협을 받고 있습니다.

'지금 우리는 과연 행복할까요?'

오래전 일입니다. 하루는 연구실에서 대학원 반장을 혼냈던 적이 있었습니다. 개인적으로 바라기는 그 학생이 모두에게 정신 차리고 주어진 과제를 잘해보자는 메시지를 전달하길 바랬지만, 저에게 혼난 학생은 동료 학생들에게 짜증내며 서로에게 책임을 전가하고 화를 냈다고 합니다. 덕분에 연구실 분위기가 급격히 나빠졌던 건 불 보듯 뻔한 일이었죠. 말로는 이성적으로 감정을 통제하며 혼을 냈다고 했지만, 사실은 과도한 업무에 시달려 감정적으로 힘들었던 제가 짜증을 냈던 거였습니다. 공교롭게 그 자리에 해당 학생이 있었을 뿐이지요. 그렇게 학생에게 쓸데없이 분풀이했고, 그 일은 제 기억에 매우 나쁜 선례를 남긴 사건이 되었습니다. 졸지에 저의 짜증을 받아주었던 대학원생들이 각자 집에 가서 부모님이나 형, 동생 혹은 애인에게 화를 돌려주며 인간관계를 꼬이게 했을지 모를 일입니다.

이렇듯 우리네 삶은 혼자가 아니라 다른 사람과 함께 관계를 맺고 살아갑니다. 우리 감정은 쉽게 다른 사람에게 전염되죠. 행복한 사람과 함께 있으면 덩달아 행복해지고, 우울한 사람과 함께 있으면 괜히 우리도 우울해집니다. 옥시토신이 높은 사람과 함께 있으면 함께 옥시토신이 올라가며, 코르티솔이 높은 사람과 함께 생활하면 우리의 코르티솔도 널뛰듯 올라갑니다. 예를 들어 한 직장에 옥시토신이 높은 사람이 새롭게 합류했다고 가정해 봅시다. 이 사람은 상사의 말에 더욱 귀 기울이고, 직장 동료를 신뢰하며 매사 친절합니다. 함께 음식을 나눠 먹고, 눈을 마주치며 이야기하며, 항상 긍정적으로 남을 배려하죠. 이런 보배 같은 직원이 합류하면 그 직장 부서 내 구성원들의 체내 옥시토신 수치는 폭발적으로 증가하게 될 겁니다. 어려운 일이 닥치거나 예상치 못한 난관을 만나도 직장생활은 즐겁고 행복할 겁니다. 나아가 이 부서와 교류하는 다른 부서의 직원들, 그리고 그들의 가족, 나아가 협력업체에 이르기까지 모든 이들의 옥시토신에 영향을 미칠 수 있습니다.

실제 이런 일은 우리 주변에서 얼마든지 일어날 수 있습니다. 『행복은 전염된다』는 책을 쓴 니컬러스 크리스태키스Nicholas A. Christakis와 제임스 파울러James Fowler 교수는 비만이 친구에게 전염될 뿐만 아니라 그 친구의 친구, 그 친구의 친구의 친구에게까지 전염이 된다는 사실을 12,067명으로 이루어진 5만 개 이상의 소셜네트워크를 오랫동안 추적하며 규명했습니다. 여러분 모두 이 책을 읽고 옥시토신 라이프스타일을 여러분의 가정에서 실천하면 여러분의 배우자와 부모님, 친구, 직장 동료 혹은 여러분이 오늘 만나는 낯선 사람뿐 아니라 어느새 여러분이 속한 집단과 공동체, 더 나아가 이 사회에 무한한 선한 영향력을 행사할 수 있을 겁니다. 이 법칙은 산술급수가 아닌 기하급수의 증가 법칙입니다.

최근 『행복의 기원』을 저술하신 서은국 교수를 만나 외향성과 행복의 연관성에 대해 이야기하며 옥시토신에 대한 내용을 한참 이야기했습니다. 서 교수는 어깨를 으쓱하며 이 책에서 언급한 옥시토신과 사회적 관계, 신체 및 정신적 건강과의 관계에 대해 모두 알지는 못했다고 하면서, 옥시토신이 이 모두와 관련이 있다는 사실에 대해 전혀 놀랍지 않다고 표현했습니다. 옥시토신은 바로 '측은지심'과 '역지사지', 그리고 '이심전심'의 호르몬이기 때문입니다. 이걸 사회진화론적 입장에서 친절한 사람이 자신이 어려울 때 다른 사람의 도움으로 생존율이 높아지면서 자연스레 터득한 진화의 과정이라고 말하던지, 혹은 창조론적 입장에서 애초에 신이 우리가 서로 사랑하고 배려하라고 만들었기에 서로 사랑하고 배려할 때 진정 행복해지는 이치라고 말

옥시토신 이야기

하던지 상관없이 옥시토신이 이 모든 메커니즘의 핵심이라는 사실에는 변함이 없습니다. 위 두 가지 입장 중 어느 쪽이 옳은 건지는 지금 이 책의 범위를 넘어섭니다. 다만 옥시토신이 높은 사람, 주변에 옥시토신의 위력을 나눠주는 사람이 많아지면 대한민국은 얼마나 더 아름답고 행복한 나라가 될까요?

이런 장밋빛 미래를 그리며 건강을 연구하는 학자로서 오래전부터 라이프스타일의 변화를 통해 개인의 건강과 공동체의 안녕을 개선할 수 있는 방법에 대해 고민하게 되었습니다. 그러던 와중에 옥시토신이라는 호르몬을 알게 되었습니다. 재미있게도 캐나다에서 저의 박사학위 연구주제인 내분비계와 하버드대학교에서 박사후연구원을 하며 주로 연구했던 분야가 식이중추-시상하부-뇌하수체였기에 옥시토신을 이해하는데 큰 도움이 되었습니다. 그리고 옥시토신과 관련된 논문들을 하나 하나 읽어가면서 옥시토신이라는 호르몬에 빠져들 수밖에 없었습니다. 제가 처음 놀란 부분은 옥시토신이 사회성-관계성 호르몬이라는 사실이었고, 또 한 번 놀란 부분은 옥시토신과 현대인의 질병 사이의 연관성이었습니다.

'열심히 만나고 나누고 사랑합시다.'

옥시토신은 사람을 만나고 서로의 눈을 맞추며 이야기하고 부비고 사랑할 때 만들어집니다. 옥시토신이 부족하면 당장 불행해질 뿐만 아니라 병까지 얻게 됩니다. 안타까운 사실은 점점 우리나라 사람들이 서로 만나고 대화하고 사랑하는 법을 잃어가고 있다는 점입니다. 각종 성인병과 정신질환 발병이 가파르게 증가하고 있는데, 코로나 팬데믹 기간을 거치며 격리와 고립이 장려되는 기현상과 함께 초고령화와 자동화가 동시에 일어나며 식당에서 국밥 한 그릇 시키는 데에도 키오스크를 이용하고 집에서 짜장면 한 그

롯 배달하는 데에도 비대면이 정상이 되는 시대가 되었습니다. 너무 안타까운 일입니다. TV에서 '나 혼자 산다'가 엄청난 인기를 끄는 것은 그만큼 혼자 사는 삶을 공감하는 사람이 많다는 이야기고, 사회에서 '언택트'라는 신조어가 생긴 것은 사람과 사람이 만나는 게 오히려 어색한 디스토피아적 시대 유산의 끝자락에 우리가 서 있다는 말입니다.

모든 생명과 행복은 사람의 터치로 시작합니다. 제아무리 사회가 소셜네트워크니 메타버스니 IT 기술의 첨단을 달려도 변하지 않는 사실 하나는 우리가 가진 물리적 신체에서 비롯한 모든 만남과 관계가 문명이라는 거대한 구조물을 낳았다는 점입니다. 이는 영화 「레디 플레이어 원」에서 할리데이 박사가 가상세계에서 헤매는 주인공 퍼시발에게 "현실로 돌아가. 그곳이야말로 따뜻한 밥 한 끼를 먹을 수 있는 진짜 세상이니까."라고 조언했던 마지막 유언이 우리에게 던지는 의미심장한 메시지이기도 합니다. '핵가족'을 넘어 '핵개인'의 시대가 도래한 오늘날, 더 건강한 개인, 더 행복한 공동체를 만들기 위해 우리는 옥시토신의 이야기, 만남의 내러티브를 다시 써야 합니다. 지금 책을 덮고 오랫동안 만나지 못했던 친구를 술자리에 불러내고, 한동안 데면데면했던 이웃에게 파전 한 접시라도 나눠 먹고, 각방에서 잠을 청한 지 오래된 아내 혹은 남편과 오랜만에 시내 데이트를 즐기는 여러분의 모습을 보고 싶습니다.

이 책을 마무리하며 그간 집필에 몰입했던 6개월여 간의 기간, 그 어느 때보다 저의 옥시토신 수치가 올라가 있었던 것 같습니다. 돌이켜보면 저도 모르게 어른의 말씀에 더 귀 기울이게 되고, 대화를 나누는 상대방의 눈을 더 바라보게 되고, 가족에게 더 친절하게 대하게 되고, 더 많이 안아주고, 동료와 학생들에게 더 많이 배려하는 시간이 되지 않았나 싶습니다. 원고를 마무리하며 아는 것이 힘이고, 아는 만큼 보인다고 했는데, 이 책을 읽는 독자 여러분들의 시야가 더 넓어져 우리가 사는 이 멋진 나라, 대한민국이 더 행복한 나라가 될 수 있기를 간절히 소망해 봅니다. 그리고 더 건강하고 행복한 대한민국을 만드는 데 이 책이 작은 먼지만큼이라도, 작은 겨자씨 하나만큼이라도 도움이 되었길 기도합니다. 감사합니다.

옥시토신 라이프스타일 설문지

질문	매우그렇다 5	그렇다 4	보통이다 3	그렇지않다 2	매우그렇지않다 1
1. 지난 일주일 동안 내가 좋아하는 사람(가족, 친구, 연인)과 함께 식사한 적이 있다.					
2. 지난 일주일 동안 다른 사람과 포옹을 한 적이 있다.					
3. 지난 일주일 동안 동료와 함께하는 스포츠, 종교활동, 봉사활동에 참여한 적이 있다.					
4. 지난 일주일 동안 숨이 차는 운동을 한 번에 20분 이상 한 적이 있다.					
5. 지난 일주일 동안 채소 섭취를 많이 했다(통조림 제외).					
6. 지난 일주일 동안 다른 사람과 만나 수다를 떤 적이 있다.					
7. 지난 일주일 동안 반려동물과 눈을 맞추거나 허그를 나눈 적이 있다.					
8. 지난 일주일 동안 다른 사람과 함께 노래한 적이 있다.					
9. 지난 일주일 동안 다른 사람에게 감사 표현을 주고받은 적이 있다.					
10. 가공식품이나 패스트푸드보다는 집밥, 신선한 채소나 과일, 슬로우푸드를 즐겨 먹는다.					

40점 이상: 옥시토신 충만　　**30~39점:** 옥시토신 충분
20~29점: 옥시토신 부족　　**19점 이하:** 옥시토신 매우 부족

옥시토신 높이기 전략

1.
2.
3.
4.
5.

어떻게 하면 옥시토신을 높일 수 있을지, 가족 혹은 지인과 함께 논의해 보자.

코르티솔 라이프스타일 설문지

질문	매우그렇다 5	그렇다 4	보통이다 3	그렇지않다 2	매우그렇지않다 1
1. 지난 일주일 동안 수면에 들거나 숙면하는 데 어려움이 있었다.					
2. 지난 일주일 동안 하고 싶지 않은 일에 시간을 많이 허비했다.					
3. 지난 일주일 동안 외롭다고 생각한 적이 많았다.					
4. 지난 일주일 동안 다른 사람과 비교해 자신이 뒤처졌다고 생각한 적이 있었다.					
5. 지난 일주일 동안 업무나 학업 부담에 시달렸다.					
6. 지난 일주일 동안 몸과 마음이 피곤했다.					
7. 지난 일주일 동안 다른 사람과 만나 소통하는 데 어려움을 겪었다.					
8. 지난 일주일 동안 소화 문제나 장 문제가 괴롭혔다.					
9. 지난 일주일 동안 특별한 이유 없이 두통이나 복통에 시달렸다.					
10. 지난 일주일 동안 기억력과 집중력이 떨어진 적이 많았다.					

40점 이상: 극도의 스트레스 **30~39점**: 스트레스 충만
20~29점: 스트레스 정상 **19점 이하**: 매우 낮은 스트레스

스트레스 낮추기 전략

1. _____

2. _____

3. _____

4. _____

5. _____

어떻게 하면 스트레스를 낮출 수 있을지, 가족 혹은 지인과 함께 논의해 보자.

1장. 로제토 마을의 비밀

1. Stout C, Marrow J, Brandt EN, Jr., Wolf S. Unusually Low Incidence of Death from Myocardial Infarction. Study of an Italian American Community in Pennsylvania. JAMA. 1964;188:845-849.
Bruhn JG, Chandler B, Miller MC, Wolf S, Lynn TN. Social aspects of coronary heart disease in two adjacent, ethnically different communities. Am J Public Health Nations Health. 1966;56(9):1493-1506.
Wolf S, Bruhn, J. The power of clan. Routledge; 1998. Bruhn JG, Philips BU, Wolf S. Social readjustment and illness patterns: comparisons between first, second and third generation Italian-Americans living in the same community. J Psychosom Res. 1972;16(6):387-394.
Bruhn JG, Wolf S, Philips BU. A psycho-social study of surviving male coronary patients and controls followed over nine years. J Psychosom Res. 1971;15(3):305-313.
2. Wolf S, Herrenkohl RC, Lasker J, Egolf B, Philips BU, Bruhn JG. Roseto, Pennsylvania 25 years later--highlights of a medical and sociological survey. Trans Am Clin Climatol Assoc. 1989;100:57-67.
3. Yusuf S, Joseph P, Rangarajan S. Modifiable risk factors, cardiovascular disease, and mortality in 155 722 individuals from 21 high-income, middle-income, and low-income countries (PURE): a prospective cohort study (vol 395, pg 795, 2020). Lancet. 2020;395(10226):784-784.

2장. 옥시토신 101: 인류를 지켜주는 옥시토신

1. Sharma SR, Gonda X, Dome P, Tarazi FI. What's Love Got to do with it: Role of oxytocin in trauma, attachment and resilience. Pharmacol Ther. 2020;214:107602.
Carson DS, Guastella AJ, Taylor ER, McGregor IS. A brief history of oxytocin and its role in modulating psychostimulant effects. J Psychopharmacol. 2013;27(3):231-247.
2. Buckley S, Uvnas-Moberg K, Pajalic Z, et al. Maternal and newborn plasma oxytocin levels in response to maternal synthetic oxytocin administration during labour, birth and postpartum - a systematic review with implications for the function of the oxytocinergic system. BMC Pregnancy Childbirth. 2023;23(1):137.
Uvnas Moberg K, Ekstrom-Bergstrom A, Buckley S, et al. Maternal plasma levels of oxytocin during breastfeeding-A systematic review. PLoS One. 2020;15(8):e0235806.
Uvnas-Moberg K, Ekstrom-Bergstrom A, Berg M, et al. Maternal plasma levels of oxytocin during physiological childbirth - a systematic review with implications for uterine contractions and central actions of oxytocin. BMC Pregnancy Childbirth. 2019;19(1):285.
Marchini G, Lagercrantz H, Winberg J, Uvnas-Moberg K. Fetal and maternal plasma levels of gastrin, somatostatin and oxytocin after vaginal delivery and elective cesarean section. Early Hum Dev. 1988;18(1):73-79.
3. Branchi I, Curley JP, D'Andrea I, Cirulli F, Champagne FA, Alleva E. Early interactions with mother and peers independently build adult social skills and shape BDNF and oxytocin receptor brain levels. Psychoneuroendocrinology. 2013;38(4):522-532.
Demarchi L, Sanson A, Bosch OJ. Brief versus long maternal separation in lactating rats: Consequences on maternal behavior, emotionality, and brain oxytocin receptor binding. J Neuroendocrinol. 2023;35(7):e13252.
Lukas M, Bredewold R, Neumann ID, Veenema AH. Maternal separation interferes with developmental changes in brain vasopressin and oxytocin receptor binding in male rats. Neuropharmacology. 2010;58(1):78-87.
Kwak HR, Lee JW, Kwon KJ, et al. Maternal social separation of adolescent rats induces hyperactivity and anxiolytic behavior. Korean J Physiol Pharmacol. 2009;13(2):79-83.
Sabatini MJ, Ebert P, Lewis DA, Levitt P, Cameron JL, Mirnics K. Amygdala gene expression correlates of social behavior in monkeys experiencing maternal separation. J Neurosci. 2007;27(12):3295-3304.
Ryabushkina YA, Reshetnikov VV, Bondar NP. Maternal Separation Early in Life Alters the Expression of Genes Npas4 and Nr1d1 in Adult Female Mice: Correlation with Social Behavior. Behav Neurol. 2020;2020:7830469.
4. Abrahamsson TR, Sinkiewicz G, Jakobsson T, Fredrikson M, Bjrkstn B. Probiotic Lactobacilli in Breast Milk and Infant Stool in Relation to Oral Intake During the First Year of Life. J Pediatr Gastr Nutr. 2009;49(3):349-354.
Sinkiewicz G, Nordstrm EA. Occurrence of Lactobacillus reuteri, Lactobacilli and Bifidobacteria in human breast milk. Pediatric Research. 2005;58(2):415-415.
Denys M, Kozlova E, Bishay A, et al. Probiotic Therapy with Lactobacillus reuteri Rescues Social and Emotional Recognition Behavior in an Environmental Mouse Model of Autism. Physiology. 2023;38.
Liu YW, Liong MT, Chung YCE, et al. Effects of Lactobacillus plantarum PS128 on Children with Autism Spectrum Disorder in Taiwan: A Randomized, Double-Blind, Placebo-Controlled Trial. Nutrients. 2019;11(4).
Sorg H, Grambow E, Eckl E, Vollmar B. Oxytocin effects on experimental skin wound healing. Innov Surg Sci.

2017;2(4):219-232.

Poutahidis T, Kearney SM, Levkovich T, et al. Microbial symbionts accelerate wound healing via the neuropeptide hormone oxytocin. PLoS One. 2013;8(10):e78898.

Gouin JP, Carter CS, Pournajafi-Nazarloo H, et al. Marital behavior, oxytocin, vasopressin, and wound healing. Psychoneuroendocrinology. 2010;35(7):1082-1090.

5. Garrison JL, Macosko EZ, Bernstein S, Pokala N, Albrecht DR, Bargmann CI. Oxytocin/vasopressin-related peptides have an ancient role in reproductive behavior. Science. 2012;338(6106):540-543.

6. Oettl LL, Ravi N, Schneider M, et al. Oxytocin Enhances Social Recognition by Modulating Cortical Control of Early Olfactory Processing. Neuron. 2016;90(3):609-621.

Oettl LL, Kelsch W. Oxytocin and Olfaction. Curr Top Behav Neurosci. 2018;35:55-75.

Ferguson JN, Aldag JM, Insel TR, Young LJ. Oxytocin in the medial amygdala is essential for social recognition in the mouse. Journal of Neuroscience. 2001;21(20):8278-8285.

Ferguson JN, Young LJ, Hearn EF, Matzuk MM, Insel TR, Winslow JT. Social amnesia in mice lacking the oxytocin gene. Nature Genetics. 2000;25(3):284-288.

Winslow JT, Hearn EF, Ferguson J, Young LJ, Matzuk MM, Insel TR. Infant vocalization, adult aggression, and fear behavior of an oxytocin null mutant mouse. Hormones and Behavior. 2000;37(2):145-155.

Rimmele U, Hediger K, Heinrichs M, Klaver P. Oxytocin Makes a Face in Memory Familiar. Journal of Neuroscience. 2009;29(1):38-42.

Lopatina OL, Komleva YK, Gorina YV, Higashida H, Salmina AB. Neurobiological Aspects of Face Recognition: The Role of Oxytocin. Frontiers in Behavioral Neuroscience. 2018;12.

Rimmele U, Hediger K, Heinrichs M, Klaver P. Oxytocin makes a face in memory familiar. J Neurosci. 2009;29(1):38-42.

3장. 행복의 기원

1. 서은국. 행복의 기원. 21세기북스; 2021.

2. Eisenberger NI, Lieberman MD, Williams KD. Does rejection hurt? An fMRI study of social exclusion. Science. 2003;302(5643):290-292.

Meyer ML, Williams KD, Eisenberger NI. Why Social Pain Can Live on: Different Neural Mechanisms Are Associated with Reliving Social and Physical Pain. Plos One. 2015;10(6).

DeWall CN, MacDonald G, Webster GD, et al. Acetaminophen Reduces Social Pain: Behavioral and Neural Evidence. Psychol Sci. 2010;21(7):931-937.

3. Diener E, Biswas-Diener, R. Happiness: Unlocking the mysteries of psychological wealth. Wiley; 2008.

Oishi S, Choi H, Koo M, et al. Happiness, Meaning, and Psychological Richness. Affect Sci. 2020;1(2):107-115.

4. Massey-Abernathy A. From Oxytocin to Health: Exploring the Relationship between OXTR rs53576, Emotional Stability, Social Support, and Health. Adapt Hum Behav Phys. 2017;3:212-220.

Li J, Zhao Y, Li R, Broster LS, Zhou C, Yang S. Association of Oxytocin Receptor Gene (OXTR) rs53576 Polymorphism with Sociality: A Meta-Analysis. PLoS One. 2015;10(6):e0131820.

Gong PY, Fan HY, Liu JT, Yang X, Zhang KJ, Zhou XL. Revisiting the impact of rs53576 on empathy: A population-based study and a meta-analysis. Psychoneuroendocrinology. 2017;80:131-136.

4장. 트라우마를 극복하게 하는 힘: 옥시토신

1. Boffa JW, Stanley IH, Hom MA, Norr AM, Joiner TE, Schmidt NB. PTSD symptoms and suicidal thoughts and behaviors among firefighters. J Psychiatr Res. 2017;84:277-283.

Soo J, Webber MP, Gustave J, et al. Trends in Probable PTSD in Firefighters Exposed to the World Trade Center Disaster, 2001-2010. Disaster Med Public. 2011;5:S197-S203.

Caramanica K, Brackbill RM, Liao T, Stellman SD. Comorbidity of 9/11-Related PTSD and Depression in the World Trade Center Health Registry 10-11 Years Postdisaster. J Trauma Stress. 2014;27(6):680-688.

2. Diminich ED, Clouston SAP, Kranidis A, et al. Chronic Posttraumatic Stress Disorder and Comorbid Cognitive and Physical Impairments in World Trade Center Responders. J Trauma Stress. 2021;34(3):616-627.

Mukherjee S, Clouston S, Kotov R, Bromet E, Luft B. Handgrip Strength of World Trade Center (WTC) Responders: The Role of Re-Experiencing Posttraumatic Stress Disorder (PTSD) Symptoms. Int J Environ Res Public Health. 2019;16(7).

Clouston S, Pietrzak RH, Kotov R, et al. Traumatic exposures, posttraumatic stress disorder, and cognitive functioning in World Trade Center responders. Alzheimers Dement (N Y). 2017;3(4):593-602.

Clouston SAP, Kuan P, Kotov R, et al. Risk factors for incident prostate cancer in a cohort of world trade center responders. BMC Psychiatry. 2019;19(1):389.

Roberts AL, Kubzansky LD, Chibnik LB, Rimm EB, Koenen KC. Association of Posttraumatic Stress and Depressive Symptoms With Mortality in Women. JAMA Netw Open. 2020;3(12):e2027935.

3. Schreier HMC, Chen E, Miller GE. Child maltreatment and pediatric asthma: a review of the literature. Asthma Res Pract. 2016;2:7.

Chen E, Turiano NA, Mroczek DK, Miller GE. Association of Reports of Childhood Abuse and All-Cause Mortality Rates in Women. JAMA Psychiatry. 2016;73(9):920-927.

Brody GH, Yu T, Barton AW, Miller GE, Chen E. Youth temperament, harsh parenting, and variation in the oxytocin receptor gene forecast allostatic load during emerging adulthood. Dev Psychopathol. 2017;29(3):791-803.

4. Tedeschi RG, Calhoun LG. The Posttraumatic Growth Inventory: measuring the positive legacy of trauma. J Trauma Stress. 1996;9(3):455-471.

Calhoun LG, Cann A, Tedeschi RG, McMillan J. A correlational test of the relationship between posttraumatic growth, religion, and cognitive processing. J Trauma Stress. 2000;13(3):521-527.

Tedeschi RG, Calhoun LG. Beyond the concept of recovery: growth and the experience of loss. Death Stud. 2008;32(1):27-39.

Tedeschi RG, Cann A, Taku K, Senol-Durak E, Calhoun LG. The Posttraumatic Growth Inventory: A Revision Integrating Existential and Spiritual Change. J Trauma Stress. 2017;30(1):11-18.

5. Nawijn L, Krzyzewska IM, van Zuiden M, et al. Oxytocin receptor gene methylation in male and female PTSD patients and trauma-exposed controls. Eur Neuropsychopharmacol. 2019;29(1):147-155.

Nawijn L, van Zuiden M, Koch SB, Frijling JL, Veltman DJ, Olff M. Intranasal oxytocin enhances neural processing of monetary reward and loss in post-traumatic stress disorder and traumatized controls. Psychoneuroendocrinology. 2016;66:228-237.

Koch SB, van Zuiden M, Nawijn L, Frijling JL, Veltman DJ, Olff M. Intranasal Oxytocin Normalizes Amygdala Functional Connectivity in Posttraumatic Stress Disorder. Neuropsychopharmacology. 2016;41(8):2041-2051.

Frijling JL, van Zuiden M, Koch SB, Nawijn L, Veltman DJ, Olff M. Effects of intranasal oxytocin on amygdala reactivity to emotional faces in recently trauma-exposed individuals. Soc Cogn Affect Neurosci. 2016;11(2):327-336.

Olff M, Koch SB, Nawijn L, Frijling JL, Van Zuiden M, Veltman DJ. Social support, oxytocin, and PTSD. Eur J Psychotraumatol. 2014;5:26513.

Koch SB, van Zuiden M, Nawijn L, Frijling JL, Veltman DJ, Olff M. Intranasal oxytocin as strategy for medication-enhanced psychotherapy of PTSD: salience processing and fear inhibition processes. Psychoneuroendocrinology. 2014;40:242-256.

van Zuiden M, Frijling JL, Nawijn L, et al. Intranasal Oxytocin to Prevent Posttraumatic Stress Disorder Symptoms: A Randomized Controlled Trial in Emergency Department Patients. Biol Psychiatry. 2017;81(12):1030-1040.

Yatzkar U, Klein E. Intranasal oxytocin in patients with post traumatic stress disorder: a single dose, pilot double blind crossover study. Eur Neuropsychopharm. 2010;20:S84-S84.

5장. 회복탄력성을 올리는 옥시토신

1. 조신영. 쿠션. 비전과 리더십; 2007.

2. 김주환. 회복탄력성. 위즈덤하우스; 2011.

Liu S, Huang R, Li A, et al. The role of the oxytocin system in the resilience of patients with breast cancer. Front Oncol. 2023;13:1187477.

Takayanagi Y, Onaka T. Roles of Oxytocin in Stress Responses, Allostasis and Resilience. Int J Mol Sci. 2021;23(1).

Sharma SR, Gonda X, Dome P, Tarazi FI. What's Love Got to do with it: Role of oxytocin in trauma, attachment and resilience. Pharmacol Ther. 2020;214:107602.

Barrett CE, Arambula SE, Young LJ. The oxytocin system promotes resilience to the effects of neonatal isolation on adult social attachment in female prairie voles. Transl Psychiatry. 2015;5(7):e606.

Priel A, Djalovski A, Zagoory-Sharon O, Feldman R. Maternal depression impacts child psychopathology across the first decade of life: Oxytocin and synchrony as markers of resilience. J Child Psychol Psychiatry. 2019;60(1):30-42.

3. Holden C. Paul MacLean and the triune brain. Science. 1979;204(4397):1066-1068.

Pogliano C. Lucky Triune Brain. Chronicles of Paul D. MacLean's Neuro-Catchword. Nuncius. 2017;32(2):330-375.

4. Ferguson JN, Aldag JM, Insel TR, Young LJ. Oxytocin in the medial amygdala is essential for social recognition in

the mouse. J Neurosci. 2001;21(20):8278-8285.

Young LJ, Wang ZX. The neurobiology of pair bonding. Nature Neuroscience. 2004;7(10):1048-1054.

6장. 외로우면 아프다: 옥시토신이 약이다

1. Holt-Lunstad J, Smith TB, Baker M, Harris T, Stephenson D. Loneliness and Social Isolation as Risk Factors for Mortality: A Meta-Analytic Review. Perspect Psychol Sci. 2015;10(2):227-237.

   Holt-Lunstad J, Smith TB, Layton JB. Social Relationships and Mortality Risk: A Meta-analytic Review. Plos Medicine. 2010;7(7).

   Holt-Lunstad J, Perissinotto C. Social Isolation and Loneliness as Medical Issues. New Engl J Med. 2023:193-195.

2. Hughes S, Jaremka LM, Alfano CM, et al. Social support predicts inflammation, pain, and depressive symptoms: longitudinal relationships among breast cancer survivors. Psychoneuroendocrinology. 2014;42:38-44.

   Madison AA, Andridge R, Shrout MR, et al. Frequent Interpersonal Stress and Inflammatory Reactivity Predict Depressive-Symptom Increases: Two Tests of the Social-Signal-Transduction Theory of Depression. Psychol Sci. 2022;33(1):152-164.

   Jaremka LM, Fagundes CP, Glaser R, Bennett JM, Malarkey WB, Kiecolt-Glaser JK. Loneliness predicts pain, depression, and fatigue: understanding the role of immune dysregulation. Psychoneuroendocrinology. 2013;38(8):1310-1317.

3. Gronewold J, Engels M. The Lonely Brain - Associations Between Social Isolation and (Cerebro-) Vascular Disease From the Perspective of Social Neuroscience. Front Integr Neurosc. 2022;16.

   Quadt L, Esposito G, Critchley HD, Garfinkel SN. Brain-body interactions underlying the association of loneliness with mental and physical health. Neurosci Biobehav Rev. 2020;116:283-300.

   Lanser I, Eisenberger NI. Prosocial behavior reliably reduces loneliness: An investigation across two studies. Emotion. 2023;23(6):1781-1790.

   Inagaki TK, Muscatell KA, Moieni M, et al. Yearning for connection? Loneliness is associated with increased ventral striatum activity to close others. Soc Cogn Affect Neurosci. 2016;11(7):1096-1101.

4. Lucht MJ, Barnow S, Sonnenfeld C, et al. Associations between the oxytocin receptor gene (OXTR) and "mind-reading" in humans--an exploratory study. Nord J Psychiatry. 2013;67(1):15-21.

   Lucht MJ, Barnow S, Sonnenfeld C, et al. Associations between the oxytocin receptor gene (OXTR) and affect, loneliness and intelligence in normal subjects. Prog Neuropsychopharmacol Biol Psychiatry. 2009;33(5):860-866.

5. Abu Elheja R, Palgi Y, Feldman R, Zagoory-Sharon O, Keisari S, Shamay-Tsoory SG. The role of oxytocin in regulating loneliness in old age. Psychoneuroendocrinology. 2021;133:105413.

6. Buemann B, Uvnas-Moberg K. Oxytocin may have a therapeutical potential against cardiovascular disease. Possible pharmaceutical and behavioral approaches. Med Hypotheses. 2020;138:109597.

   Cassoni P, Marrocco T, Deaglio S, Sapino A, Bussolati G. Biological relevance of oxytocin and oxytocin receptors in cancer cells and primary tumors. Ann Oncol. 2001;12:S37-S39.

   Mankarious A, Dave F, Pados G, et al. The pro-social neurohormone oxytocin reverses the actions of the stress hormone cortisol in human ovarian carcinoma cells in vitro. Int J Oncol. 2016;48(5):1805-1814.

   Lerman B, Harricharran T, Ogunwobi OO. Oxytocin and cancer: An emerging link. World J Clin Oncol. 2018;9(5):74-82.

   Diener E, Biswas-Diener, R. Happiness: Unlocking the mysteries of psychological wealth. Wiley; 2008.

7장. 통증 잡는 옥시토신

1. Stevens M, Cruwys T, Murray K. Social support facilitates physical activity by reducing pain. Br J Health Psychol. 2020;25(3):576-595.

2. Tarr B, Launay J, Cohen E, Dunbar R. Synchrony and exertion during dance independently raise pain threshold and encourage social bonding. Biol Letters. 2015;11(10).

   Cohen EEA, Ejsmond-Frey R, Knight N, Dunbar RIM. Rowers' high: behavioural synchrony is correlated with elevated pain thresholds. Biol Letters. 2010;6(1):106-108.

   Weinstein D, Launay J, Pearce E, Dunbar RI, Stewart L. Group music performance causes elevated pain thresholds and social bonding in small and large groups of singers. Evol Hum Behav. 2016;37(2):152-158.

   Provine RR, Fischer KR. Laughing, Smiling, and Talking - Relation to Sleeping and Social-Context in Humans. Ethology. 1989;83(4):295-305.

   Manninen S, Tuominen L, Dunbar RI, et al. Social Laughter Triggers Endogenous Opioid Release in Humans.

Journal of Neuroscience. 2017;37(25):6125-6131.

3. Rash JA, Aguirre-Camacho A, Campbell TS. Oxytocin and pain: a systematic review and synthesis of findings. Clin J Pain. 2014;30(5):453-462.

Uvnäs-Moberg K, Ekström-Bergström A, Berg M, et al. Maternal plasma levels of oxytocin during physiological childbirth - a systematic review with implications for uterine contractions and central actions of oxytocin. Bmc Pregnancy Childb. 2019;19(1).

Pfeifer AC, Ehrenthal JC, Schiltenwolf M. Physiological Aspects of Attachment and Pain - the Role of Oxytocin. Int J Behav Med. 2016;23:S176-S176.

Pfeifer AC, Ditzen B, Neubauer E, Schiltenwolf M. Effect of oxytocin on human pain perception. Schmerz. 2016;30(5):457-469.

4. Pfeifer AC, Schroeder-Pfeifer P, Schneider E, et al. Oxytocin and positive couple interaction affect the perception of wound pain in everyday life. Mol Pain. 2020;16.

Boll S, Ueltzhoeffer K, Roth C, et al. Pain-modulating effects of oxytocin in patients with chronic low back pain. Neuropharmacology. 2020;171.

Schneider I, Schmitgen MM, Boll S, et al. Oxytocin modulates intrinsic neural activity in patients with chronic low back pain. Eur J Pain. 2020;24(5):945-955.

Herpertz SC, Schmitgen MM, Fuchs C, et al. Oxytocin Effects on Pain Perception and Pain Anticipation. J Pain. 2019;20(10):1187-1198.

8장. 애착 호르몬, 옥시토신

1. Harlow HF, Suomi SJ. Nature of love--simplified. Am Psychol. 1970;25(2):161-168.

Harlow HF, Harlow M. Learning to love. Am Sci. 1966;54(3):244-272.

Harlow HF. Love in infant monkeys. Sci Am. 1959;200(6):68-74.

Harlow H. The nature of love. Am Psychol. 1958;13(12):673-685

2. Rilling JK. The neural and hormonal bases of human parental care. Neuropsychologia. 2013;51(4):731-747.

Rilling JK, Young LJ. The biology of mammalian parenting and its effect on offspring social development. Science. 2014;345(6198):771-776.

van der Horst FCP, LeRoy HA, van der Veer R. "When Strangers Meet": John Bowlby and Harry Harlow on Attachment Behavior. Integr Psychol Behav. 2008;42(4):370-388.

3. Vargas-Martinez F, Uvnas-Moberg K, Petersson M, Olausson HA, Jimenez-Estrada I. Neuropeptides as neuroprotective agents: Oxytocin a forefront developmental player in the mammalian brain. Prog Neurobiol. 2014;123:37-78.

Weisman O, Zagoory-Sharon O, Feldman R. Oxytocin administration to parent enhances infant physiological and behavioral readiness for social engagement. Biol Psychiatry. 2012;72(12):982-989.

Weisman O, Delaherche E, Rondeau M, Chetouani M, Cohen D, Feldman R. Oxytocin shapes parental motion during father-infant interaction. Biol Lett. 2013;9(6):20130828.

4. Algoe SB, Way BM. Evidence for a role of the oxytocin system, indexed by genetic variation in CD38, in the social bonding effects of expressed gratitude. Soc Cogn Affect Neurosci. 2014;9(12):1855-1861.

Chang YP, Way BM, Sheeran P, Kurtz LE, Baucom DH, Algoe SB. Implementation intentions to express gratitude increase daily time co-present with an intimate partner, and moderate effects of variation in CD38. Sci Rep. 2022;12(1):11697.

Light KC, Grewen KM, Amico JA. More frequent partner hugs and higher oxytocin levels are linked to lower blood pressure and heart rate in premenopausal women. Biol Psychol. 2005;69(1):5-21.

Holt-Lunstad J, Uchino BN, Smith TW. Relationship quality predicts ambulatory blood pressure during social interactions. Psychophysiology. 2000;37:S49-S49

Grewen KM, Girdler SS, Amico J, Light KC. Effects of partner support on resting oxytocin, cortisol, norepinephrine, and blood pressure before and after warm partner contact. Psychosom Med. 2005;67(4):531-538.

Schneiderman I, Zagoory-Sharon O, Leckman JF, Feldman R. Oxytocin during the initial stages of romantic attachment: relations to couples' interactive reciprocity. Psychoneuroendocrinology. 2012;37(8):1277-1285.

9장. 나를 믿어주는 호르몬: 옥시토신

1. Zak PJ, Kurzban R, Matzner WT. The neurobiology of trust. Ann N Y Acad Sci. 2004;1032:224-227.

2. Kosfeld M, Heinrichs M, Zak PJ, Fischbacher U, Fehr E. Oxytocin increases trust in humans. Nature. 2005;435(7042):673-676.

Zak PJ, Stanton AA, Ahmadi S. Oxytocin increases generosity in humans. PLoS One. 2007;2(11):e1128.

Barraza JA, Zak PJ. Empathy toward strangers triggers oxytocin release and subsequent generosity. Ann N Y Acad Sci. 2009;1167:182-189.

Barraza JA, McCullough ME, Ahmadi S, Zak PJ. Oxytocin infusion increases charitable donations regardless of monetary resources. Horm Behav. 2011;60(2):148-151.

Hoge EA, Lawson EA, Metcalf CA, et al. Plasma oxytocin immunoreactive products and response to trust in patients with social anxiety disorder. Depress Anxiety. 2012;29(11):924-930.

3. Fehr E. On the Economics and Biology of Trust. J Eur Econ Assoc. 2009;7(2-3):235-266.

Zak PJ. The Neuroscience of Trust. Harvard Bus Rev. 2017;95(1):84-90.

Johannsen R, Zak PJ. The Neuroscience of Organizational Trust and Business Performance: Findings From United States Working Adults and an Intervention at an Online Retailer. Front Psychol. 2021;11.

10장. 이타적 호르몬: 옥시토신

1. De Dreu CK, Greer LL, Handgraaf MJ, et al. The neuropeptide oxytocin regulates parochial altruism in intergroup conflict among humans. Science. 2010;328(5984):1408-1411.

2. Vohs KD, Mead NL, Goode MR. The psychological consequences of money. Science. 2006;314(5802):1154-1156.

Aknin LB, Dunn EW, Proulx J, Lok I, Norton MI. Does spending money on others promote happiness?: A registered replication report. J Pers Soc Psychol. 2020;119(2):e15-e26.

Whillans AV, Dunn EW, Smeets P, Bekkers R, Norton MI. Buying time promotes happiness. Proc Natl Acad Sci U S A. 2017;114(32):8523-8527.

Anik L, Aknin LB, Norton MI, Dunn EW, Quoidbach J. Prosocial bonuses increase employee satisfaction and team performance. PLoS One. 2013;8(9):e75509.

Aknin LB, Barrington-Leigh CP, Dunn EW, et al. Prosocial spending and well-being: cross-cultural evidence for a psychological universal. J Pers Soc Psychol. 2013;104(4):635-652.

Dunn EW, Aknin LB, Norton MI. Spending money on others promotes happiness. Science. 2008;319(5870):1687-1688.

3. Zak PJ, Kurzban R, Matzner WT. Oxytocin is associated with human trustworthiness. Horm Behav. 2005;48(5):522-527.

Zak PJ, Stanton AA, Ahmadi S. Oxytocin increases generosity in humans. PLoS One. 2007;2(11):e1128.

Barraza JA, McCullough ME, Ahmadi S, Zak PJ. Oxytocin infusion increases charitable donations regardless of monetary resources. Horm Behav. 2011;60(2):148-151.

Morhenn V, Beavin LE, Zak PJ. Massage increases oxytocin and reduces adrenocorticotropin hormone in humans. Altern Ther Health Med. 2012;18(6):11-18.

11장. 사이코지만 괜찮아

1. 제임스 팰런. 사이코패스 뇌과학자. 김미선 역. 더 퀘스트; 2020.

2. Stark N, Bobadilla L, Michael P, Saturn S, Portner M. A meta-analytic review of the relationship between empathy and oxytocin: Implications for application in psychopathy research. Aggress Violent Beh. 2023;70.

Gedeon T, Parry J, Völlm B. The Role of Oxytocin in Antisocial Personality Disorders: A Systematic Review of the Literature. Frontiers in Psychiatry. 2019;10.

2.Burkett JP, Andari E, Johnson ZV, Curry DC, de Waal FBM, Young LJ. Oxytocin-dependent consolation behavior in rodents. Science. 2016;351(6271):375-378.

3. Zhang KJ, Fan YH, Yu RJ, Tian YJ, Liu JT, Gong PY. Intranasal oxytocin administration but not peripheral oxytocin regulates behaviors of attachment insecurity: A meta-analysis. Psychoneuroendocrinology. 2021;132.

Gong P, Fan H, Liu J, Yang X, Zhang K, Zhou X. Revisiting the impact of OXTR rs53576 on empathy: A population-based study and a meta-analysis. Psychoneuroendocrinology. 2017;80:131-136.

Walum H, Lichtenstein P, Neiderhiser JM, et al. Variation in the oxytocin receptor gene is associated with pair-bonding and social behavior. Biol Psychiatry. 2012;71(5):419-426.

12장. 더 좋은 부모가 되게 하는 옥시토신

1. Dulac C, O'Connell LA, Wu Z. Neural control of maternal and paternal behaviors. Science. 2014;345(6198):765-770.

Stolzenberg DS, Numan M. Hypothalamic interaction with the mesolimbic DA system in the control of the maternal and sexual behaviors in rats. Neurosci Biobehav Rev. 2011;35(3):826-847.
2. Rilling JK. The neural and hormonal bases of human parental care. Neuropsychologia. 2013;51(4):731-747.
   Rilling JK, Young LJ. The biology of mammalian parenting and its effect on offspring social development. Science. 2014;345(6198):771-776.
   Landi N, Montoya J, Kober H, et al. Maternal neural responses to infant cries and faces: relationships with substance use. Front Psychiatry. 2011;2:32.
3. Tottenham N, Shapiro M, Telzer EH, Humphreys KL. Amygdala response to mother. Dev Sci. 2012;15(3):307-319.
   Gee DG, Gabard-Durnam LJ, Flannery J, et al. Early developmental emergence of human amygdala-prefrontal connectivity after maternal deprivation. Proc Natl Acad Sci U S A. 2013;110(39):15638-15643.
   Hanson JL, Adluru N, Chung MK, Alexander AL, Davidson RJ, Pollak SD. Early Neglect Is Associated With Alterations in White Matter Integrity and Cognitive Functioning. Child Dev. 2013;84(5):1566-1578.
4. Strathearn L, Fonagy P, Amico J, Montague PR. Adult Attachment Predicts Maternal Brain and Oxytocin Response to Infant Cues. Neuropsychopharmacology. 2009;34(13):2655-2666.
   Feldman R. Oxytocin and social affiliation in humans. Hormones and Behavior. 2012;61(3):380-391.
   Feldman R. Parent-Infant Synchrony: A Biobehavioral Model of Mutual Influences in the Formation of Affiliative Bonds. Monogr Soc Res Child. 2012;77(2):42-51.

13장. 눈맞춤 호르몬 옥시토신

1. Myllyneva A, Hietanen JK. The dual nature of eye contact: to see and to be seen. Soc Cogn Affect Neurosci. 2016;11(7):1089-1095.
   Hietanen JO, Peltola MJ, Hietanen JK. Psychophysiological responses to eye contact in a live interaction and in video call. Psychophysiology. 2020;57(6):e13587.
   Hietanen JK. Affective Eye Contact: An Integrative Review. Front Psychol. 2018;9:1587.
   Hietanen JK, Myllyneva A, Helminen TM, Lyyra P. The effects of genuine eye contact on visuospatial and selective attention. J Exp Psychol Gen. 2016;145(9):1102-1106.
2. Striepens N, Matusch A, Kendrick KM, et al. Oxytocin enhances attractiveness of unfamiliar female faces independent of the dopamine reward system. Psychoneuroendocrinology. 2014;39:74-87.
   Guastella AJ, Mitchell PB, Dadds MR. Oxytocin increases gaze to the eye region of human faces. Biol Psychiatry. 2008;63(1):3-5.
   Guastella AJ, Mitchell PB, Mathews F. Oxytocin enhances the encoding of positive social memories in humans. Biol Psychiatry. 2008;64(3):256-258.
   Guastella AJ, Carson DS, Dadds MR, Mitchell PB, Cox RE. Does oxytocin influence the early detection of angry and happy faces? Psychoneuroendocrinology. 2009;34(2):220-225.
   Unkelbach C, Guastella AJ, Forgas JP. Oxytocin selectively facilitates recognition of positive sex and relationship words. Psychol Sci. 2008;19(11):1092-1094.
   Yatawara CJ, Einfeld SL, Hickie IB, Davenport TA, Guastella AJ. The effect of oxytocin nasal spray on social interaction deficits observed in young children with autism: a randomized clinical crossover trial. Mol Psychiatry. 2016;21(9):1225-1231.
3. Le J, Kou J, Zhao W, et al. Oxytocin Facilitation of Emotional Empathy Is Associated With Increased Eye Gaze Toward the Faces of Individuals in Emotional Contexts. Front Neurosci. 2020;14:803.
   Bradley ER, Seitz A, Niles AN, et al. Oxytocin increases eye gaze in schizophrenia. Schizophr Res. 2019;212:177-185.
   Eckstein M, Bamert V, Stephens S, et al. Oxytocin increases eye-gaze towards novel social and non-social stimuli. Soc Neurosci. 2019;14(5):594-607.

14장. 관계를 지속하게 하는 힘: 옥시토신

1. Schneiderman I, Zagoory-Sharon O, Leckman JF, Feldman R. Oxytocin during the initial stages of romantic attachment: relations to couples' interactive reciprocity. Psychoneuroendocrinology. 2012;37(8):1277-1285.
2. Algoe SB, Kurtz LE, Grewen K. Oxytocin and Social Bonds: The Role of Oxytocin in Perceptions of Romantic Partners' Bonding Behavior. Psychol Sci. 2017;28(12):1763-1772.
3. Gordon I, Zagoory-Sharon O, Schneiderman I, Leckman JF, Weller A, Feldman R. Oxytocin and cortisol in romantically unattached young adults: associations with bonding and psychological distress. Psychophysiology. 2008;45(3):349-352.
   Hammock EA, Young LJ. Oxytocin, vasopressin and pair bonding: implications for autism. Philos Trans R Soc

Lond B Biol Sci. 2006;361(1476):2187-2198.

Algoe SB, Way BM. Evidence for a role of the oxytocin system, indexed by genetic variation in CD38, in the social bonding effects of expressed gratitude. Soc Cogn Affect Neurosci. 2014;9(12):1855-1861.

Murphy MR, Seckl JR, Burton S, Checkley SA, Lightman SL. Changes in oxytocin and vasopressin secretion during sexual activity in men. J Clin Endocrinol Metab. 1987;65(4):738-741.

Carmichael MS, Humbert R, Dixen J, Palmisano G, Greenleaf W, Davidson JM. Plasma oxytocin increases in the human sexual response. J Clin Endocrinol Metab. 1987;64(1):27-31.

Verbalis JG, McCann MJ, McHale CM, Stricker EM. Oxytocin secretion in response to cholecystokinin and food: differentiation of nausea from satiety. Science. 1986;232(4756):1417-1419.

15장. 너희가 옥시토신을 아느냐?

1. 전용관. 너희가사랑을아느냐. 대성출판사; 2011.
2. Blumenthal SA, Young LJ. The Neurobiology of Love and Pair Bonding from Human and Animal Perspectives. Biology-Basel. 2023;12(6).
   Young LJ, Wang ZX. The neurobiology of pair bonding. Nature Neuroscience. 2004;7(10):1048-1054.
   Rilling JK, Young LJ. The biology of mammalian parenting and its effect on offspring social development. Science. 2014;345(6198):771-776.
3. Insel TR, Young LJ. The neurobiology of attachment. Nat Rev Neurosci. 2001;2(2):129-136.
   Bosch OJ, Young LJ. Oxytocin and Social Relationships: From Attachment to Bond Disruption. Curr Top Behav Neurosci. 2018;35:97-117.
   Hirota Y, Arai A, Young LJ, Osako Y, Yuri K, Mitsui S. Oxytocin receptor antagonist reverses the blunting effect of pair bonding on fear learning in monogamous prairie voles. Horm Behav. 2020;120:104685.
   Inoue K, Ford CL, Horie K, Young LJ. Oxytocin receptors are widely distributed in the prairie vole (Microtus ochrogaster) brain: Relation to social behavior, genetic polymorphisms, and the dopamine system. J Comp Neurol. 2022;530(16):2881-2900.
   Ferguson JN, Aldag JM, Insel TR, Young LJ. Oxytocin in the medial amygdala is essential for social recognition in the mouse. Journal of Neuroscience. 2001;21(20):8278-8285.
   Young LJ. Oxytocin and vasopressin as candidate genes for psychiatric disorders: Lessons from animal models. American Journal of Medical Genetics. 2001;105(1):53-54.
   1Johnson ZV, Walum H, Xiao Y, Riefkohl PC, Young LJ. Oxytocin receptors modulate a social salience neural network in male prairie voles. Hormones and Behavior. 2017;87:16-24.

16장. 바람잡는 옥시토신

1. Hall ET. Proxemics - a Complex Cultural Language - a Citation Classic Commentary on a System for the Notation of Proxemic Behavior by Hall,E.T. Cc/Soc Behav Sci. 1989(9):14-14.
2. Bickart KC, Wright CI, Dautoff RJ, Dickerson BC, Barrett LF. Amygdala volume and social network size in humans. Nature Neuroscience. 2011;14(2):163-164.
3. Scheele D, Striepens N, Güntürkün O, et al. Oxytocin Modulates Social Distance between Males and Females. Journal of Neuroscience. 2012;32(46):16074-16079.
   Strang S, Gerhardt H, Marsh N, et al. A matter of distance-The effect of oxytocin on social discounting is empathy-dependent. Psychoneuroendocrinology. 2017;78:229-232.
   Brosnan SF, Talbot CF, Essler JL, et al. Oxytocin reduces food sharing in capuchin monkeys by modulating social distance. Behaviour. 2015;152(7-8):941-961.
4. Shang S, Wu N, Su Y. How Oxytocin Receptor (OXTR) Single Nucleotide Polymorphisms Act on Prosociality: The Mediation Role of Moral Evaluation. Front Psychol. 2017;8:396.
   Palumbo S, Mariotti V, Anastasio T, et al. A genetic profile of oxytocin receptor improves moral acceptability of outcome-maximizing harm in male insurance brokers. Behav Brain Res. 2020;392:112681.
   Insel TR, Young LJ. The neurobiology of attachment. Nat Rev Neurosci. 2001;2(2):129-136.
   Young LJ, Wang ZX. The neurobiology of pair bonding. Nature Neuroscience. 2004;7(10):1048-1054.

17장. 심장을 뛰게 하는 옥시토신: 심혈관질환

1. Friedman, M Type A behavior and your heart, 1974, Ballantine Books

Friedman M, Rosenman RH. Type A Behavior Pattern: its association with coronary heart disease. Ann Clin Res. 1971;3(6):300-312.

Friedman M. Letter: Emotional factors and heart disease. JAMA. 1976;235(19):2081.

Friedman MM. Social support sources and psychological well-being in older women with heart disease. Res Nurs Health. 1993;16(6):405-413.

2. Alley J, Diamond LM, Lipschitz DL, Grewen K. Associations between oxytocin and cortisol reactivity and recovery in response to psychological stress and sexual arousal. Psychoneuroendocrinology. 2019;106:47-56.

Burmester V, Gibson EL, Butler G, Bailey A, Terry P. Oxytocin reduces post-stress sweet snack intake in women without attenuating salivary cortisol. Physiol Behav. 2019;212:112704.

Hennessy MB, Tai F, Carter KA, et al. Central oxytocin alters cortisol and behavioral responses of guinea pig pups during isolation in a novel environment. Physiol Behav. 2019;212:112710.

Glenk LM, Kothgassner OD, Felnhofer A, et al. Salivary cortisol responses to acute stress vary between allergic and healthy individuals: the role of plasma oxytocin, emotion regulation strategies, reported stress and anxiety. Stress. 2020;23(3):275-283.

Young Kuchenbecker S, Pressman SD, Celniker J, et al. Oxytocin, cortisol, and cognitive control during acute and naturalistic stress. Stress. 2021;24(4):370-383.

Le Dorze C, Borreca A, Pignataro A, Ammassari-Teule M, Gisquet-Verrier P. Emotional remodeling with oxytocin durably rescues trauma-induced behavioral and neuro-morphological changes in rats: a promising treatment for PTSD. Transl Psychiatry. 2020;10(1):27.

Blume A, Bosch OJ, Miklos S, et al. Oxytocin reduces anxiety via ERK1/2 activation: local effect within the rat hypothalamic paraventricular nucleus. Eur J Neurosci. 2008;27(8):1947-1956.

Neumann ID, Torner L, Wigger A. Brain oxytocin: differential inhibition of neuroendocrine stress responses and anxiety-related behaviour in virgin, pregnant and lactating rats. Neuroscience. 2000;95(2):567-575.

3. Lang RE, Heil JW, Ganten D, Hermann K, Unger T, Rascher W. Oxytocin unlike vasopressin is a stress hormone in the rat. Neuroendocrinology. 1983;37(4):314-316.

Nishioka T, Anselmo-Franci JA, Li P, Callahan MF, Morris M. Stress increases oxytocin release within the hypothalamic paraventricular nucleus. Brain Res. 1998;781(1-2):57-61.

Torner L, Plotsky PM, Neumann ID, de Jong TR. Forced swimming-induced oxytocin release into blood and brain: Effects of adrenalectomy and corticosterone treatment. Psychoneuroendocrinology. 2017;77:165-174.

Seltzer LJ, Ziegler T, Connolly MJ, Prososki AR, Pollak SD. Stress-induced elevation of oxytocin in maltreated children: evolution, neurodevelopment, and social behavior. Child Dev. 2014;85(2):501-512.

Seltzer LJ, Ziegler TE, Pollak SD. Social vocalizations can release oxytocin in humans. Proc Biol Sci. 2010;277(1694):2661-2666.

Tabak BA, McCullough ME, Szeto A, Mendez AJ, McCabe PM. Oxytocin indexes relational distress following interpersonal harms in women. Psychoneuroendocrinology. 2011;36(1):115-122.

Petersson M, Wiberg U, Lundeberg T, Uvnas-Moberg K. Oxytocin decreases carrageenan induced inflammation in rats. Peptides. 2001;22(9):1479-1484.

Szeto A, Sun-Suslow N, Mendez AJ, Hernandez RI, Wagner KV, McCabe PM. Regulation of the macrophage oxytocin receptor in response to inflammation. Am J Physiol Endocrinol Metab. 2017;312(3):E183-E189.

4. Light KC, Grewen KM, Amico JA. More frequent partner hugs and higher oxytocin levels are linked to lower blood pressure and heart rate in premenopausal women. Biol Psychol. 2005;69(1):5-21.

Faghihi M, Alizadeh AM, Khori V, Latifpour M, Khodayari S. The role of nitric oxide, reactive oxygen species, and protein kinase C in oxytocin-induced cardioprotection in ischemic rat heart. Peptides. 2012;37(2):314-319.

Alizadeh AM, Faghihi M, Khori V, et al. Oxytocin protects cardiomyocytes from apoptosis induced by ischemia-reperfusion in rat heart: role of mitochondrial ATP-dependent potassium channel and permeability transition pore. Peptides. 2012;36(1):71-77.

Anvari MA, Imani A, Faghihi M, Karimian SM, Moghimian M, Khansari M. The administration of oxytocin during early reperfusion, dose-dependently protects the isolated male rat heart against ischemia/reperfusion injury. Eur J Pharmacol. 2012;682(1-3):137-141.

Moghimian M, Faghihi M, Karimian SM, Imani A. The effect of acute stress exposure on ischemia and reperfusion injury in rat heart: role of oxytocin. Stress. 2012;15(4):385-392.

Dyavanapalli J, Rodriguez J, Rocha Dos Santos C, et al. Activation of Oxytocin Neurons Improves Cardiac Function in a Pressure-Overload Model of Heart Failure. JACC Basic Transl Sci. 2020;5(5):484-497.

18장. 날씬하게 만드는 옥시토신: 비만 당뇨

1. Duckworth WC, Jallepalli P, Solomon SS. Glucose intolerance in spinal cord injury. Arch Phys Med Rehabil.

1983;64(3):107-110.

2. Jeon JY, Hettinga D, Steadward RD, Wheeler GD, Bell G, Harber V. Reduced plasma glucose and leptin after 12 weeks of functional electrical stimulation-rowing exercise training in spinal cord injury patients. Arch Phys Med Rehabil. 2010;91(12):1957-1959.

Jeon JY, Steadward RD, Wheeler GD, Bell G, McCargar L, Harber V. Intact sympathetic nervous system is required for leptin effects on resting metabolic rate in people with spinal cord injury. J Clin Endocrinol Metab. 2003;88(1):402-407.

Jeon JY, Harber VJ, Steadward RD. Leptin response to short-term fasting in sympathectomized men: role of the SNS. Am J Physiol Endocrinol Metab. 2003;284(3):E634-640.

Jeon JY, Bradley RL, Kokkotou EG, et al. MCH-/- mice are resistant to aging-associated increases in body weight and insulin resistance. Diabetes. 2006;55(2):428-434.

Kokkotou E, Jeon JY, Wang X, et al. Mice with MCH ablation resist diet-induced obesity through strain-specific mechanisms. Am J Physiol Regul Integr Comp Physiol. 2005;289(1):R117-124.

3. Leng G, Onaka T, Caquineau C, Sabatier N, Tobin VA, Takayanagi Y. Oxytocin and appetite. Prog Brain Res. 2008;170:137-151.

Yamashita M, Takayanagi Y, Yoshida M, Nishimori K, Kusama M, Onaka T. Involvement of prolactin-releasing peptide in the activation of oxytocin neurones in response to food intake. J Neuroendocrinol. 2013;25(5):455-465.

Douglas AJ, Johnstone LE, Leng G. Neuroendocrine mechanisms of change in food intake during pregnancy: A potential role for brain oxytocin. Physiology & Behavior. 2007;91(4):352-365.

Verbalis JG, McHale CM, Gardiner TW, Stricker EM. Oxytocin and vasopressin secretion in response to stimuli producing learned taste aversions in rats. Behav Neurosci. 1986;100(4):466-475.

Verbalis JG, McCann MJ, McHale CM, Stricker EM. Oxytocin secretion in response to cholecystokinin and food: differentiation of nausea from satiety. Science. 1986;232(4756):1417-1419.

4. Danziger S, Levav J, Avnaim-Pesso L. Extraneous factors in judicial decisions. Proc Natl Acad Sci U S A. 2011;108(17):6889-6892.

5. Lawson EA, Marengi DA, DeSanti RL, Holmes TM, Schoenfeld DA, Tolley CJ. Oxytocin reduces caloric intake in men. Obesity (Silver Spring). 2015;23(5):950-956.

6. Liu J, Tong J, Blevins JE. Oxytocin as an Anti-obesity Treatment. Front Neurosci. 2021;15:743546.

19장. 염증성 장질환을 치유하는 옥시토신

1. Xu S, Qin B, Shi A, Zhao J, Guo X, Dong L. Oxytocin inhibited stress induced visceral hypersensitivity, enteric glial cells activation, and release of proinflammatory cytokines in maternal separated rats. Eur J Pharmacol. 2018;818:578-584.

2. Schneider KM, Blank N, Alvarez Y, et al. The enteric nervous system relays psychological stress to intestinal inflammation. Cell. 2023;186(13):2823-2838 e2820.

Schneider KM, Blank N, Thaiss CA. From mental strain to gut pain: A brain-gut pathway transducing psychological stress to intestinal inflammation. Clin Transl Med. 2023;13(10):e1458.

3. Louvel D, Delvaux M, Felez A, et al. Oxytocin increases thresholds of colonic visceral perception in patients with irritable bowel syndrome. Gut. 1996;39(5):741-747.

Jiang Y, Zimmerman JE, Browning KN, Travagli RA. Stress-induced neuroplasticity in the gastric response to brainstem oxytocin in male rats. Am J Physiol Gastrointest Liver Physiol. 2022;322(5):G513-G522.

Yu Y, Li J, Liu C. Oxytocin suppresses epithelial cell-derived cytokines production and alleviates intestinal inflammation in food allergy. Biochem Pharmacol. 2022;195:114867.

Tang Y, Shi Y, Gao Y, et al. Oxytocin system alleviates intestinal inflammation by regulating macrophages polarization in experimental colitis. Clin Sci (Lond). 2019;133(18):1977-1992.

Xu S, Qin B, Shi A, Zhao J, Guo X, Dong L. Oxytocin inhibited stress induced visceral hypersensitivity, enteric glial cells activation, and release of proinflammatory cytokines in maternal separated rats. Eur J Pharmacol. 2018;818:578-584.

20장. 암의 치유를 돕는 옥시토신: 항암 효과

1. Kroenke CH, Quesenberry C, Kwan ML, Sweeney C, Castillo A, Caan BJ. Social networks, social support, and burden in relationships, and mortality after breast cancer diagnosis in the Life After Breast Cancer Epidemiology (LACE) study. Breast Cancer Res Treat. 2013;137(1):261-271.

Kroenke CH, Kwan ML, Neugut AI, et al. Social networks, social support mechanisms, and quality of life after breast cancer diagnosis. Breast Cancer Res Treat. 2013;139(2):515-527.

Martinez ME, Unkart JT, Tao L, et al. Prognostic significance of marital status in breast cancer survival: A population-based study. PLoS One. 2017;12(5):e0175515.

Pinquart M, Duberstein PR. Associations of social networks with cancer mortality: a meta-analysis. Crit Rev Oncol Hematol. 2010;75(2):122-137.

2. Naderi A, Soltanmaohammadi E, Kaza V, Barlow S, Chatzistamou I, Kiaris H. Persistent effects of pair bonding in lung cancer cell growth in monogamous Peromyscus californicus. Elife. 2021;10.

Ford CL, Young LJ. Harnessing the healing power of love. Trends Mol Med. 2021;27(9):833-834.

3. Cassoni P, Sapino A, Negro F, Bussolati G. Oxytocin Inhibits Proliferation of Human Breast-Cancer Cell-Lines. Virchows Arch. 1994;425(5):467-472.

Cassoni P, Sapino A, Fortunati N, Munaron L, Chini B, Bussolati G. Oxytocin inhibits the proliferation of MDA-MB231 human breast-cancer cells via cyclic adenosine monophosphate and protein kinase A. International Journal of Cancer. 1997;72(2):340-344.

Khori V, Alizadeh AM, Khalighfard S, Heidarian Y, Khodayari H. Oxytocin effects on the inhibition of the NF-KB/miR195 pathway in mice breast cancer. Peptides. 2018;107:54-60.

4. Uvnas-Moberg K, Eriksson M. Breastfeeding: physiological, endocrine and behavioural adaptations caused by oxytocin and local neurogenic activity in the nipple and mammary gland. Acta Paediatr. 1996;85(5):525-530.

Jonas W, Nissen E, Ransjo-Arvidson AB, Wiklund I, Henriksson P, Uvnas-Moberg K. Short- and long-term decrease of blood pressure in women during breastfeeding. Breastfeed Med. 2008;3(2):103-109.

Pan S, Yin K, Tang Z, et al. Stimulation of hypothalamic oxytocin neurons suppresses colorectal cancer progression in mice. Elife. 2021;10.

Liu S, Pan S, Tan J, Zhao W, Liu F. Oxytocin inhibits ox-LDL-induced adhesion of monocytic THP-1 cells to human brain microvascular endothelial cells. Toxicol Appl Pharmacol. 2017;337:104-110.

Mankarious A, Dave F, Pados G, et al. The pro-social neurohormone oxytocin reverses the actions of the stress hormone cortisol in human ovarian carcinoma cells in vitro. Int J Oncol. 2016;48(5):1805-1814.

Cuneo MG, Szeto A, Schrepf A, et al. Positive Psychosocial Factors and Oxytocin in the Ovarian Tumor Microenvironment. Psychosom Med. 2021;83(5):417-422.

Cuneo MG, Szeto A, Schrepf A, et al. Oxytocin in the tumor microenvironment is associated with lower inflammation and longer survival in advanced epithelial ovarian cancer patients. Psychoneuroendocrinology. 2019;106:244-251.

21장. 자폐 잡는 옥시토신: 자폐 치료제

1. Claude Steiner. Emotional Literacy: Intelligence with a Heart. Personhood Press; 2003.
2. 칼라 매클래런. 감정읽기. 전혜영 역. 지식의 숲; 2014.
3. Vellante M, Baron-Cohen S, Melis M, et al. The "Reading the Mind in the Eyes" test: Systematic review of psychometric properties and a validation study in Italy. Cogn Neuropsychiatry. 2013;18(4):326-354.

Baron-Cohen S, Bowen DC, Holt RJ, et al. The "Reading the Mind in the Eyes" Test: Complete Absence of Typical Sex Difference in ∼400 Men and Women with Autism. Plos One. 2015;10(8).

4. Domes G, Heinrichs M, Kumbier E, Grossmann A, Hauenstein K, Herpertz SC. Effects of Intranasal Oxytocin on the Neural Basis of Face Processing in Autism Spectrum Disorder. Biol Psychiat. 2013;74(3):164-171.

Kanat M, Heinrichs M, Domes G. Intranasal Oxytocin Enhances Neural Correlates of Face Processing in Autism. J Intell Disabil Res. 2015;59:117-117.

Guastella AJ, Einfeld SL, Gray KM, et al. Intranasal Oxytocin Improves Emotion Recognition for Youth with Autism Spectrum Disorders. Biol Psychiat. 2010;67(7):692-694.

Guastella AJ. A Randomized Controlled Trail of Oxytocin Nasal Spray to Treat Youth Diagnosed with Autism Spectrum Disorders. Biol Psychiat. 2012;71(8):234s-234s.

Guastella A, Boulton K, Whitehouse A, et al. A Precision Medicine Approach to Oxytocin Nasal Spray in Autism: A Randomized Controlled Trial. Biol Psychiat. 2023;93(9):S312-S312.

Guastella AJ, Boulton KA, Whitehouse AJO, et al. The effect of oxytocin nasal spray on social interaction in young children with autism: a randomized clinical trial. Mol Psychiatr. 2023;28(2):834-842.

Guastella AJ, Hickie IB. Oxytocin Treatment, Circuitry, and Autism: A Critical Review of the Literature Placing Oxytocin Into the Autism Context. Biol Psychiat. 2016;79(3):234-242.

5. Ford CL, Young LJ. Refining oxytocin therapy for autism: context is key. Nat Rev Neurol. 2022;18(2):67-68.

22장. 사랑이 약이다: 옥시토신 효과

1. 칼 메닝거. 사랑과 미움. 이용호 역. 백조 출판사; 1986.
2. Warrener CD, Valentin EM, Gallin C, et al. The role of oxytocin signaling in depression and suicidality in returning war veterans. Psychoneuroendocrinology. 2021;126:105085.

   Sharma SR, Gonda X, Dome P, Tarazi FI. What's Love Got to do with it: Role of oxytocin in trauma, attachment and resilience. Pharmacol Ther. 2020;214:107602.

   Le Dorze C, Borreca A, Pignataro A, Ammassari-Teule M, Gisquet-Verrier P. Emotional remodeling with oxytocin durably rescues trauma-induced behavioral and neuro-morphological changes in rats: a promising treatment for PTSD. Transl Psychiatry. 2020;10(1):27.

   Crum KI, Flanagan JC, Vaughan B, et al. Oxytocin, PTSD, and sexual abuse are associated with attention network intrinsic functional connectivity. Psychiatry Res Neuroimaging. 2021;316:111345.

   Merz T, McCook O, Denoix N, Radermacher P, Waller C, Kapapa T. Biological Connection of Psychological Stress and Polytrauma under Intensive Care: The Role of Oxytocin and Hydrogen Sulfide. Int J Mol Sci. 2021;22(17)

23장. 만지면 올라간다.

1. Camerino C. The Long Way of Oxytocin from the Uterus to the Heart in 70 Years from Its Discovery. Int J Mol Sci. 2023;24(3).

   Camerino C. The New Frontier in Oxytocin Physiology: The Oxytonic Contraction. Int J Mol Sci. 2020;21(14).

   Branchi I, Curley JP, D'Andrea I, Cirulli F, Champagne FA, Alleva E. Early interactions with mother and peers independently build adult social skills and shape BDNF and oxytocin receptor brain levels. Psychoneuroendocrinology. 2013;38(4):522-532.
2. Li Q, Becker B, Wernicke J, et al. Foot massage evokes oxytocin release and activation of orbitofrontal cortex and superior temporal sulcus. Psychoneuroendocrinology. 2019;101:193-203.

   Li Q, Zhao W, Kendrick KM. Affective touch in the context of development, oxytocin signaling, and autism. Front Psychol. 2022;13:967791.

   Tsuji S, Yuhi T, Furuhara K, Ohta S, Shimizu Y, Higashida H. Salivary oxytocin concentrations in seven boys with autism spectrum disorder received massage from their mothers: a pilot study. Front Psychiatry. 2015;6:58.

   Uvnas-Moberg K, Handlin L, Petersson M. Self-soothing behaviors with particular reference to oxytocin release induced by non-noxious sensory stimulation. Front Psychol. 2014;5:1529.
3. Rash JA, Aguirre-Camacho A, Campbell TS. Oxytocin and pain: a systematic review and synthesis of findings. Clin J Pain. 2014;30(5):453-462.

   Lopes S, Osorio FL. Effects of intranasal oxytocin on pain perception among human subjects: A systematic literature review and meta-analysis. Horm Behav. 2023;147:105282.

24장. 느끼면 올라간다: 섹스

1. Carmichael MS, Humbert R, Dixen J, Palmisano G, Greenleaf W, Davidson JM. Plasma oxytocin increases in the human sexual response. J Clin Endocrinol Metab. 1987;64(1):27-31.
2. Murphy MR, Seckl JR, Burton S, Checkley SA, Lightman SL. Changes in oxytocin and vasopressin secretion during sexual activity in men. J Clin Endocrinol Metab. 1987;65(4):738-741.
3. Alley J, Diamond LM, Lipschitz DL, Grewen K. Associations between oxytocin and cortisol reactivity and recovery in response to psychological stress and sexual arousal. Psychoneuroendocrinology. 2019;106:47-56.

   Hughes AM, Everitt BJ, Lightman SL, Todd K. Oxytocin in the central nervous system and sexual behaviour in male rats. Brain Res. 1987;414(1):133-137.

   Stoneham MD, Everitt BJ, Hansen S, Lightman SL, Todd K. Oxytocin and sexual behaviour in the male rat and rabbit. J Endocrinol. 1985;107(1):97-106.

   Grewen KM, Girdler SS, Amico J, Light KC. Effects of partner support on resting oxytocin, cortisol, norepinephrine, and blood pressure before and after warm partner contact. Psychosom Med. 2005;67(4):531-538.

   Li Q, Zhang B, Cao H, et al. Oxytocin Exerts Antidepressant-like effect by potentiating dopaminergic synaptic transmission in the mPFC. Neuropharmacology. 2020;162:107836.

   Li Q, Becker B, Wernicke J, et al. Foot massage evokes oxytocin release and activation of orbitofrontal cortex and superior temporal sulcus. Psychoneuroendocrinology. 2019;101:193-203.

   Cao C, Yang L, Xu T, et al. Trends in Sexual Activity and Associations With All-Cause and Cause-Specific

Mortality Among US Adults. J Sex Med. 2020;17(10):1903-1913.

Cohen G, Nevo D, Hasin T, Benyamini Y, Goldbourt U, Gerber Y. Resumption of sexual activity after acute myocardial infarction and long-term survival. Eur J Prev Cardiol. 2022;29(2):304-311.

4. Behnia B, Heinrichs M, Bergmann W, et al. Differential effects of intranasal oxytocin on sexual experiences and partner interactions in couples. Horm Behav. 2014;65(3):308-318.

Burri A, Heinrichs M, Schedlowski M, Kruger TH. The acute effects of intranasal oxytocin administration on endocrine and sexual function in males. Psychoneuroendocrinology. 2008;33(5):591-600.

Kruger THC, Deiter F, Zhang Y, et al. Effects of Intranasal Oxytocin Administration on Sexual Functions in Healthy Women: A Laboratory Paradigm. J Clin Psychopharmacol. 2018;38(3):239-242.

25장. 먹으면 올라간다: 맛집 탐방

1. Nelson EE, Alberts JR, Tian Y, Verbalis JG. Oxytocin is elevated in plasma of 10-day-old rats following gastric distension. Brain Res Dev Brain Res. 1998;111(2):301-303.

Verbalis JG, McCann MJ, McHale CM, Stricker EM. Oxytocin secretion in response to cholecystokinin and food: differentiation of nausea from satiety. Science. 1986;232(4756):1417-1419.

Hajek A, Kretzler B, König HH. The Association Between Obesity and Social Isolation as Well as Loneliness in the Adult Population: A Systematic Review. Diabet Metab Synd Ob. 2021;14:2765-2773.

Khaki-Khatibi F, Shademan B, Gholikhani-Darbroud R, Nourazarian A, Radagdam S, Porzour M. Gene polymorphism of leptin and risk for heart disease, obesity, and high BMI: a systematic review and pooled analysis in adult obese subjects. Horm Mol Biol Clin Investig. 2023;44(1):11-20.

Silva NR. Chocolate consumption and effects on serotonin synthesis. Arch Intern Med. 2010;170(17):1608; author reply 1608-1609.

2. Luck MR, Jungclas B. The time-course of oxytocin secretion from cultured bovine granulosa cells, stimulated by ascorbate and catecholamines. J Endocrinol. 1988;116(2):247-258.

Vyas CM, Mischoulon D, Chang G, et al. Effects of Vitamin D(3) and Marine Omega-3 Fatty Acids Supplementation on Indicated and Selective Prevention of Depression in Older Adults: Results From the Clinical Center Sub-Cohort of the VITamin D and OmegA-3 TriaL (VITAL). J Clin Psychiatry. 2023;84(4).

Okereke OI, Singh A. The role of vitamin D in the prevention of late-life depression. J Affect Disord. 2016;198:1-14.

Patrick RP, Ames BN. Vitamin D hormone regulates serotonin synthesis. Part 1: relevance for autism. FASEB J. 2014;28(6):2398-2413.

Patrick RP, Ames BN. Vitamin D and the omega-3 fatty acids control serotonin synthesis and action, part 2: relevance for ADHD, bipolar disorder, schizophrenia, and impulsive behavior. FASEB J. 2015;29(6):2207-2222.

Cunha MP, Oliveira A, Pazini FL, et al. The antidepressant-like effect of physical activity on a voluntary running wheel. Med Sci Sports Exerc. 2013;45(5):851-859.

Manferdelli G, La Torre A, Codella R. Outdoor physical activity bears multiple benefits to health and society. J Sports Med Phys Fitness. 2019;59(5):868-879.

26장. 장을 다스리는 자, 옥시토신을 지배한다

1. Ridaura VK, Faith JJ, Rey FE, et al. Gut Microbiota from Twins Discordant for Obesity Modulate Metabolism in Mice. Science. 2013;341(6150):1079-U1049.

2. Kang DW, Adams JB, Coleman DM, et al. Long-term benefit of Microbiota Transfer Therapy on autism symptoms and gut microbiota. Sci Rep-Uk. 2019;9.

Kang DW, Ilhan ZE, Isern NG, et al. Differences in fecal microbial metabolites and microbiota of children with autism spectrum disorders. Anaerobe. 2018;49:121-131.

Kang DW, Adams JB, Gregory AC, et al. Microbiota Transfer Therapy alters gut ecosystem and improves gastrointestinal and autism symptoms: an open-label study. Microbiome. 2017;5.

3. Pasolli E, Asnicar F, Manara S, et al. Extensive Unexplored Human Microbiome Diversity Revealed by Over 150,000 Genomes from Metagenomes Spanning Age, Geography, and Lifestyle. Cell. 2019;176(3):649-662 e620.

De Filippis F, Pasolli E, Ercolini D. The food-gut axis: lactic acid bacteria and their link to food, the gut microbiome and human health. FEMS Microbiol Rev. 2020;44(4):454-489.

Chong-Neto HJ, D'Amato G, Rosario Filho NA. Impact of the environment on the microbiome. J Pediatr (Rio J). 2022;98 Suppl 1(Suppl 1):S32-S37.

4. Huang M, Liu K, Wei Z, et al. Serum Oxytocin Level Correlates With Gut Microbiome Dysbiosis in Children

With Autism Spectrum Disorder. Front Neurosci. 2021;15:721884.

Sgritta M, Vignoli B, Pimpinella D, et al. Impaired synaptic plasticity in an animal model of autism exhibiting early hippocampal GABAergic-BDNF/TrkB signaling alterations. iScience. 2023;26(1):105728.

Sgritta M, Dooling SW, Buffington SA, et al. Mechanisms Underlying Microbial-Mediated Changes in Social Behavior in Mouse Models of Autism Spectrum Disorder. Neuron. 2019;101(2):246-259 e246.

Poutahidis T, Kearney SM, Levkovich T, et al. Microbial symbionts accelerate wound healing via the neuropeptide hormone oxytocin. PLoS One. 2013;8(10):e78898.

Jiang Y, Travagli RA. Hypothalamic-vagal oxytocinergic neurocircuitry modulates gastric emptying and motility following stress. J Physiol. 2020;598(21):4941-4955.

Kong XJ, Kang J, Liu K. Probiotic and intra-nasal oxytocin combination therapy on autonomic function and gut-brain axis signaling in young children and teens with autism spectrum disorder. J Psychiatr Res. 2023;166:1-9.

Kong XJ, Liu J, Li J, et al. Probiotics and oxytocin nasal spray as neuro-social-behavioral interventions for patients with autism spectrum disorders: a pilot randomized controlled trial protocol. Pilot Feasibility Stud. 2020;6:20.

27장. 움직이면 올라간다: 운동이 약이다

1. Yusuf S, Joseph P, Rangarajan S, et al. Modifiable risk factors, cardiovascular disease, and mortality in 155 722 individuals from 21 high-income, middle-income, and low-income countries (PURE): a prospective cohort study. Lancet. 2020;395(10226):795-808.

Je Y, Jeon JY, Giovannucci EL, Meyerhardt JA. Association between physical activity and mortality in colorectal cancer: A meta-analysis of prospective cohort studies. International Journal of Cancer. 2013;133(8):1905-1913.

Jeon J, Sato K, Niedzwiecki D, et al. Impact of Physical Activity After Cancer Diagnosis on Survival in Patients With Recurrent Colon Cancer: Findings From CALGB 89803/Alliance. Clin Colorectal Canc. 2013;12(4):233-238.

Kim JY, Lee MK, Min JH, et al. Effects of a 12-week home-based exercise program on quality of life, psychological health, and the level of physical activity in colorectal cancer survivors. Journal of Clinical Oncology. 2014;32(15).

2. Yuksel O, Ates M, Kizildag S, et al. Regular Aerobic Voluntary Exercise Increased Oxytocin in Female Mice: The Cause of Decreased Anxiety and Increased Empathy-Like Behaviors. Balkan Med J. 2019;36(5):257-262.

3. He FQ, Fan MY, Hui YN, et al. Effects of treadmill exercise on anxiety-like behavior in association with changes in estrogen receptors ERalpha, ERbeta and oxytocin of C57BL/6J female mice. IBRO Neurosci Rep. 2021;11:164-174.

Alizadeh AM, Heydari Z, Rahimi M, et al. Oxytocin mediates the beneficial effects of the exercise training on breast cancer. Exp Physiol. 2018;103(2):222-235.

Imanieh MH, Bagheri F, Alizadeh AM, Ashkani-Esfahani S. Oxytocin has therapeutic effects on cancer, a hypothesis. Eur J Pharmacol. 2014;741:112-123.

4. Torner L, Plotsky PM, Neumann ID, de Jong TR. Forced swimming-induced oxytocin release into blood and brain: Effects of adrenalectomy and corticosterone treatment. Psychoneuroendocrinology. 2017;77:165-174.

Jong TR, Menon R, Bludau A, et al. Salivary oxytocin concentrations in response to running, sexual self-stimulation, breastfeeding and the TSST: The Regensburg Oxytocin Challenge (ROC) study. Psychoneuroendocrinology. 2015;62:381-388.

Rassovsky Y, Harwood A, Zagoory-Sharon O, Feldman R. Martial arts increase oxytocin production. Sci Rep-Uk. 2019;9.

5. 나루세 마사요, 석사학위 논문 연세대, Masayo N, 정재연, 전용관 2015 댄스스포츠 참여가 암환자 부부의 부부 갈등, 의사소통, 심리적 행복감에 미치는 영향, 여성체육학회지 29:209-222

28장. 까면 올라간다: 뒷담화 vs. 뒷다마

1. Dunbar RI. The social brain hypothesis and its implications for social evolution. Ann Hum Biol. 2009;36(5):562-572.

Dunbar RIM. Gossip in evolutionary perspective. Rev Gen Psychol. 2004;8(2):100-110.

Dunbar RIM. Groups, gossip, and the evolution of language. New Aspects of Human Ethology. 1997:77-89.

Dunbar R. Why Gossip Is Good for You. New Sci. 1992;136(1848):28-31.

2. Dunbar RIM, Bever J. Neocortex size predicts group size in carnivores and some insectivores. Ethology. 1998;104(8):695-708.

Kudo H, Dunbar RIM. Neocortex size and social network size in primates. Anim Behav. 2001;62:711-722.

유발 하라리. 사피엔스. 조현영 역. 김영사; 2015.
3. Rudnicki K, Spacova I, De Backer C, Dricot CEMK, Lebeer S, Poels K. Neuroendocrine and psychophysiological investigation of the evolutionary roots of gossip. Sci Rep-Uk. 2023;13(1).
   Brondino N, Fusar-Poli L, Politi P. Something to talk about: Gossip increases oxytocin levels in a near real-life situation. Psychoneuroendocrinology. 2017;77:218-224.

29장. 부르면 올라간다: 독창 말고 합창

1. Pearce E, Launay J, van Duijn M, Rotkirch A, David-Barrett T, Dunbar RI. Singing together or apart: The effect of competitive and cooperative singing on social bonding within and between sub-groups of a university Fraternity. Psychol Music. 2016;44(6):1255-1273.
2. Good A, Russo FA. Changes in mood, oxytocin, and cortisol following group and individual singing: A pilot study. Psychology of Music. 2022;50(4):1340-1347.
   Weinstein D, Launay J, Pearce E, Dunbar RI, Stewart L. Group music performance causes elevated pain thresholds and social bonding in small and large groups of singers. Evol Hum Behav. 2016;37(2):152-158.
   Schladt TM, Nordmann GC, Emilius R, Kudielka BM, de Jong TR, Neumann ID. Choir versus Solo Singing: Effects on Mood, and Salivary Oxytocin and Cortisol Concentrations. Front Hum Neurosci. 2017;11:430.

30장. 눈맞으면 올라간다: 반려견이 주는 선물

1. Nagasawa M, Kikusui T, Onaka T, Ohta M. Dog's gaze at its owner increases owner's urinary oxytocin during social interaction. Horm Behav. 2009;55(3):434-441.
   Nagasawa M, Mitsui S, En S, et al. Social evolution. Oxytocin-gaze positive loop and the coevolution of human-dog bonds. Science. 2015;348(6232):333-336.
   Nagasawa M, Ogawa M, Mogi K, Kikusui T. Intranasal Oxytocin Treatment Increases Eye-Gaze Behavior toward the Owner in Ancient Japanese Dog Breeds. Front Psychol. 2017;8:1624.
   Murata K, Nagasawa M, Onaka T, et al. Increase of tear volume in dogs after reunion with owners is mediated by oxytocin. Curr Biol. 2022;32(16):R869-R870.
2. Nagasawa M, Ogawa M, Mogi K, Kikusui T. Intranasal Oxytocin Treatment Increases Eye-Gaze Behavior toward the Owner in Ancient Japanese Dog Breeds. Front Psychol. 2017;8:1624.
   Naber FB, Poslawsky IE, van Ijzendoorn MH, van Engeland H, Bakermans-Kranenburg MJ. Brief report: oxytocin enhances paternal sensitivity to a child with autism: a double-blind within-subject experiment with intranasally administered oxytocin. J Autism Dev Disord. 2013;43(1):224-229.
   Li T, Chen X, Mascaro J, Haroon E, Rilling JK. Intranasal oxytocin, but not vasopressin, augments neural responses to toddlers in human fathers. Horm Behav. 2017;93:193-202.
   Rilling JK. A potential role for oxytocin in the intergenerational transmission of secure attachment. Neuropsychopharmacology. 2009;34(13):2621-2622.

31장. 감사하면 올라간다: 감사의 비밀

1. Fox GR, Kaplan J, Damasio H, Damasio A. Neural correlates of gratitude. Front Psychol. 2015;6:1491.
2. Komase Y, Watanabe K, Hori D, et al. Effects of gratitude intervention on mental health and well-being among workers: A systematic review. J Occup Health. 2021;63(1):e12290.
   Hori D, Sasahara S, Doki S, Oi Y, Matsuzaki I. Prefrontal activation while listening to a letter of gratitude read aloud by a coworker face-to-face: A NIRS study. PLoS One. 2020;15(9):e0238715.
3. Grant AM, Gino F. A little thanks goes a long way: Explaining why gratitude expressions motivate prosocial behavior. J Pers Soc Psychol. 2010;98(6):946-955.
   Grant AM, Wrzesniewski A. I won't let you down... or will I? Core self-evaluations, other-orientation, anticipated guilt and gratitude, and job performance. J Appl Psychol. 2010;95(1):108-121.
4. Algoe SB, Way BM. Evidence for a role of the oxytocin system, indexed by genetic variation in CD38, in the social bonding effects of expressed gratitude. Soc Cogn Affect Neurosci. 2014;9(12):1855-1861.
   Gu Y, Ocampo JM, Algoe SB, Oveis C. Gratitude expressions improve teammates' cardiovascular stress responses. J Exp Psychol Gen. 2022;151(12):3281-3291.
   Chang YP, Dwyer PC, Algoe SB. Better together: Integrative analysis of behavioral gratitude in close relationships using the three-factorial interpersonal emotions (TIE) framework. Emotion. 2022;22(8):1739-1754.

Chang YP, Algoe SB. On thanksgiving: Cultural variation in gratitude demonstrations and perceptions between the United States and Taiwan. Emotion. 2020;20(7):1185-1205.

Algoe SB, Haidt J, Gable SL. Beyond reciprocity: gratitude and relationships in everyday life. Emotion. 2008;8(3):425-429.

Chang YP, Way BM, Sheeran P, Kurtz LE, Baucom DH, Algoe SB. Implementation intentions to express gratitude increase daily time co-present with an intimate partner, and moderate effects of variation in CD38. Sci Rep. 2022;12(1):11697.

Krause N, Emmons RA, Ironson G. Benevolent Images of God, Gratitude, and Physical Health Status. J Relig Health. 2015;54(4):1503-1519.

Emmons RA, Stern R. Gratitude as a psychotherapeutic intervention. J Clin Psychol. 2013;69(8):846-855.

Froh JJ, Sefick WJ, Emmons RA. Counting blessings in early adolescents: an experimental study of gratitude and subjective well-being. J Sch Psychol. 2008;46(2):213-233.

McCullough ME, Tsang JA, Emmons RA. Gratitude in intermediate affective terrain: links of grateful moods to individual differences and daily emotional experience. J Pers Soc Psychol. 2004;86(2):295-309.

Emmons RA, McCullough ME. Counting blessings versus burdens: an experimental investigation of gratitude and subjective well-being in daily life. J Pers Soc Psychol. 2003;84(2):377-389.

32장. 들으면 올라간다: 스토리텔링

1. Brockington G, Gomes Moreira AP, Buso MS, et al. Storytelling increases oxytocin and positive emotions and decreases cortisol and pain in hospitalized children. Proc Natl Acad Sci U S A. 2021;118(22).
2. Seltzer LJ, Ziegler T, Connolly MJ, Prososki AR, Pollak SD. Stress-induced elevation of oxytocin in maltreated children: evolution, neurodevelopment, and social behavior. Child Dev. 2014;85(2):501-512.
   Seltzer LJ, Ziegler TE, Pollak SD. Social vocalizations can release oxytocin in humans. Proc Biol Sci. 2010;277(1694):2661-2666.
3. Nilsson U. Soothing music can increase oxytocin levels during bed rest after open-heart surgery: a randomised control trial. J Clin Nurs. 2009;18(15):2153-2161.
   Hansen NC, Keller PE. Oxytocin as an allostatic agent in the social bonding effects of music. Behav Brain Sci. 2021;44:e75.
   Greenberg DM, Decety J, Gordon I. The social neuroscience of music: Understanding the social brain through human song. Am Psychol. 2021;76(7):1172-1185.
   Bernatzky G, Presch M, Anderson M, Panksepp J. Emotional foundations of music as a non-pharmacological pain management tool in modern medicine. Neurosci Biobehav Rev. 2011;35(9):1989-1999.
4. Poutahidis T, Kearney SM, Levkovich T, et al. Microbial symbionts accelerate wound healing via the neuropeptide hormone oxytocin. PLoS One. 2013;8(10):e78898.
   Iwasaki Y, Maejima Y, Suyama S, et al. Peripheral oxytocin activates vagal afferent neurons to suppress feeding in normal and leptin-resistant mice: a route for ameliorating hyperphagia and obesity. Am J Physiol Regul Integr Comp Physiol. 2015;308(5):R360-369.
   Dyavanapalli J. Novel approaches to restore parasympathetic activity to the heart in cardiorespiratory diseases. Am J Physiol Heart Circ Physiol. 2020;319(6):H1153-H1161.
   Jameson H, Bateman R, Byrne P, et al. Oxytocin neuron activation prevents hypertension that occurs with chronic intermittent hypoxia/hypercapnia in rats. Am J Physiol Heart Circ Physiol. 2016;310(11):H1549-1557.
   Lach G, Schellekens H, Dinan TG, Cryan JF. Anxiety, Depression, and the Microbiome: A Role for Gut Peptides. Neurotherapeutics. 2018;15(1):36-59.

33장. 코르티솔 말고 옥시토신 라이프스타일

1. Sapolsky R. 2004 Why Zebras Don't Get Ulcers
   Selye H. The Stress of Life--New Focal Point for Understanding Accidents. Nurs Forum. 1965;4:28-38.
   Smith MJ, Selye H. Stress: reducing the negative effects of stress. Am J Nurs. 1979;79(11):1953-1955.
   Selye H. Stress and the reduction of distress. J S C Med Assoc. 1979;75(11):562-566.
   Selye H. Stress without distress. Brux Med. 1976;56(5):205-210.
   Selye H. Forty years of stress research: principal remaining problems and misconceptions. Can Med Assoc J. 1976;115(1):53-56.
   Selye H. Stress and holistic medicine. Fam Community Health. 1980;3(2):85-88.
2. Mousikou M, Kyriakou A, Skordis N. Stress and Growth in Children and Adolescents. Horm Res Paediatr. 2023;96(1):25-33.

Bonde JP, Hojer BB, Thulstrup AM. [Stress-related health problems--a continuing challenge in occupational medicine]. Ugeskr Laeger. 2011;173(10):732.

Kaergaard NH, Kaergaard A, Dansk Selskab for Arbejds- og M. [Stress--a new challenge. The Danish Society of Occupational Medicine]. Ugeskr Laeger. 2008;170(12):1015.

3. Kumsta R, Heinrichs M. Oxytocin, stress and social behavior: neurogenetics of the human oxytocin system. Curr Opin Neurobiol. 2013;23(1):11-16.

Young Kuchenbecker S, Pressman SD, Celniker J, et al. Oxytocin, cortisol, and cognitive control during acute and naturalistic stress. Stress. 2021;24(4):370-383.

Heinrichs M, Baumgartner T, Kirschbaum C, Ehlert U. Social support and oxytocin interact to suppress cortisol and subjective responses to psychosocial stress. Biol Psychiatry. 2003;54(12):1389-1398.

Light KC, Grewen KM, Amico JA, Boccia M, Brownley KA, Johns JM. Deficits in plasma oxytocin responses and increased negative affect, stress, and blood pressure in mothers with cocaine exposure during pregnancy. Addict Behav. 2004;29(8):1541-1564.

Quirin M, Kuhl J, Dusing R. Oxytocin buffers cortisol responses to stress in individuals with impaired emotion regulation abilities. Psychoneuroendocrinology. 2011;36(6):898-904.

Cardoso C, Ellenbogen MA, Orlando MA, Bacon SL, Joober R. Intranasal oxytocin attenuates the cortisol response to physical stress: a dose-response study. Psychoneuroendocrinology. 2013;38(3):399-407.

Cox EQ, Stuebe A, Pearson B, Grewen K, Rubinow D, Meltzer-Brody S. Oxytocin and HPA stress axis reactivity in postpartum women. Psychoneuroendocrinology. 2015;55:164-172.

34장. 내러티브를 바꾸면 인생이 바뀐다

1. Kahneman D. Thinking, Fast and Slow. Fortune. 2015;172(1):20-20.
2. 김주한. 내면소통. 인플루엔셜; 2023.
   이지선. 꽤 괜찮은 해피엔딩. 문학동네; 2022.
3. Frankl, V, Man's search for meaning 1959, Beacon Press

35장. 프로이트에서 아들러로: 편도체에서 전두엽으로

1. Ryu J, Jeong A, Min JH, et al. The relationship between domain-specific physical activity and depressive symptoms in Korean adults: Analysis of the Korea National Health and Nutrition Examination Survey. J Affect Disord. 2022;302:428-434.

Goo SY, Lee TH, Lim H, Lee EY, Kim JY, Jeon JY. Associations between different types of sedentary behavior and mental health: Gender-stratified analyses among 97,171 South Korean adolescents. Ment Health Phys Act. 2023;25.

2. Narath E, Skalicky M, Viidik A. Voluntary and forced exercise influence the survival and body composition of ageing male rats differently. Exp Gerontol. 2001;36(10):1699-1711.

3. Crum AJ, Langer EJ. Mind-set matters: Exercise and the placebo effect. Psychol Sci. 2007;18(2):165-171.

Crum AJ, Akinola M, Martin A, Fath S. The role of stress mindset in shaping cognitive, emotional, and physiological responses to challenging and threatening stress. Anxiety Stress Copin. 2017;30(4):379-395.

Crum AJ, Santoro E, Handley-Miner I, et al. Evaluation of the "Rethink Stress" Mindset Intervention: A Metacognitive Approach to Changing Mindsets. J Exp Psychol Gen. 2023.

Crum AJ, Jamieson JP, Akinola M. Optimizing Stress: An Integrated Intervention for Regulating Stress Responses. Emotion. 2020;20(1):120-125.

36장. 인슐린에서 옥시토신으로: 사랑이 약이다

1. Du Vigneaud V. Trail of sulfur research: from insulin to oxytocin. Science. 1956;123(3205):967-974.
2. Ryan EA, Lakey JR, Rajotte RV, et al. Clinical outcomes and insulin secretion after islet transplantation with the Edmonton protocol. Diabetes. 2001;50(4):710-719.

Shapiro J, Ryan E, Warnock GL, et al. Could fewer islet cells be transplanted in type 1 diabetes? Insulin independence should be dominant force in islet transplantation. BMJ. 2001;322(7290):861.

Jeon JY, Weiss CB, Steadward RD, et al. Improved glucose tolerance and insulin sensitivity after electrical stimulation-assisted cycling in people with spinal cord injury. Spinal Cord. 2002;40(3):110-117.

Jeon JY, Harber VJ, Steadward RD. Leptin response to short-term fasting in sympathectomized men: role of the

SNS. Am J Physiol Endocrinol Metab. 2003;284(3):E634-640.

Jeon JY, Steadward RD, Wheeler GD, Bell G, McCargar L, Harber V. Intact sympathetic nervous system is required for leptin effects on resting metabolic rate in people with spinal cord injury. J Clin Endocrinol Metab. 2003;88(1):402-407.

Jeon JY, Hettinga D, Steadward RD, Wheeler GD, Bell G, Harber V. Reduced plasma glucose and leptin after 12 weeks of functional electrical stimulation-rowing exercise training in spinal cord injury patients. Arch Phys Med Rehabil. 2010;91(12):1957-1959.

Jeon JY, Bradley RL, Kokkotou EG, et al. MCH-/- mice are resistant to aging-associated increases in body weight and insulin resistance. Diabetes. 2006;55(2):428-434.

Kokkotou E, Jeon JY, Wang X, et al. Mice with MCH ablation resist diet-induced obesity through strain-specific mechanisms. Am J Physiol Regul Integr Comp Physiol. 2005;289(1):R117-124.

3. Holmes MD, Chen WY, Feskanich D, Kroenke CH, Colditz GA. Physical activity and survival after breast cancer diagnosis. JAMA. 2005;293(20):2479-2486.

Meyerhardt JA, Giovannucci EL, Holmes MD, et al. Physical activity and survival after colorectal cancer diagnosis. J Clin Oncol. 2006;24(22):3527-3534.

Meyerhardt JA, Heseltine D, Niedzwiecki D, et al. Impact of physical activity on cancer recurrence and survival in patients with stage III colon cancer: findings from CALGB 89803. J Clin Oncol. 2006;24(22):3535-3541.

몸과 마음을 아우르는 특별한 치유의 힘
옥시토신 이야기

1판 1쇄 | 2024년 2월 20일
1판 3쇄 | 2025년 1월 15일

지은이 | 전용관
펴낸이 | 박상란
펴낸곳 | 피톤치드

디자인 | 김다은 교정 | 강지희
경영·마케팅 | 박병기
출판등록 | 제 387-2013-000029호
등록번호 | 130-92-85998
주소 | 경기도 부천시 길주로 262 이안더클래식 133호
전화 | 070-7362-3488
팩스 | 0303-3449-0319
이메일 | phytonbook@naver.com

ISBN | 979-11-92549-32-3(03190)